ORGANIZATION
DEVELOPMENT
06

오늘부터 채용 담당자

ORGANIZATION DEVELOPMENT 06

오늘부터 채용 담당자

기획에서 면접질문 온보딩까지, 친절한 채용실무 가이드

이상돈 지음

이론은 쉽게 실무는 단단하게!

막막한 채용의 A부터 Z까지 막힘없이 안내하는 실질적 로드맵

저자는 현학적 수사가 아닌 채용의 핵심포인트를 대담프로 출연자처럼 이야기한다. 최고의 장인이 가장 아끼는 제자에게 비책을 전수하는 듯하다. 채용담당자의 필독서인 이 책에 대한 구직자들의 관심도 흥미롭다.

신한대학교 교수 / 전 현대해상화재보험 연수원장 민원표

채용은 단순한 인력 충원이 아니라 조직을 설계하는 일입니다. 이 책은 편안하게 읽히지만, 그 내용은 결코 가볍지 않습니다. 채용을 통해 조직을 어떻게 설계할지, 또 실무자로서 어떤 기준과 철학이 필요한지 명확한 방향을 제시합니다. 채용의 기본을 다시 세우고 싶은 조직이라면 반드시 읽어야 할 실무 교과서입니다.

현대캐피탈 성장문화팀 팀장 고은혜

이 책은 '채용'이라는 업무의 누게를 정확히 알고 있는 실무자의 언어로, '왜 채용을 해야 하는가'에서 '어떻게 채용해야 하는가'까지 현장에서 가장 많이 고민하는 지점을 차분히 짚어 줍니다. 채용 앞에서 고민하는 모든 실무자에게 이 책은 오래 곁에 두고 보게 될 기준서가 될 것입니다.

(주)한진 인사전략실 책임매니저 박진영

다양한 형태의 채용을 경험하며 느낀 것은 채용의 방식은 변해도 본질은 변하지 않는다는 점이다. '채용은 단순한 과정이 아니라 미래를 맞이하기 위한 환대(Hospitality)'라는 문장에 실무자로서 극히 공감하며, 부디 모든 HRer들이 이 책을 통해 지원자들을 대하는 시선과 자세를 다시 한번 돌아보길 바란다.

CJ푸드빌 조직문화팀 팀장 **김주휘**

채용은 이론보다 현장이 먼저입니다. 이 책은 처음 채용을 맡은 인사담당자부터 보다 나은 채용 방식을 고민하는 실무자까지, 실제 업무에 바로 적용할 수 있는 인사이트를 제공해 줄 것입니다.

ASUS코리아 HR Manager **서아롱**

채용이 점점 더 어려워지는 요즘, 이 책은 막막함을 느끼는 경영자와 주니어 담당자들에게 따뜻하고도 명쾌한 해답을 건넵니다. 채용의 본질적인 중요성을 일깨우는 마인드셋부터, 마치 옆에서 선배가 알려주듯 친절하게 정리된 실전 액션 플랜까지 담겨 있어 참으로 반갑습니다.

HR커뮤니티 '기고만장' 대표 **박병관**

이 책에는 지난 17년을 곁에서 지켜본 저자의 강점이 고스란이 녹아 있습니다. 채용 담당자의 역량이 기업의 성패를 결정짓는 시대, 모든 인사 담당자분들에게 이 책이 명확한 나침반이 되어주리라 확신합니다.

HR커뮤니티 'HR어울림' 운영자 / 모니토랩㈜ 인사팀장 **홍승락**

면접관으로 활동하며 언제부턴가 사람을 도구로만 바라보고, 조직의 효용성만을 잣대 삼아 인재를 선발하는 현상이 점차 짙어지고 있어 깊은 우려를 느껴왔다. 그러던 차에 인재를 '조직의 미래'로 보고, 채용을 '환대'의 자리로 재정의하는 이 책을 만나 진심으로 반가웠다.

커리어온랩 대표 / 행정학박사 최윤정

조직에서 인재는 리소스가 아니라 전략이라는 메시지가 깊이 와 닿습니다. 이 책은 '누구와 갈 것인가'라는 질문으로 채용의 본질과 철학을 깊이 있게 다루고 있습니다. 채용을 처음 맡은 사람도 부담 없이 읽으며 조직의 미래를 고민하게 만드는 책입니다.

강원대학교 교수 홍형득

실무 전문가가 현장에서 바로 적용할 수 있는 채용 노하우를 책을 통해 체계적으로 제시하였다. 급변하는 노동시장과 인재 전쟁 속에서 이 책이 대학과 기업, 기업과 청년을 잇는 채용 실무 교과서가 될 것으로 믿어 의심치 않는다.

숙명여자대학교 교수 이영민

수필처럼 쉬운 채용 교과서

나는 이 책을 쓰려고 마음먹으면서 한 가지 결심을 했다. 수필처럼 쉽게 읽을 수 있는 채용 교과서를 쓰고 싶다는 욕심이다. 편하게 읽히고 싶다는 욕심으로 책이라는 격식에 적절하지 않은 일상 대화의 표현들도 여과없이 사용하고 경험했던 사례들도 소개하면서 이야기를 풀어내려 한다.

나는 유명한 이론을 현란하게 인용하며 대가인 척 폼 잡고 싶지 않다. 나부터가 그런 위인은 못 되거니와, 무엇보다 어렵고 지루한 전공 서적은 나 역시도 읽기 싫기 때문이다. 가볍게 책을 펼치고 읽다 보면 채용담당자가 꼭 알아야 할 채용에 대한 본질과 철학을 듣게 되는 책, 채용에 대한 지식과 정보가 자연스럽게 쌓여가는 책, 처음 채용을 담당하게 된 사람도 어렵지 않게 끝까지 읽을 수 있는 책을 쓰려고 결심했다.

서점에서 채용에 관한 책을 찾아본 적이 있다. 필요할 때 펼쳐 보는 참고서 같은 책도 있었다. 많은 실무 서식들과 체크리스트들이 빼곡하게 들어있었다. 하나씩 꺼내 쓰기에는 도움이 될지 모르겠지만 왜 그런 서식이 필요한지 이해하기는 힘들었다. 나 역시 오랜 경력 기간 동안 스스로 만들어낸 많은 서식들과 강의자료들을 잔뜩 붙여넣으면 책 한 권 뚝딱 채울 수 있을지도 모른다. 하지만 참고서 같은 책을 쓰는 것도 내키지 않는다.

나는 채용을 제대로 이해하게 도와주는 교과서 같은 책을 쓰고 싶다. 서식과 자료들이 왜 그렇게 만들어졌는지 이해할 수 있어야 한다. '왜'를 이해할 수 있어야 주어진 서식을 자신의 상황에 맞게 수정하고 활용할 수 있다. '어떻게'를 제대로 고민할 수 있다. 나는 이 책이 처음으로 채용을 담당하게 된 실무자나 부서장이 채용을 이해하고 우리 회사에 맞는 채용을 고민할 수 있도록 도움이 되는 책이 되었으면 좋겠다. 현재 채용 현장에서 사용되는 솔루션들과 평가 기법들을 이해하고 선택하는 데 도움이 되면 좋겠다.

그런 의미에서 이 책은 수필처럼 쉽게 읽히기를 바란다. 쉽게 읽히지만 절대 잊혀지지 않기를 꿈꾼다. 채용의 본질은 우리가 원하는 인재를 명확하게 정의하고, 그 인재를 어떻게 모셔와야 하는지 방법을 찾는 과정이기 때문이다.

채용은 미래를 맞는 '환대'가 되어야 한다

'어디로 갈 것인가?', '어떻게 갈 것인가?', 그리고 '누구와 갈 것인가?' 이 세 가지는 조직 운영에서 가장 중요한 질문이다. 그중에서도 '누구와 갈 것인가'는 가장 중요한 의사결정이라 할 수 있다. 아무리 좋은 전략이라 하여도 실행해 줄 사람이 없다면 공허한 외침에 불과할 수밖에 없다.

나는 채용의 실패가 곧 사업의 실패로 이어지는 장면을 여러 번 보아왔다. 그리고 그때마다 깨달았다. 사람은 단순한 리소스가 아니라는 것, 전략 그 자체라는 것을 깊이 새겼다.

조직은 결국 사람이라는 동력으로 움직이는 배다. 어떤 사람들로 이 배를 채우느냐에 따라 배의 속도와 방향이 달라진다. 잘못 태우면 방향을 잃고, 제대로 태우면 목표를 향해 나아갈 수 있다. 그래서 채용은 단순히 일자리를 채우는 것이 아니라 조직의 미래를 결정하는 일이다. 함께 항해할 사람을 찾는 일이다. 채용은 항해의 출발점이다. 아무리 훌륭한 나침반이 있어도, 노를 저을 사람이 없이는 배가 단 1미터도 나갈 수 없기 때문이다.

채용은 단순한 절차가 아니다. 관계의 시작이다. 채용공고를 써 올리고, 입사지원서를 검토하고 인·적성검사와 면접을 준비하는 과정을 진행하는 것은 채용의 본질이 아니다. 채용은 우리 회사에 필요한 사람을 찾아내어 미래를 함께 꿈꾸게 하는 위대한 여정이다. 그래서 채용이 진행되는 모든 과정은 '한 사람의 인생'과 '조직의 내일'이 만나는 자리이다. 그러니 채용은 필경 '환대'의 자리가 되어야 한다. 초대받는 사람에게는 존중이, 맞이하는 조직에게는 설렘이 있어야 한다.

　　채용의 결과는 개인에게는 새로운 가능성이, 조직에게는 기대되는 미래가 되어야 한다. 채용이란 결국 미래를 설계하는 일이다. 한 사람을 들이는 결정이 곧 조직의 비전을 세우고, 회사의 내일을 그려나가는 출발점이 된다.

　　오늘부터 채용을 맡게 된 당신은 조직의 미래를 함께 할 귀인을 '환대'하기 위해 준비하고 노력할 바를 찾는 귀한 사명을 맡게 된 것이다. 오늘부터 당신은 채용을 통해 조직의 미래를 그려가는 사람이 된 것이다. 이 책이 당신에게 단순한 채용의 매뉴얼을 넘어 항해할 사람을 찾는 위대한 여정을 통해 조직의 미래를 완성시켜가는 변화의 계기가 되기 바란다.

이 그림은 Gemini Pro를 이용해 제작되었습니다.

책의 구성에 대하여 ───────

채용이라는 어려운 과업을 마주하게된 실무자들이 '채용은 왜 해야 하는가'에서부터 채용을 설계하고 또 운영하는 데 필요한 지식과 정보를 쉽게 학습할 수 있는 책을 만들어 보고자 책의 내용을 다음와 같이 구성하였다.

① 채용의 이해

채용은 단순히 빈자리를 채우는 것이 아니다. 조직의 결핍을 채우고 성장을 견인하는 '진짜 채용'이 필요한 이유를 설명하고자 한다. 왜 동료로 채용을 해야 하는지. 어떤 채용이 잘된 채용인지. 진짜 채용이 무엇인지 제대로 이해하고 기준을 올바로 세울 수 있도록 돕는다.

또한 채용을 잘하기 위해 각자에게 필요한 지식과 역할을 이해하고 준비할 수 있도록 가이드를 제시하고자 한다. 채용의 변화 트렌드를 알고 대응 방안을 서둘러 준비할 수 있도록 세 가지 핵심 트렌드를 선정하여 설명한다.

② 환경과 변화들

채용 절차의 공정화에 관한 법률이 제정되었다. 지방 인구와 청년 인구가 감소하고 있으며, 디지털과 AI를 이용한 채용 평가 솔루션들이 하루가 멀다 하고 쏟아지고 있다. 오래된 청년 취업의 문제들은 채용 갑질에 대한 민감한 반응들을 만들어냈으며, 정부 주도의 취업 지원 사업이 오늘도 전국 곳곳에서 이루어지고 있다.

채용을 잘 해내려면 이러한 환경의 변화들을 알아야 한다. 그래야 법의 저촉을 피하고 달라지고 있는 청년 세대들을 유인하여 인재를 확보할 수 있을 것이기 때문이다.

③ 채용 설계

채용을 설계하기 위해 가장 먼저 해야 할 일은 무엇일까? 어떤 사람을 뽑을지 정의하는 것이 우선되어야 한다. 어떤 사람을 찾는지를 알아야 그 기준에 맞춰 지원자들을 불러 모으고 제대로 된 기준으로 선별할 수가 있기 때문이다. 흔히 우리가 원하는 인재를 인재상으로 표현하고 있다. 하지만 그것이 채용에 그대로 적용되는 경우는 극히 드문 것이 현실이다. 그러한 이유로 우리가 알고 있는 인재상의 실체를 짚어보고 인성, 전문성과 같은 채용에서 평가해야 할 요소들을 점검해 보고자 한다.

그 다음에야 비로소 평가할 요소들을 어떻게 확인할 것인지 구체적인 방법을 찾을 수 있다. 인·적성검사도 있고 코딩 테스트도 있다. 면접의 다양한 방법들을 비롯하여 선발 평가에 쓰여지는 다양한 기법과 솔루션들을 이해하여 적정한 전형을 구성해야 한다.

마지막으로 언급하고자 하는 것은 모집 방법이다. 사실 채용담당자들이 가장 어려워하는 부분이 바로 후보자 모집이다. 대기업이나 공공기관들이야 지원자들이 넘쳐날지 모르나 중소기업은 지원자가 항상 부족하다 보니 가려 뽑겠다는 시도 자체가 사치로 느껴질 수 있다. 적합한 지원자를 최대한 모집하기 위해서 검토하고 시도해 볼 방법들은 무엇이 있을까 인사담당자들의 고민을 함께 해결해 보고자 한다.

④ 공공기관의 채용

공공기관의 채용을 다루는 이유는 공공기관의 채용담당자이신 독자를 위해서이기도 하지만, 공정성을 철저하게 지키는 대표 사례라는 이유도 있다. 법과 제도를 충실하게 지키는 공공기관의 채용은 대부분 대규모의 공채 형태로 진행된다. 공공기관의 채용을 통해 채용공고–서류전형–필기시험–실기·면접전형의 준비와 운영을 이해하는 것은 대규모 채용을 준비하는 민간기업의 채용담당자에게도 도움이 될 것이다.

⑤ 채용전형의 이해

채용의 전형에는 서류전형을 비롯하여 필기시험과 실기 그리고 면접전형 등 다양한 전형의 방식들이 있다. 각 전형에 활용되는 시험의 방식들과 효용성을 이해하는 것은 좋은 인재를 선별하기 위해 채용을 설계하는 과정에 반드시 필요한 지식이다. 채용 현장에서 활용되는 다양한 전형의 방식들과 평가의 기준 그리고 효용성을 전형 단계별로 나누어 소개한다.

⑥ 면접전형과 면접관 교육

면접전형은 거의 모든 채용에서 최종 평가 단계이다. 면접전형을 이해하기 위해 구조화된 면접 기법을 먼저 이해할 수 있도록 설명한다. 또 구조화된 면접의 다양한 방식들과 평가할 역량들도 정리한다. 우리 회사에 필요한 사람의 조건, 즉 역량 항목을 면접을 통해 확인하고자 할 때 적합한 방식을 선택할 수 있도록 참고가 되어 줄 것이다.

면접을 준비하는 과정에서 채용담당자가 해야 하는 것들이 있다. 면접평가표와 질문지를 준비하는 것이다. 평가표는 어떻게 구성해야 하는지, 또 면접질문은 어떻게 만들어야 하는지 이해할 수 있도록 구체적인 예시와 함께 요령을 설명한다.

면접전형은 결국 면접관에 의해서 성패가 결정된다. 아무리 좋은 기획과 설계로 평가 도구들을 개발해 놓았다 할지라도 면접관이 제멋대로 면접을 치르면 모든 노력이 수포로 돌아가게 된다.

면접관에게 필요한 자세나 주의사항 같은 흔한 내용들보다 중요한 것은 면접의 진짜 핵심인 좋은 질문을 하는 것과 답변을 듣고 적정하게 평가하는 것이다.

면접관 자격 인증 교육과정을 직접 개발하였을 뿐만 아니라 지난 5년간 면접관 교육에서 강의와 실습을 진행해온 전문가로서 면접관들의 교육에 필요한 기본 지식과 더불어 교육과정 개발에 필요한 핵심적인 노하우를 풀어서 면접관 교육을 설계할 수 있도록 충분히 설명하려 한다.

⑦ 온보딩

채용의 완성은 입사와 정착이다. 좋은 인재를 만났으면 모셔와서 일을 잘할 수 있게 해주어야 한다. 좋은 인재가 회사를 위해 기대한 일을 잘 해낼 수 있도록 회사는 합격자 발표에서 입사할 때까지 좋은 인연을 꽉 붙잡고 있어야 한다. 입사 당일에도 맞이할 준비를 한 것이 느껴져야 한다. 빠르게 적응하고 우리의 동료가 될 수 있도록 회사는 노력해야 한다. 기억하자. 채용은 '환대'로 완성된다.

채용은 사람을 우리 조직에 들이는 일이다. 지원자의 인생이 걸려있을 뿐만 아니라, 회사의 명운도 걸려있다. 좋은 인재를 만나면 기회와 성공을 가져다 줄 것이지만 잘못된 만남은 시련의 시간을 가져다 줄 수 있다. 그래서 채용은 결국 미래를 결정하는 일이다. **채용을 제대로 이해하는 데 이 책이 도움이 되기를 바란다.**

책을 쓰겠다는 결심을 만들어 준 주변의 지인들께 감사드린다. 채용에 대한 풍부한 경험을 제공해 준 사람인의 고객사와 관계자들께도 감사 말씀을 전한다. 채용이라는 어려운 과업을 함께해 준 사람인의 황현순 사장님과 컨설팅사업본부의 임직원들께도 감사드린다. 채용의 과업을 도와주시는 협력사들과 면접관 교육을 도와주신 FT선생님들께도 감사드린다.

끝으로 결심이 책으로 완성될 수 있도록 이끌어 주신 플랜비디자인 최익성 대표님과 책 쓰기를 핑계로 매일 늦고 주말도 없이 자리를 비운 나를 이해해 주고 응원해 준 사랑하는 가족들에게 진심을 담아 감사의 마음을 전한다.

제 1 장 채용의 이해

1 채용, 잘해야 하는 이유

채용을 잘해야 하는 이유가 뭘까? 가장 현실적인 이유는 비용이다. 사람을 채용하는 데 드는 비용과 제대로 일할 때까지 들이는 비용을 합산하면 신입사원 한 명당 8,000만 원까지 계산해 내는 경우도 있다. 또 다른 이유는 핵심인재가 미래를 바꾼다는 것이다. 아이디어와 추진력으로 미래를 개척해 내는 좋은 사례들을 참 많이 들어왔다. 마지막 이유는 잘못된 선택의 안타까운 결과들에 있다. 자기 일만 못 하면 다행이다. 조직을 망치는 경우도 많다. 어떠한 계산이든 우리는 채용을 잘해야만 한다.

핵심인재 채용이 미래를 만든다

한 스타트업이 있었다. 우수한 개발자들이 모여서 보안전문성을 바탕으로 솔루션을 만들고 투자를 받아 시작한 회사였다. 아무래도 인사나 회계와 같은 경영관리에 대해서는 잘 모르는 만큼 삐그덕 댈 수밖에 없었다. 문제를 두고 볼 수 없었던 사장님은 뜻밖의 사람을 영입한다. 콜센터 센터장으로 경력을 쌓아오다 육아를 계기로 교육사업에 뛰어들어 자신의 입지를 굳힌 사람이었다. 누가 봐도 경영관리에 대한 경험도 지식도 없었다. 사장님은 그를 자신이 고객사 담당자로 만나 함께 일했던 시절에 경험했던 놀랍도록 다부진 열정을 기억해냈다. 그 열정을 얻기 위해 입사를 어렵게 설득했다. 창업 동료들은 사장님의 적극적인 설득에도 불구하고 그의 백그라운드 탓에 끝까지 반대했다. 그럼에도 사장님의 질긴 고집으로 결국 그가 입사를 했다.

누가봐도 그는 전문성이 한참 부족한 사람이었다. 하지만 200석의 콜센터를 관리한 경험을 통해 조직관리의 본질을 꿰뚫고 있는 사람이었다. 입사와 동시에 아무 때나 출근하고 퇴근하는 방만한 문화부터 다잡았다. 한 계절이 채 지나기도 전에 고용조정을 단행했다. 개발자 마인드만 가득한 조직에 효율성과 사업성이라는 잣대를 들이댔고, 막연한 비전과 욕심으로 채워졌던 자리를 엄격하게 구별했다. 사업모델에 수익성과 성장성을 주장하기 시작했고 장기적인 자금관리를 걱정했다. 사업에 대한 걱정은 경영지원실장이던 그의 행보를 더 크게 확장하게 만들었다. 자신의 인맥과 소개를 활용해 기대 고객들을 만나고 사업의 기회들을 찾아냈으며 협력하고 나눌 수 있는 네트워크들을 구축해 갔다.

결과적으로 그 스타트업은 그와 함께한 2년 동안 새로운 투자를 얻어냈고 흑자 전환을 만들어냈다. 스타트업의 성공은 앞이 보이지 않는 가시밭길이지만 그 스타트업은 평균수명을 넘어서며 미래를 만들어 가고 있고 새로운 기대를 받고 있다. 사장의 고집으로 모셔온 그는 현재 사업전략상무가 되어 전국을 종횡무진 누비고 있다.

채용을 잘해야 하는 이유는 이런 것이다. 당면한 문제가 해결된다. 조직이 보지 못하던 비전과 기회를 찾아주는 새로운 시선을 얻게 된다. 다부진 열정이 조직에 활력소가 되어 느슨했던 분위기가 생기있게 되살아나게 된다.

그는 진정한 동료가 되어 자신의 사업처럼 임할 수 있는 사람이었다. 또 사업과 경영에 대한 감각을 지닌 사람이었다. 사장님은 그의 열정에서 이런 부분을 보았던 것이고, 우리가 배워야 할 것은 정말 필요한 사람이 누구였는지 알았다는 부분이다.

핵심인재 채용을 통한 성공사례는 높은 직위에만 해당하지 않는다. 모 증권사는 인터넷 시대를 맞아 온라인 트레이딩 서비스를 준비하고 있었다. 해결하지 못하고 오랫동안 고민하던 문제가 발목을 잡고 있었다. 그때 신입사원이 화장실에서 떠올린 간단한 아이디어 덕분에 남보다 빠르게 사업을 시작할 수 있었고 결국엔 시장 전체가 변화하는 계기가 되었다. 현재는 객장에서 주문표를 손으로 쓰던 주식시장이 스마트폰으로 들어가 있다. 시장을 선점한 기업은 그 지위를 오랫동안 누리며 엄청난 수익을 얻었을 뿐만 아니라 경쟁에서 매우 유리한 고지를 차지할 수 있게 된다.

앞의 스타트업 사례에서 볼 수 있듯이 또 증권사의 사례에서 보듯이 핵심인재는 문제를 해결해낸다. 우리는 보이는 문제의 해결을 위해 채용을 진행한다. 채용의 결과에 따라 회사의 미래는 크게 달라질 수 있다. 좋은 사람이 동료가 되면 우리가 알던 문제뿐만 아니라 보지 못했던 문제를 먼저 발견할 수 있다. 문제를 예방하고 선조치를 통해 대비할 수 있다.

중요한 자리이거나 높은 직위에만 해당 하는 것도 아니다. 팀원은 팀에 영향을 미치고 팀장은 본부에 영향을 미치게 된다. 변화의 힘은 거대한 조직으로 번져 회사의 미래를 바꿀 수도 있다.

거듭 이야기하지만 새로운 사람을 모시는 일은 회사의 미래를 맡기는 일이다. 나와 동료의 삶의 미래이기도 하다.

보통인재들이 미래를 다진다

리더가 자신의 성공 방식에만 갇혀 있으면 채용이 균형을 잃기 쉽다.

인사담당자들끼리 이런 이야기를 나눈 적이 있다. 사장님의 커리어 백그라운드에 따라 인사가 어떻게 달라지는지 열을 올리며 한참을 떠들었었다. 그날 정리했던 이야기들을 조금 풀어보자면, 엔지니어 출신들은 경영관리 분야의 일들이 그냥 아무나 하면 되는 일이라고 생각한다. 조직을 어떻게 나누어야 하는지 역할이나 책임에 대한 이해가 부족하다. 좋은 제품만 생각하고 경영관리에 대해서는 고민도 생각도 없다. 반면, 영업 출신들은 팔면 된다고 생각한다. 영업 분야는 이직률이 높은 편이다. 쉽게 떠나고 들어오는 사람들을 경험하면서 사람에 대한 애착이나 존중이 없어진 것 같다.

인사와 채용에 대해 다소 함부로 생각하는 사장님들의 이야기를 들을 때면 참으로 안타깝다. 언제까지 사장님과 또 창업 동료들의 탁월한 역량만으로 회사를 끌고 갈 수 있을까? A급 핵심인재가 미래를 만들지만 대다수를 차지하는 B급 인재가 현재를 지켜주는 것이다.

A급 핵심인재가 있었다. 역시나 탄탄한 네트워크와 왕성한 활동력으로 새로운 사업기회를 받아 왔다. 사업을 시작하는 처음에는 A급 인재가 적극적으로 참여하고 활약하면서 성과를 만들어냈다. 그리고 그다음, A급 핵심인재는 또 다른 사업기회를 찾아내고 또 결과를 만들어내기 위해 밖으로 뛰기 시작한다. 계약은 다음 해로 또 그다음 해로 이어진다. 처음 시작했던 그 사업은 이제부터는 탄탄한 동료들이 뒤를 받쳐주며 사업을 성장시켜 나간다.

핵심인재 한두 명만 중요하게 보면 안 되는 이유가 여기 있다. 탄탄한 B급 인재들이 성공을 지켜낸다. B급 인재들의 경쟁력이 회사의 수준을 결정한다.

핵심인재와 보통인재를 나누어 채용의 중요성이나 방법론을 말하고 싶은 것이 아니다. 채용은 모두 중요하다는 말을 하고 싶은 것이다. 미래의 비전을 가져다 줄 것이라고 기대하는 핵심적인 직무와 직위의 채용뿐만 아니라 회사의 사업을 탄탄하게 받쳐주고 꾸준한 성공을 지켜줄 모든 채용이 중요하다.

채용을 잘못하면 안 되는 이유

채용을 왜 잘해야 하는지는, 역설적으로 채용을 잘못했을 때 어떤 일이 벌어지는지를 보면 명확해진다.

채용을 잘못하면 가깝게는 회사가 해내야 할 중요한 일이 잘못될 수 있다. 조금 시야를 넓히면 그 팀의 팀워크가 깨지게 된다. 뒤늦게 안 맞는 옷임을 알았다 한들 쉽게 벗을 수도 없다. 공공기관은 물론이거니와 민간기업조차 근로기준법의 엄격한 보호 아래에 있어 해고는 불가능에 가깝다. 애물단지가 들어왔다는 푸념은 이미 늦은 후회가 될 뿐이다. 어찌어찌 헤어짐에 성공했다 쳐도 회사 내에 상처가 남는다. 그리고 회사는 해야 할 그 일을 해낼 사람이 여전히 없다. 기회도 놓치고 시간도 놓친다. 그리고 조직원들은 피로도가 더욱 쌓인다. 어쩌면 조직 전체가 흔들릴 수도 있다. 위기다. 사람을 잘못 들였을 때 금전적인 피해가 얼마인지 계산하며 채용의 중요성을 이야기하는 경우가 많다. 금전적인 피해로는 가늠할 수 없는 위기의식을 가져야 한다.

채용을 잘 했을 때를 생각해도, 채용을 잘못했을 때를 생각해도 우리는 같은 결론에 도달한다. 채용은 정말 잘해야 한다. 채용은 우리의 미래이고 잘못하면 위기가 될 수도 있다.

이 그림은 Gemini Pro를 이용해 제작되었습니다.

1 핵심인재가 미래를 만든다.

- 새로운 인재를 통해 현재의 당면한 문제를 해결해낸다.

- 보지 못하던 문제를 예견하고 대비한다.

2 보통인재가 미래를 지킨다.

- 탄탄한 보통인재가 사업을 안정적으로 성장시킨다.

- 미래를 꿈꾸게 하는 것은 탄탄한 현재가 있기에 가능하다.

3 채용의 실패는 위기를 가져온다.

- 잘못 뽑은 사람은 자기 일을 못하는 데 그치지 않는다.

- 조직을 망치는 위험요소가 될 수 있다.

- 채용에 쏟은 비용과 노력뿐만 아니라 기회와 시간을 잃게 된다.

※ 핵심인재든 보통인재든 채용은 무조건 중요하다.

TO DO

2 채용, 왜 해야 하지?

우리 조직은 채용을 왜 해야 하는 것일까?

인사담당자들에게 채용에 대해 이야기하다 보면, 여전히 채용을 '사람을 뽑아 빈자리를 채우는 행위' 정도로만 여기는 경우가 많다. 그 과정에서 생각이 벗어나지 못하는 경우를 많이 본다. 사람을 채용하는 과정은 단순히 공고를 올리고 지원자에게 연락을 돌리고 일정을 잡고 결과를 통보해 주는 단순한 프로세스가 아니다. 모든 일은 그 일을 하는 진정한 목적에 대해 생각해 보아야 한다.

채용을 하는 이유는 무엇인가? 앞서 밝힌 바와 같이 채용은 전략을 완성하는 마지막 퍼즐이다. 다시 말해, 채용은 경영전략을 실현할 사람이 필요하기 때문에 한다. 사람은 필요한데 내부에서 그 자리를 채울 수 없으니 외부에서 적합한 사람을 모셔오는 것이 바로 채용이다.

사람이 필요한 이유는 무엇인가?

기업은 그 자리에 머물러 있을 수가 없다. 새로운 경쟁자들은 끊임없이 등장하고 사업 환경은 계속해서 변해간다. 심지어 점점 빨리

변한다. 그런 상황에서 기업이 계속 생존하고 또 성장하려면 무언가를 해야 할 수밖에 없다.

눈앞에 기회가 보인다. 눈앞에 해야 할 일이 보인다. 그 일을 지금 바로 해야 한다. 머뭇거릴 여유따윈 없다. 여유는 방만한 사치이자 침몰하는 배의 뚫린 구멍이다.

사업부서장으로서 지난 11년간 나 역시 해야 할 일들을 숱하게 보아왔다. 내가 떠올린 아이디어가 과연 나만의 것이었겠는가?, 내가 발견한 이 기회가 과연 나에게만 보였겠는가? 그렇다면 나는 마음이 바쁠 수밖에 없다. 이 일을 해야 하는데 내부를 둘러보니 이 일을 맡길 만한 인물이 없다. 가르치고 키우기엔 시간이 부족하다. 그럼 외부에서 이 일을 해줄 사람을 찾아야만 한다.

이 일을 해줄 사람을, 반드시 내부 직원으로 채용해야 할까?
반드시 그렇지는 않다. 외부 전문가에게 비용을 지불하고 맡기는 방법Outsourcing도 있다. 계약 관계를 통해 명확하게 책임을 물을 수도 있어 효율적일 때도 많다. 그런 좋은 방법을 두고 왜 우리는 채용을 고민해야 할까?

답부터 말하자면 동행의 지속성이 필요하기 때문이다.
왜 굳이 채용을 해야 할까? 핵심은 '지속 가능한 동행'에 있다. 외부인이 아닌 '우리 사람'이라는 인식이 있어야만 업무에 온전히 몰입하고, 상호 신뢰를 구축하며, 실패와 성공의 경험을 조직 내부에 축적할 수 있기 때문이다. 뜨내기가 자신의 일처럼 몰입할 수는 없다. 민감한 정보가 외부로 새어나갈 수도 있다. 기껏 만들어진 성과의 경험이 축적되지 못할 수도 있다.

첫째, 성공을 위해 온전한 몰입이 필요하기 때문이다.

냉정하게 말해 남의 일은 결국 남의 일이다. 나의 미래와 직결되지 않는 과업에 혼신을 다해주기를 바라는 것은 무리한 기대다. 미래가 없다면 현재의 과업 내용만 챙기고 보여주어야 할 결과만 만들어내면 된다.

하지만 회사의 일은 그다음이 항상 존재한다. 맡은 일의 미래를 생각하는 것. 주어진 일의 방향과 내용을 점검하는 것. 주어진 일이 미래에도 긍정적으로 작용할 수 있도록 고민하는 것은 그 일과 꾸준히 함께 할 사람에게만 기대할 수 있다.

두 번째, 신뢰로 지켜져야 하기 때문이다.

회사는 항상 경쟁에서 승리하기 위한 무기를 준비한다. 회사가 준비하고 있는 이 무기에 대한 정보가 경쟁사뿐만 아니라 시장의 누구에게도 먼저 노출되면 안 된다. 또한 우리가 준비한 이 무기가 온전히 우리의 것이어야만 한다. 외부에 맡기면 이런 로열티를 과연 기대할 수 있겠는가. 나는 사업부서의 장으로 11년을 넘게 근무하며 우리에게 일을 받아 수행하면서 터득한 노하우를 다른 회사에 제안거리로 사용하는 경우를 종종 보아왔다.

우리가 준비하는 이 무기는 설계도와 무기 그 자체뿐만 아니라 검토 과정에서 찾아봤던 모든 자료들과 실패한 경험까지도 오롯이 우리 내부에 있어야 한다.

그런 것들이 쌓여 우리의 경쟁력이 되기 때문이다.

그래서 외부의 인력을 아웃소싱할 수 있는 일은 이러한 로열티가 필요하지 않은 일부분일 수밖에 없는 것이다.

또 다른 측면에서 보면 지켜야 할 보안상의 문제도 있다.

비단 핵심적인 경쟁력의 문제가 있을 때에만 내부 직원으로 채용하는 것이 아니다.

지금 내가 맡고 있는 컨설팅사업은 전문적인 컨설팅의 영역뿐만 아니라 공공기관의 채용을 대행하는 사업도 수행하고 있다. 그 과정에서 우리는 문제의 출제를 의뢰하고 출제된 문제를 검수한다. 면접 질문을 만들고 평가표를 만들어 면접관들을 교육하는 일까지 하고 있다. 만약 이런 업무상의 비밀이 외부로 새어나가 지원자들이 출제된 문제를 미리 알게 되는 사고가 터진다면, 우리 회사는 이 업계에서 퇴출당하게 될 것이다. 수백억의 매출과 수십명의 직원들 그리고 협력회사 생계가 심각하게 위협받을 수 있다. 보안의 이슈가 있다면 더욱 더 외부 인력에게 맡길 수 없다. 맡겼다고 해도 그 책임에서 자유로울 수 없을뿐더러 교육도 관리도 제대로 할 수 없기 때문이다. 결국 내부 직원으로 채용해야 할 수밖에 없게 된다.

세 번째 이유는, 누적되는 경험의 힘이 필요하기 때문이다.

인사직무를 예로 들어보자. 지금의 인사평가는 과거의 평가에서 무언가를 보완하기 위해 바뀌어 왔을 것이다. 그 과정에서 임직원들은 적응하고 또 불만을 제기했을 것이다. 그러한 배경을 이해해야 다시 인사평가를 개선하려 할 때 조심할 것들과 고려할 부분들을 세심하게 살필 수 있다. 인사평가와 같이 민감한 제도뿐만 아니라 복지제도와 같은 경우에도 회사 내부의 경험과 역사에 대해 이해해야만 제대로 방향을 잡고 매끄럽게 시행해낼 수 있다.

인사직무 말고도 그러한 경험은 흔하다. 나 역시 어려운 과제를 잘 해결해 준 그 전문가가 예상치 못하게 사라져 버린 경험이 있다. 누구나 그런 아픈 경험을 몇 번씩 기억하고 있을 것이다. 만들어진 과정도 또 실행하면서 터득한 노하우도 내부에 남기지 못하고 사라져 버렸을 때 그 막막함은 한 번이라도 경험하고 나면 정규채용을 고려하지 않을 수 없게 만든다.

지속적으로 그 일을 챙겨야 하고 인수인계되며 전달할 수 있으려면 내부의 직원이라야 가능하다. 결국 채용은 외부의 역량을 우리의 자산으로 '내부화하는' 과정이라는 것을 명심하자.

　정리하자면, 채용을 해야 하는 이유는 기업의 생존과 성장을 위해 필요한 사람이 내부에 없기 때문이며, 내부 직원으로 채용해야 하는 이유는 몰입과 보안, 그리고 지속적 동행이 필요하기 때문이다.

이 그림은 Gemini Pro를 이용해 제작되었습니다.

1. 채용을 해야 하는 이유

- 경쟁에서 성공하고 성장하기 위해
- 전략의 실현은 결국 사람이 필요하다.

2. 내부 직원을 채용해야 하는 이유

1) 동행의 지속성이 필요하다.

2) 몰입은 미래를 함께 할 사람이라야 기대할 수 있다.

3) 신뢰로 지켜야 할 것이 있다.

- 경쟁 전략의 비밀을 지켜야 한다.
- 보안상의 문제 해결

4) 누적되는 경험의 힘이 경쟁력의 원천이다.

- 설계부터 성공/실패의 경험이 경쟁력의 자산이 된다.
- 계속성을 확보하기 위해 내부의 역량으로 축적되어야 한다.

TO DO

3 채용이란 무엇일까?

사전적 의미의 채용은 외부에서 인력을 영입하여 근로계약을 맺는 행위라 할 수 있다. 조직에 필요한 인재를 외부로부터 수혈하는 것이다. 또 조직원의 입장에서 보면 새로운 동료를 맞아들이는 일이다.

일의 관점에서 보면 드디어 그 일을 해줄 사람을 만나게 되는 것이고 사업의 관점에서는 일이 성과를 낼 수 있게 되는 것이다.

나는 'HR어울림'이라는 인사담당자 커뮤니티에서 수년간 '다시 쓰는 인사 기초'라는 시리즈로 강의를 한 경험이 있다. 강의를 진행하면서 항상 강조했던 것이 '인사의 역할은 무엇인가'였다. 결론부터 말하면 인사는 회사가 사업을 위해 '필요한 사람'으로 조직을 구성하여 '필요한 일'을 하게 만드는 것이라고 정의했다.

결국 사업은 사람을 통해야만 이루어질 수 있으며 여기에 필요한 사람을 확보하는 것이 인사의 첫 번째라는 이야기가 된다. 핵심은 '어떤 사람인가'이다. 당장의 급한 불을 꺼줄 소방수일 수도, 미래의 먹거리를 찾아낼 개척자일 수도 있다. 형태는 다르지만 본질은 같다. 채용이란 결국 우리 조직의 문제를 해결해 줄 '해결사'를 영입하는 과정이다

그리고 그 사람은 조직의 구성원이 된다. 조직의 구성원이 된다

는 것은 우리와 함께 일한다는 의미이다. 조직의 힘 즉, 조직력은 시너지 효과에 있다. 각각의 열 사람을 모으면 딱 열 사람의 성과가 있겠지만, 열 사람이 함께 모여 일하면 그 성과는 12명, 15명 분이 될 수도 있다는 것이다. 그래서 채용은 조직의 효율을 증진시킬 수 있어야 한다.

내가 자주 인용하는 책이 있다. 존 고든이 쓴 〈에너지버스〉라는 책이다. 그 책을 보면 활기찬 에너지가 충만한 버스가 나온다. 버스는 정거장에서 승객을 태운다. 그 승객은 버스에 에너지를 보태준다. 만약 에너지를 갉아먹는 좀비가 있다면 그는 하차시켜야 한다. 이렇게 에너지가 충만한 버스가 목표했던 다음 정거장을 향해 힘차게 굴러가도록 하는 것, 그것이 인사이고 또 채용이다. 채용을 통해 에너지가 충만한 버스가 되어서 상호간에 긍정의 에너지를 채우고 열정에 불을 붙여주어 조직이라는 버스가 힘차게 달려갈 수 있게 해야 한다.

정리하면, 채용은 문제를 해결하기 위해 필요한 사람을 채우는 것이고 그 덕분에 우리조직은 에너지가 충만해져서 힘차게 달려갈 수 있어야 한다는 것이다.

1. 채용은 필요한 사람을 외부에서 확보하는 것이다.

2. 채용은 새로운 동료를 맞이하는 것이다.

3. 채용은 에너지버스이다. (존 고든의 <에너지버스> 참고)
    1) 에너지가 충만한 사람을 태우는 것
    2) 우리 버스(조직)가 에너지가 충만한 버스가 되도록 하는 것
    3) 다음 정거장(목표)을 향해 달려가도록 하는 것

TO DO

4 잘된 채용의 조건: 결과와 과정의 조화

앞선 내용을 통해 채용의 의미를 이해했다면 '잘된 채용'의 조건이 무엇인지 짐작할 수 있을 것이다. 채용의 본질은 결국 문제를 해결해줄 사람을 찾아 우리 조직의 역량을 높이는 데 있다. 즉, '좋은 사람'을 맞이했느냐가 잘된 채용을 판단하는 첫 번째 조건이다.

하지만 결과만 좋다고 해서 성공한 채용이라 할 수 없다. 두 번째 조건은 바로 '채용의 과정'이다. 채용 과정을 통해 회사에 대한 호감도가 높아져야 한다. 우리 회사의 고용브랜드Employer Brand가 긍정적으로 인식되고, 지원자들의 입사 의지가 더욱 확고해져야 한다. 아무리 적합한 합격자를 선발했더라도 그가 입사를 포기한다면 소용없으며, 과정이 엉성하여 지원자가 모이지 않는다면 채용 자체를 진행할 수 없기 때문이다. 따라서 '과정의 품질'은 채용 성공의 필수적인 선행조건이 된다.

첫 번째 조건: 좋은 사람The Right Person

잘된 채용은 결국 좋은 사람을 얻는 것이다. 그렇다면 기업 입장에서 좋은 사람이란 과연 어떤 사람일까? 강의 현장에서 채용담당자들에게 물어보면 다양한 의견이 쏟아진다. 그중 빠지지 않는 답변은 '오래 다닐 사람'이다. 치솟는 이직률과 짧아지는 근속연수는 기업 입장에서 뼈아픈 손실이기 때문이다. 하지만 단순히 오래 다니는 것만이 정답은 아니다.

우리가 찾아야 할 좋은 사람의 기준을 명확히 하기 위해 다음 세 가지 조건을 제시한다.

① 해당 직무를 잘할 수 있는 사람

우선 **해당 직무에 대해 잘 아는 사람, 혹은 빠르게 배울 수 있는 사람**이어야 한다. 모르는 일을 잘할 수는 없기 때문이다. 스무 살 무렵, 처음으로 장례식장에 조문을 간 적이 있다. 무엇을 어떻게 해야 할지, 조의는 어떻게 표해야 할지 몰라 당황했다. 다행히 앞선 조문객들이 하는 모습을 유심히 지켜보고 흉내를 낼 수 있었다. 모르는 일은 절대 잘할 수 없다. 모른다면 그것을 극복해낼 의지와 학습 능력이라도 있어야 한다.

하지만 직무를 안다고 해서 무조건 일을 잘하는 것은 아니다. **성장에 대한 욕구와 성과에 대한 집요함**이 있어야 한다. 과거 1,000대 기업의 인재상을 조사했을 때 공통적으로 발견된 키워드 역시 '성장'과 '성과'였다.

더불어 **일의 성격과 개인의 성향도 맞아야 한다**. 숫자의 정확성을 요하는 회계팀 업무는 꼼꼼함과 반복을 견디는 성향이, 외부 활동이 많은 영업직은 대인 관계를 즐기는 성향이 필요하다. 독수리에게 헤엄을 치라고 강요할 수 없듯, 직무의 특성과 지원자의 기질이 일치할 때 더 큰 성과를 기대할 수 있다.

② 우리 조직에 맞는 사람

<u>조직의 분위기와 결이 맞는 사람</u>이어야 한다. 내가 이끄는 부서는 구성원들이 대체로 온화하고 협조적인 순둥이들이다. 간혹 지나치게 공격적이거나 독단적인 성향의 독한 사람이 합류하면, 본인이 답답함을 느끼거나 기존 구성원들이 힘들어하는 경우가 많았다. 조직의 지향점도 중요하다. 안정과 정확성을 추구하는 조직에 무모한 도전을 즐기는 사람이 들어오면 서로가 불행해진다. 반대로 성과 중심의 치열한 조직에 관계 중심적인 사람이 들어오면 적응하기 어렵다. 옳고 그름의 문제가 아니라 '다름'과 '적합'의 문제다. 조직문화와 잘 맞는Fit 사람이 들어와야 시너지가 난다. 그렇지 않으면 조직의 에너지를 갉아먹는 결과를 초래할 수 있다.

③ 일에 대한 동기가 확실한 사람

니는 후배들에게 조직 운영의 두 가지 원칙으로 '사기'와 '팀워크'를 강조한다. 사기는 스스로 움직이게 하는 동력이며, 팀워크는 성과를 만드는 도구다. 세상에 쉬운 일은 없다. 밖에서 볼 때는 쉬워 보여도 막상 부딪히면 고난의 연속이다. 이 어렵고 힘든 과정을 견뎌내고, 성장하며 성과를 만들어내기 위해서는 일을 해야만 하는 확실한 동기가 필요하다. **동기가 확실한 사람만이 결국 핵심인재로 성장한다.**

두 번째 조건: 호감을 주는 채용 과정Candidate Experience ——————————

좋은 사람을 선발했다는 결과 외에도, 채용의 과정 그 자체가 훌륭해야 한다. 채용은 기업이 지원자를 평가하는 시간이기도 하지만, 지원자가 기업을 평가하는 시간이기도 하다. 지원자가 입사 지원 버튼을 누르는 순간부터 합격 통보를 받는 순간까지 "이 회사는 사람을 정말 귀하게 여기는구나"라는 느낌을 주어야 한다.

지원자가 부족해 고민인 시대다. 채용 과정이 매력적이어야 지원자가 모인다. 이를 위해 다음 네 가지를 점검해 보자.

- **매력적인 채용 공고**: 지원자의 시선을 끌고 호기심을 자극할 수 있어야 한다.
- **친절하고 체계적인 진행**: 접수 확인부터 결과 안내까지 친절하게, 모든 과정이 물 흐르듯 체계적이어야 한다.
- **정감 어린 불합격 통보**: 불합격자도 잠재적 고객이자 미래의 지원자다. 그들에게도 성의 있는 메시지를 전달해야 한다.
- **합격자를 위한 케어**Care: 합격 통보가 끝이 아니다. 입사 전까지 이미 동료인 것처럼 챙겨야 한다.

채용담당자는 지원자와의 모든 접점에서 진심을 보여야 한다. 딱딱한 문자 통보보다는, 합격자에게 축하의 의미로 모바일 커피 쿠폰을 보내며 "입사일까지 기다리고 있겠습니다"라고 안부를 묻는 센스가 필요하다. 이것이 바로 '채용 브랜딩'의 시작이다.

정리하자면, 잘된 채용이란 '매력적인 채용 과정을 통해 우리 조직에 딱 맞는 좋은 사람을 모셔 오는 것'이다. 이 두 마리의 토끼를 모두 잡았을 때, 비로소 우리는 채용에 성공했다고 말할 수 있다.

이 그림은 Gemini Pro를 이용해 제작되었습니다.

1. **잘된 채용의 조건**

   - 좋은 사람을 모셔야 한다.

   - 호감을 주는 채용 과정이라야 한다.

2. **좋은 사람의 조건**

   1) 일을 잘 할 사람

      - 일에 대해 잘 아는 사람

      - 성과와 성장을 내려는 사람

      - 일 자체와 잘 맞는 사람

   2) 조직에 잘 맞는 사람

   3) 일에 대한 동기가 확실한 사람

3. **호감을 주는 채용 과정**

   다음 기회에 또 지원하고 싶게 만들어야 한다.

   - 채용 공고와 채용 과정에 진심을 담아라.

   - 친철하고 체계적이어야 한다.

   - 불합격 통보도 성의있게 한다.

   - 합격자를 동료로 대해야 한다.

   잘된 채용이란 '매력적인 채용 과정을 통해 우리 일에 맞는 좋은 사람을 모셔오는 것

1. 채용 과정에서 성장과 성과에 대한 욕구를 확인하자.

2. 일 자체에 맞는 사람인지 검증하자.

5 채용을 위해 알아야 할 것들

채용직무를 잘 수행하려면 어떤 것들을 알아야 할까?

알아야 할 모든 것들을 다루려면 책 한두 권으로는 그 방대함을 감당할 수가 없다. 역량에 대한 정의에서부터 채용의 환경과 지원자의 세대별 특성까지 다루어야 할 것들이 끝도 없다.

이제 막 채용업무를 시작한 주니어와 채용부서의 장을 맡은 시니어의 역할이 다르듯이 알아야 할 것들과 필요한 태도역량들도 각각 다르다는 점에 주목했다. 1년 이하의 주니어와 5~8년 차인 대리, 과장급 그리고 10년 이상의 경력을 갖춘 부서장급은 역할이 다른 만큼 할 줄 알아야 하는 일도 다르다. 할 줄 아는 일이 다르다면 명확하게 알아야 할 지식과 기술, 그리고 요구되는 태도역량도 각각 다를 것이다.

주니어의 역할은 무엇인가?

주니어는 채용 프로세스를 운영하고 진행하는 역할을 수행한다. 이 과정에서 채용공고를 작성해서 올리고 정해진 기준에 따라 서류를 검토하여 분류하고 평가자들에게 전달한다. 또한 채용 과정에서 이루어지는 인·적성검사. 코딩 테스트와 같은 평가 솔루션을 운용하고 면접 일정을 수립하여 운영하여야 한다.

주니어가 역할을 잘 수행하기 위해
꼭 알아야 할 것은 무엇일까?

사람인, 잡코리아, 원티드 등과 같은 채용 포털에 채용 공고를 작성해 올릴 줄 알아야 한다. 비슷한 포지션의 공고라면 기존에 게시했던 채용 공고를 가져와 손쉽게 편집하는 요령도 알아야 한다. 또 배너 광고 등의 효과를 적용하는 방법도 알아야 한다.

인·적성검사를 온라인으로 진행할 경우 해당 전형을 등록하여 검사 상품을 적용한 후 응시자들을 등록하고 문자나 메일로 응시 안내를 송부하여야 한다. 또한 응시기간 중 진행 상황을 관리하여 독려하고 응시 결과를 정리하여 평가자들에게 전달하여야 한다. 이러한 일련의 과정들을 시스템 상에서 진행하는 요령과 오류에 대처하는 방법을 알아야 한다.

또한 면접전형에서도 면접관들의 가능한 일정을 확인하고 지원자들과 일정을 조율하여야 한다. ATS솔루션(지원서를 접수하고 채용 전형을 진행하는 채용 시스템)을 세팅하고 면접 장소를 확보하며 도착한 지원자를 안내하는 요령을 알아야 한다.

채용직무 주니어에게 역할 수행을 위해 필요한 태도역량은 무엇일까?

친절하고 정확한 소통, 조율 조정 능력뿐만 아니라 채용 프로세스를 이해하고 개선하려는 학습 의지가 있어야 한다.

경력 5년 이상의 채용직무 미들급의 역할은 무엇인가?

미들급의 역할은 이제 단순한 프로세스의 진행을 넘어 채용전형 전체를 기획하는 영역까지로 확대된다. 사람인, 잡코리아와 같은 대형 포털들뿐만 아니라 변호사협회 등 특수 직무의 협회나 hi-brain.net과 같은 특화된 채널들을 비교하여 적정한 채널을 선정해야 한다. 또한 전체적인 채용의 일정과 예산을 수립한다. 채용전형에 적용할 진단·평가 도구들의 선택하고 유리한 사용 조건으로 도입하고 개선하는 역할을 한다.

면접관들을 교육하는 과정을 개발하고 면접전형의 타당도를 높이기 위한 보완 방안 들을 계속하여 강구하고 제시하여야 한다.

미들급이 역할을 잘하기 위해 명확하게 알아야 할 지식 · 정보와 기술은 무엇일까?

채용공고 홍보채널을 선정하기 위해서는 이용 가능한 채널들의 종류와 효과를 비교하고 그 특징들을 알고 있어야 한다. 변호사, 변리사 등 전문직이나 신사업 분야와 같이 인재풀이 아직 형성되지 못한 직무를 채용하는 경우가 있다. 이런 경우 채용을 진행하는 것은 항상 후보를 확보하는 단계에서부터 매우 어렵다. 이러한 특이직무의 경우 어떻게 후보를 확보할 수 있는지 알아야 한다. 서치펌 등을 이용한 추천, 커뮤니티, 협회 등 협조를 구할 수 있는 채널들의 정보를 많이 가지고 있을수록 채용을 수행하는 데 도움이 될 것이다.

채용 절차를 수립하려면 각 전형 단계별 소요되는 기간들과 시행되는 절차들의 상세내역과 의미를 이해하고 있어야 가능하다. 또한 적절한 진단·평가 솔루션도 선정할 수 있어야 한다. 진단·평가 솔루션 역시 시중의 다양한 솔루션들에 대한 정보뿐만 아니라 맞춤형 개빌의 조건과 효과성에 대해서도 알고 있어야 한다.

면접교육과정을 개발하려면 요즘 면접관에게 필요한 자세나 태도, 면접시 주의사항과 같은 뻔한 것들뿐 아니라 실제 면접 현장의 관점에서 면접관에게 필요한 역량이 무엇인지를 알아야 한다. 면접관은 질문하고 관찰하고 평가하는 사람이다. 좋은 질문을 하고 평가하기 위해 필요한 이론과 지식들이 있다. 충분한 실습을 통해 면접 요령을 터득할 수 있도록 실습 방법을 설계하고 준비할 수 있어야 한다. 취업포털 사람인이 면접관들을 대상으로 설문조사를 펼친 결과 94%의 면접관들이 면접이 어렵다고 하였고 그 중에서도 적절한 질문을 하는 것과 답변을 듣고 평가하는 것이 어렵다고 답했다. 교육과정을 개발하는 미들급이라면 눈여겨 보아야 할 부분이다.

채용직무 미들급에게 역할 수행을 위해 필요한 태도역량은 무엇일까?

다양한 선택지 확보를 추구하는 정보 추구의 태도, 최적의 대안을 선택하는 전략적 사고, 결과를 검증하고 확인하여 개선하고자 하는 발전지향성이 필요하다.

경력 10년 이상의 채용직무 시니어의 역할은 무엇인가?

시니어의 역할은 이제 실무를 벗어난다. 채용전략의 수준으로 더 크고 더 멀리 보아야 하는 역할이 주어진다. 채용의 규모나 시기를 정할 수 있어야 한다. 또한 인재상과 같은 채용의 기준이 되는 요소들을 정리해 주어야 한다. 또한, 고용브랜드를 높이기 위한 활동을 제안하고 실현해야 한다.

시니어의 역할을 잘하기 위해 명확하게 알아야 할 지식·정보와 기술은 무엇일까?

채용의 규모를 정하려면 당면한 사업적 필요와 앞으로의 사업계획을 이해하고 있어야 한다. 또 각각의 이유로 필요한 인력의 적정 규모를 산출하려면 투입 공수와 근무형태 등을 복합적으로 고려할 수 있어야 한다. 하지만 필요가 있다고 모두 채용을 진행할 수 있는 것은 아니다. 사업의 현황을 알아야 한다. 자금의 흐름을 예측하고 회사가 안정적인 생존력을 유지하는 데 필요한 여유와 인력 충원의 기대효과를 비교할 수 있어야 한다. 이러한 것들이 종합적으로 고려될 수 있어야 비로소 적정한 인력 규모를 산출할 수 있다.

채용의 기준이 되는 인재상은 회사가 표방하는 미래의 가치 선언을 담고 있다. 내부 직원들보다는 외부의 채용 후보자들에게 우리의 비전을 어필하여야 한다는 것을 기억하자. 이런 관점에서 인재상은 현재 채용 내상층의 선호와 반응에 대한 정보를 갖추고 있어야 한다. 또한 각 직무별 필요 역량을 선정하려면 각 직무의 수행 환경과 성과에 대한 깊이 있는 이해가 필요하다. 게다가 조직에 대한 적합성을 따져보려면 팀 조직 수준의 조직문화까지 파악하고 있어야 한다. 그래야 '이 조직엔 이런 사람을 채용한다'라는 지침을 내릴 수 있다.

　회사가 인재들을 유인하려면 고용브랜드가 좋아야 한다. 시니어들의 고민은 고용브랜드를 높여 좋은 인재들을 영입하는 것이다. 그렇다면 고용브랜드를 구성하는 요소들을 이해하고 각 요소들에 대한 회사의 현황과 개선 가능 부분을 선정할 수 있어야 한다. 따라서 고용브랜드를 구성하는 각각의 요소들에 대한 이해와 회사의 현황에 대한 냉정하고 정확한 정보와 판단이 필요하다.

채용직무 시니어에게 역할 수행을 위해 필요한 태도역량은 무엇일까?

채용직무의 시니어는 경영자의 파트너로서 인재 확보에 대한 문제를 해결해야 한다. 이를 위해서 사업경영에 대한 이해가 필요하다. 사업의 필요에 따라 현실적인 대안을 강구하는 비즈니스 마인드가 요구된다. 또한 혼자 일하는 것이 아니라 지시하고 협력해야 하는 시니어로서 질문하고 토론하며 진리를 찾아가는 열린 소통과 열린 사고가 필요하다. 또한 문제를 해결하기 위해서는 관행을 벗어나 참신한 방안을 찾아내는 창의력이 있어야 하겠다.

채용직무 계층별 필요 역량

채용직무	Jr	middle	Sr
역할 개요	채용 운영·진행	채용 process 기획	채용 전략
할 줄 알아야 하는 일	채용공고를 작성한다 기준대로 서류를 검토 선발 진단·평가 솔루션 운용 면접 일정 수립 운영	공고 채널 선택(사람인, 협회…) 채용 일정 및 예산 수립 선발용 진단·평가 솔루션 선정 면접관 교육 기획	채용 규모/시기 설계 인재상·역량 정의 고용브랜드 관리
명확하게 알아야 할 지식, 기술	채용 포털 등 공고 채널별 공고 작성·등록 방법 진단·평가 솔루션 설정 및 운영 방법 면접 진행 프로세스와 소통법	채용 공고 홍보 채널의 종류와 효과 비교 채용 절차 수립 근거·이유 진단·평가 솔루션의 종류와 효용성 면접관의 필요 역량과 교육 프로그램	사업계획 분석 및 필요 인력 산정(정원 산정) 직무별 필요 역량 분석법 고용브랜드 요소별 공략법
갖추어야 할 태도	친절하고 정확한 안내 제공 소통 프로세스 이해·개선 학습 의지(성장)	다양한 선택지를 확보하는 정보 추구 최적의 대안을 선택하는 전략적 사고 결과를 검증하고 확인하여 개선하는 발전지향성	사업의 필요에 따른 현실적 대안을 강구하는 biz-mind 질문과 토론을 통해 진리를 찾아가는 열린 소통 관행을 벗어나 참신한 방안을 제시하는 창의력

채용지식에 관한 생각들

① 정원 산정과 채용 계획

정원 산정 즉 조직의 적정 인원과 채용의 규모를 산정하는 기법들이 존재한다. 예를 들어 적정인건비 산정이나 노동분배법 같은 기법들이 있다. 하지만 이 책에서 소상하게 설명하지 않는 이유는 한 마디로 '크게 쓸모가 있지는 않아서'이다.

어떠한 정원 산정기법의 산출물도 경영자의 경영전략을 거스를 수 없다. 회사가 성장하고 생존하기 위해서 꼭 해야만 하는 일이 있고 그 일을 하기 위한 적정한 인력 규모를 갖추는 것은 경영계획의 숫자 위에 존재하지 않는다. 필요는 기회를 목표로 하고 기회를 맞추기 위한 필요 인력은 계산만으로는 산출될 수 없다. 기회를 잡아야 한다면 시기를 앞당기기 위해 무리한 인원을 동원해야만 할 수도 있다. 경쟁사의 동향에 따라 어쩔 수 없이 우리 회사도 벅찬 투자를 감행해야만 할 때도 있다. 그래서 적정인원은 계획서의 숫자와 달라질 수 있다. 상황에 따라 달라져야만 한다. 경영전략이 적정 영업이익의 산출 기준보다 먼저라는 이야기이다.

반대로 생존을 위한 정원 산정의 경우에도 생존 자체가 1차 목표가 되는 순간 적정성의 문제가 아니라 한계성의 문제로 탈바꿈한다. 어디까지 가능한가의 문제가 된다는 말이다.

이러한 상황들을 고려할 때 직무 분석을 기반으로 하는 적정인력의 기법은 공염불에 가까울 수 있다. 적어도 채용의 문제는 아닌 것으로 단정하고 과감하게 다루지 않았다.

채용 계획의 부분도 그러하다. 회사는 연간 예산을 작성하면서 채용의 시기와 인원에 대한 계획을 수립한다. 인원 계획에 따라 인건비 예산이 산출되게 된다. 하지만 아무리 잘 짜여진 채용 계획도

시장 상황을 거스를 수 없다. 최근 미국 트럼프 대통령의 등장으로 진통을 겪고 있는 관세 문제를 비롯하여 세계 곳곳에서 벌어지는 전쟁, 미국과 중국의 패권전쟁 등 우리 사업을 둘러싸고 있는 시장 상황은 예측이 불가능하다. 이러한 상황에서 항상 우선적으로 고려되는 것은 공격적 투자보다는 안정성이다. 물론, 위기를 기회로 활용하는 조직도 있다. 어쨌거나 계획은 계획이었을 뿐이다. 누구도 계획대로 진행하지 못한다면 계획을 수립하는 것이 무슨 의미가 있겠나.

채용 계획을 대신해 채용 진행 시나리오를 제시하고자 한다. 회귀분석기법과 유사하게 볼 수도 있다. '매출 10억당 a직무 2명+b직무 1명+c직무 0.5명'과 같은 채용 공식을 세워두고 사업의 상황에 따라서 즉시 진행할 수 있도록 준비해 둘 것을 권한다. 이렇게 하면 막연한 예측이 아니라, 실제 성과와 연동된 즉각적이고 유연한 채용이 가능해진다. 이것이 불확실한 시대에 최적화된 인력 구조를 유지하는 비결이다. 나는 내가 맡은 사업본부의 인력을 어느 정도 가시화된 기대매출을 근거로 채용공식에 따라 유연하게 관리하고 있다. 적정 인력의 규모를 지켜 필요한 인원을 확보하면서 수익성을 지켜가는 나만의 비법이다.

② 인재상과 채용 기준

취업 지도 현장에서 마치 헌법처럼 언급되는 것이 바로 기업의 인재상이다. "이 회사의 인재상이 이러하니 당신의 이런 장점을 어필해야 한다" "지원 동기는 회사의 인재상과 비전이 당신과 잘 맞아서"라고 한다. 하지만, 실제 채용 현장에서 전사적인 인재상이 당락을 결정하는 경우는 극히 드물다.

인재상은 어떻게 만들어지는가. 사실 사장님의 의지를 받들어 인사팀이 그럴듯하게 정리한 것에 불과한 경우가 많다. 특히 사장님의 의지는 현실적인 필요보다는 앞으로 나아가고 싶은 비전에 가깝고 사실상 외부 홍보의 목적이 더 크다.

내가 감히 "인재상은 허상이다"라고 말하는 이유가 이것이다. 그리고 회계팀과 컨텐츠기획팀에 같은 인재상을 적용한다는 것부터 말이 안 된다. 회계팀은 정확성과 분석력이 핵심이라면, 컨텐츠기획은 창의성과 트렌드 민감성이 중요한 것 아니겠나.

그러니 회사의 채용 기준과 평가 기준도 각 직무별로 달라야 한다. 어쩌면 회사마다 다를 것이 아니라 직무마다 달라야 한다. 채용직무의 필요역량은 이 회사든 저 회사든 비슷한 게 당연한 것이다.

③ 선발평가 기법들

2010년경 채용담당자들 사이에 익숙했던 트렌드 중 하나가 '구조화된 면접'이었다. 기분이 좋은 날이거나 기분이 우울한 날이거나 평가 결과는 같아야 한다. 팀장님이 면접관이든 파트장님이 면접을 보든 같은 사람에 대한 평가는 항상 같아야만 한다는 것이다 그러기 위해서 질문을 하고 평가를 하는 기준을 구조화하고 경험을 묻는 트렌드가 생겨났다. 남보다 먼저 발표면접, 토론면접을 도입하는 회사들이 생겨났다. 발표와 토론은 과제를 이해하고 자신의 의견을 발표하는 과정, 지원자들끼리 의견을 교환하는 과정을 관찰함으로써 분석력과 같이 질문으로 알아내기 어려운 역량을 평가하는 기법이다.

발표·토론과 같은 평가기법은 소위 역량평가기법을 차용한 것이라고 할 수 있다. AC$^{Assessment Center}$라고 불리는 역량평가 기법은 공공조직의 경우 임원 승진을 비롯하여 과장급 선발의 과정에서도 널리 쓰이고 있다.

그것 말고도 채용을 위한 선발평가의 기법들은 다양하다. 체력을 검증하거나 승마·기계와 같이 기술적인 테스트를 거치기도 한다. IT의 영향력이 확대되면서 AI를 이용한 평가 솔루션들까지 쏟아져 나오고 있다.

이들 또한 채용에서 알아야 할 대상임은 분명하다. 하지만 알아야 할 것에서 다루지 못한 이유는 그 방대함 때문이기도 하고 또 별도의 장에서 소상히 다루기 위함이다.

역량과 행동지표

본격적인 채용의 방법론에 들어가기 전에 반드시 알아야 할 것이 바로 이 역량이라는 것이다. 역량은 무엇인지 또 행동지표란 어떤 것인지 제대로 된 이해가 바탕이 되어야 채용의 평가방법을 선택할 수 있다. 특히 면접에서 역량과 행동지표는 몰라서는 안 될 기본 중의 기본이다.

역량이란

위키백과의 내용을 인용하였음을 미리 밝히고 설명을 시작하려 한다. HR에서 역량competency라는 용어는 심리학자 로버트 화이트 R. W. White가 1959년 처음 사용한 것으로 알려져 있다. 그는 "동기 motivation와 연결해서 단순한 지능보다 성공적인 적응과 상호작용을 설명하는 성격 특성을 뜻하는 개념"으로 사용하였다. 이후 1970년 대와 80년대를 거치며 이 개념이 HR 쪽으로 본격적으로 확장되었다. 특히 데이비드 매클렐런드David McClelland가 1973년 논문 "Testing for Competence Rather than Intelligence"를 발표하면서 역량기반 접근이 주목을 받게 된다. 맥클렐런드는 전통적인 IQ테스트나 학력 중심의 선발보다, 실제 직무성과를 예측할 수 있는 행동특성

competencies에 주목해야 한다고 주장했다.

역시 학술적인 정리는 어렵다. 쉽게 정리해 보자. 역량이란 성과를 낼 수 있는 행동특성이라는 말이다. 나도 이렇게 배웠다. 쉬운 말인데 이상하게 와닿지 않는다. 도대체 역량이란 무엇일까?

이해를 돕기 위해 '능력'이라는 말과 비교해 보자. 학습과성장의 현용국 대표는 강연에서 "능력은 가능성을 포함하는 개념"이라고 설명한다. 영어능력은 영어권 고객사를 설득하여 영업을 성공시킬 가능성이 있다. 하지만 영어능력이 곧 영미권 영업역량은 아니다. 역량은 성과를 만들어내는 특성이라야 한다. 성과가 연결되지 않는다면 '능력'은 될 수 있어도 '역량'은 될 수 없다. 역량은 영어를 할 줄 안다가 아니라 영어를 사용하여 고객을 설득할 수 있다가 되어야 한다.

도면이해력은 능력이다:
'도면을 통해 문제의 원인을 발견한다'가 역량이다 ————

마찬가지로 공간인지력은 능력이다. 이 공간인시력이 역량으로 발휘되면 약도를 그려줄 수 있다. 능력이 아닌 역량으로 표현된다면 '약도를 보고 찾아오는 길을 설명할 수 있다'와 같이 정리된다. 다시 말해, 능력은 가지고 있는 것이지만 역량은 발휘되는 것이다. 발휘되어 성과를 만들어낼 때에 비로소 능력은 역량으로 인정할 수 있다.

역량은 발휘된 것이기 때문에 경험을 통해 확인할 수 있다. 그래서 역량을 평가하는 기법으로 '행동 사건 인터뷰Behavioral Event Interview, BEI'라는 방법론이 있는 것이다.

어떠한 행동을 보인 경험을 묻고 그 경험을 면밀하게 관찰하여 평가하는 기법이 BEI면접이다. 흔히들 구조화된 면접에서 경험을 물어야 한다고 말하는 이유가 이것이다.

이러한 인터뷰를 위해 보통의 수행자와 뛰어난 성과자를 인터뷰해서 어떤 행동(사건)이 결과의 차이를 만드는지 알아내고 평가에 반영하는 것이다.

여기에서 행동지표라는 개념이 출발한다.

행동지표

행동지표란 해당하는 역량이 드러나는 행동방식을 말한다. 역량이기 때문에 성과를 만들어내는 행동이다. 면접에서 묻고 확인해야 하는 행동사례가 행동지표이다.

그래서 역량은 행동지표로 표현되어야 평가에 적용할 수 있다. 행동지표로 표현하는 것은 생각보다 쉽지 않다. 아래의 예시를 통해서 행동지표를 설명해 보고자 한다.

행동지표를 만들어 보자.

소통이라는 역량이 있다. 소통의 행동지표는 무엇일까?

면접관 교육과정에서 똑같이 묻는다. 미안하지만 단 한 번도 제대로 된 답을 들은 적이 없다. 심지어 "소통능력이 뛰어나다"와 같은 답을 들곤 한다. 소통능력이 뛰어난 것은 행동지표가 아니라 평가 의견이다.

행동지표는 '어떻게 행동한다'와 같이 구체적으로 표현하는 것이다. 소통을 행동지표로 표현하기 힘들다면 한 가지 질문을 더해준다. "소통은 혼자하는 것일까? 상대가 있는 행동일까?" 상대가 있다. 상대가 있다면 주고/받는 것이 있다. 주는 것은 무엇일까? 자신의 생각과 의견을 잘 알아듣도록 말해주는 것. 주는 것은 '말한다'이다. 그렇다면 받는 것은? 그렇다 '듣는다'이다 말한다와 듣는다를 잘해야 성과를 만든다.

잘 말하고, 잘 듣는 것은 어떻게 행동으로 드러나는가? '잘 말한다'는 '어렵고 복잡한 내용도 이해하기 쉽게 잘 전달한다', '잘 듣는다'는 '복잡하고 두서없는 이야기도 핵심을 파악하며 명확하게 이해한다'로 정리할 수 있다.

이 두 가지 행동이 발휘되는 경우를 상상해 보자.

본부장님이 사장님과의 회의에서 한시간 반 동안 시달리다가 돌아왔다. 바로 팀장들을 소집한다. 당신의 기분이 안 좋은 탓인지 화를 내며 두서없이 한참을 얘기하다가 돌연 나가버렸다. 이 순간 다른 모든 팀장이 김 팀장을 바라본다. 김 팀장은 씨익 웃으며 끄덕인다. "무슨 말씀이냐 하면, 지금 우리 상황은 첫째, 둘째, 셋째 이렇고, 그래서 우리는 이런 저런 일을 해야 한다는 말씀이야~." 순간 모두들 고개를 끄덕인다. 다른 팀장들도 같은 자리에 있었지만 혼란스러웠다. 이때 김 팀장은 '잘 듣는다'와 '잘 말한다'를 한꺼번에 보여주었다. 기본적인 소통의 능력은 이렇게 행동지표로 드러나는 것이다.

한 가지만 더 해보자. 이번에는 협력이다. 협력이라는 역량의 행동지표는 어떻게 표현해야 할까? 이번에도 막막함을 줄일 수 있도록 혼자하는 것인지 상대가 있는 것인지 먼저 생각해 본다.

상대가 있는 행동이라면 주는 것과 받는 것이 있다.

자, 주는 것은 무엇이고 받는 것은 무엇인가?

주는 것은 협력을 주는 것, 쉽게 말해 도움을 주는 것이다. 그런데 도움을 주긴 주는데 도와달라고 울며불며 사정하고 매달리니 마지못해 찔끔 도와준다면 그것이 우수한 협력의 행동일까? 아니다. 협력을 잘 준다면 그것은 '자발적으로 돕는 것'을 말할 것이다.

받는 것은 무엇일까? 받는 것은 도움을 받는 것이다. 그런데 주변의 사람들이 모두 협력적인 사람들이라서 가만히 있어도 도움의 손길이 이어진다면 그것이 그 사람의 역량일까? 그건 아니다. 싫다고 거부하고 뿌리쳐도 설득하고 조정해서 협력을 하도록 '도움을 끌어내는 것' 그것이 우수한 협력 역량의 행동지표일 것이다.

협력의 경우 한 가지 더 생각해 볼 부분이 있다. 협력적인 두 사람이 있었다. 둘이 서로 적극적으로 도와서 일을 했다. 그 결과 두 시간 걸릴 일이 다섯시간이 걸렸다. 이 경우 과연 협력이었을까 간섭이었을까? 회사가 원하는 협력은 '친목'이 아니라 '성과'다. 회사가 원하는 협력은 언제나 일의 생산성이 높아지는 방향으로 이루어져야 한다. 그래서 협력이라는 행동지표에는 '협력하여 생산성이 높아졌다'라는 개념이 포함되어야 한다. 협력이 생산성을 높이려면 서로 잘하는 일만 하려고 하지 말고 누군가는 양보하고 희생해야 하는 경우가 따른다. 그래서 마지막 행동지표는 '역할을 조정해서 조직의 효율을 높이는 것'이 포함된다.

이렇게 협력의 행동지표가 정리된다.

① 자발적으로 돕는다.

② 도움을 끌어낸다.

③ 역할을 조정해 조직의 효율을 높인다

이렇게 세 가지 행동지표가 정리되면 면접의 질문이 달라진다. "당신은 협력적인 사람입니까? 협력을 발휘했던 사례를 말씀해 주세요"와 같은 애매모호한 질문으로는 정확하게 원하는 답을 듣기가 쉽지 않다. 상황을 설명하고 뭔가 협력했던 사례를 듣기는 했지만 얼마나 협력적인 사람인지 수준을 평가하기엔 항상 부족하고 답답했을 것이다.

위와 같이 행동지표가 정리되면 질문이 간단하고 명확해진다.

"자발적으로 도와서 성과를 만든 적이 있습니까?" 묻고 "왜 돕게 되었는지?" "어떻게 도왔는지?" 물어보면 된다. 마찬가지로 두 번째 행동지표 역시 "부정적이었던 상대에게 도움을 끌어낸 적이 있나요?" 묻고 "도우려 하지 않은 이유는?" "어떻게 도움을 끌어냈는지?" 물어보면 된다. 훨씬 더 명확하게 묻고 명확한 답을 들을 수 있게 된다.

행동지표가 중요한 이유는 또 있다

한 공공기관이 있었다. 원래의 설립 목적은 사회현상을 조사 분석하여 정책안을 제시하는 기관이었다. 그런데 정권이 바뀌면서 역할이 바뀌어 3년 전부터 정책안을 시행하는 것으로 기관의 역할이 확장되었다. 그동안 분석력, 기획력만 보고 채용을 해왔는데 이제는 행동력이 필요한 시기가 된 것이다. 모든 면접관들이 행동력이 중요하다는 부분에 공감했다.

1조에 편성된 박 팀장님은 회사를 알리는 홍보 컨텐츠를 만드는 사람이었다. 어제 TV 예능에서 재밌는 장면을 보았다. 벌써부터 SNS에 관련 쇼츠가 만들어지고 조회수가 올라간다. 자, 관련된 홍보영상을 언제 만들어야 할까? 박 팀장이 생각하는 행동력이란 주저없이 시행하는 것이 맞다. 반면 조 팀장은 수천억 원짜리 사업을 운영한다. 이 사업의 특징은 장기판의 졸과 같아서 한번 시행하면 뒤로 물릴 수가 없다. 그래서 조팀장이 생각하는 행동력은 최대한 신중하게 확실한 한 걸음을 가는 것이다.

박 팀장과 조 팀장이 1조에 편성되어 면접을 진행한다. 첫 번째 지원자는 발빠르게 실행하는 사람이다. 박 팀장은 최고 점수를 주었는데 조 팀장은 탈락이다. 당장 내일 천억 원을 날릴 수도 있는 위험한 사람이라 판단했다. 두 번째 지원자는 신중하고도 신중한 사람, 박 팀장이 볼 때 대체 언제 일할지 알 수 없어서 탈락시켰다. 결국 누가 합격해서 입사했을까? 이도 저도 아닌 애매한 사람이 합격하게 되는 거다.

왜 이런 일이 생겼을까? 평가 항목인 '행동력'에는 공감했지만 구체적으로 어떻게 행동해야 하는지 정의도 합의도 없었으니 이런 애매한 결과가 생겨나는 것이다.

A라는 공공기관의 면접을 진행했다. 평가항목에 도전정신이 있다. 일반적으로 도전정신이라 하면 '어렵지만 시도하는' 행동을 뜻한다고 알고 있다. 그런데 이 A기관은 도전정신의 행동지표가 좀 다르다. 워낙에 주변의 저항이 많은 일이라 '끝까지 간다'가 원하는 인재상이다. 그렇다면 면접의 질문은 어떻게 해야 할까? 우리가 상식으로 알고 있는 "어려운 일을 과감하게 시도한 경험"을 묻게 된다면 우리는 A기관이 원하는 도전적인 인재를 채용할 수 없게 된다. 면접관들은 A기관의 행동지표인 "주변의 저항이나 어려운 여

건에서도 끝까지 해낸" 경험을 묻고 그 수준을 평가하여야 원하는 인재를 선발할 수 있을 것이다.

다시 말해, 행동지표는 구체적으로 어떤 사람을 원하는지 명확하게 기술되어야 한다. 행동지표가 평가의 기준이며 질문의 기준이되어야 한다. **평가할 역량은 행동지표로 명확하게 표현**되어야 한다.

채용의 담당자에게 여러 번 당부하게 되는 말이다. 어떤 사람을 뽑고 싶은가를 정확하게 정의하는 것이 먼저라고, 그것부터 정해야 이후 채용을 어떻게 해야 할지, 면접관은 어떻게 교육할지, 솔루션은 어떻게 사용할지 정할 수 있다고 반복해서 말하고 있다.

명확한 채용의 기준은 필요한 역량과 이를 평가하는 명확한 기준인 행동지표로 표현되어야 한다. 그것이 채용의 시작이다.

이 그림은 Gemini Pro를 이용해 제작되었습니다.

주요 내용 요약

1. 역량과 능력

- 역량이란 실제 성과를 낼 수 있는 행동 특성이다.
- 능력은 가능성을 포함하지만 역량은 실제 성과가 성립 조건이다.
- 도면이해력은 능력이다. 도면을 통한 문제 원인 발견이 역량이다.

2. 행동지표

- 행동지표는 역량이 드러나는 행동방식이다
- 막연한 용어가 아니라 관찰되는 행동이다.
- 행동지표의 예시

1) 소통: 복잡하고 어려운 이야기의 핵심을 정확하게 이해한다.

   : 어렵고 복잡한 이야기를 쉽게 잘 전달한다.

2) 협력: 자발적으로 돕는다. 협력을 끌어낸다.

   역할을 조정하며 조직 전체의 과업의 효율을 위해 노력한다

3. 역량과 행동지표가 중요한 이유

- 역량은 행동지표로 표현된다.
- 행동지표는 질문하고 관찰하여 평가하는 기준이다.

TO DO

1. 채용할 사람의 인재상을 역량과 행동지표로 정리하자.

2. 행동지표에 따른 면접질문지와 평가 가이드를 작성하자.

3. 행동지표를 이해하고 적용할 수 있도록 평가자들에게 교육을 제공하자.

7 채용 트렌드

이 책을 쓰고 있는 지금, 서점가에는 이미 〈채용 트렌드 2026〉이라는 책이 깔려있다. 개인적으로도 약간의 친분이 있는 윤영돈 코치는 매년 채용 트렌드라는 책을 출판해 오고 있다. 채용시장에서 등장하는 이슈와 반응 들을 꾸준히 관찰하고 탐구해 온 그의 성과물은 그 끈기와 지속성만으로도 대단하다.

하지만 채용의 현장에 있는 사람으로서 그 책의 내용은 항상 조금 아쉽다. 책에 소개된 트렌드들은 뜨고 있는 이슈인 것은 분명하다. 하지만 그것이 메타버스의 등장처럼 요란하기만 했을 뿐 결국 실체를 만들지 못하는 경우들을 많이 보아왔다. 최근 등장했던 MZ 면접관과 같은 트렌드가 특히 그러하다.

채용의 현장에서 내가 느끼는 트렌드는 매년 그렇게 많이 변하지 않는다. 가장 굵직한 흐름을 끌어가고 있는 트렌드를 딱 세 가지만 짚어보고자 한다.

내가 생각하는 주요 트렌드는 첫째 컬처핏이다. 컬처핏에 대한 많은 관심과 노력들이 계속 이어지고 있는 것이 이를 증명한다. 둘째는 AI채용이다. AI채용은 AI 솔루션을 채용에서 활용하는 것뿐만 아니라 AI에 의한 직무의 확장 측면에서도 주목해 보아야 한다. 세 번째는 오랫동안 채용의 핵심이 되고 있는 직무역량 중심의 채용이다. 스펙의 시대는 이미 케케묵은 옛이야기가 되었다. 현재는 누가 뭐래도 '일 잘할 사람 찾기'가 대세이다. 어떤 사람이 일을 잘 하는지, 그런 사람을 어떻게 찾을 것인지, 이 두 가지 문제는 채용 의 본질이기도 하다.

1 │ 컬처핏

2021년 우리는 컬처핏의 등장에 앞서 조직유연화라는 트렌드를 만 났었다.

사람인의 공고를 분석한 결과를 보면 컬처핏 인터뷰를 진행하 는 기업들의 50%가 청년친화강소기업이라 한다. 특히 MZ세대들 이 호응이 높은 유연한 근무제도, 리프레시 휴가, 남성 육아휴직, 문화회식과 같은 조직문화적인 특성을 보인다.

컬처핏(Culture Fit) 전형 기업의 주요 복지 분석

컬처핏 인터뷰를 진행하는 기업들은 구성원에게 어떤 복지를 제공하고 있을까요? 무엇보다 전체 기업의 50%가 **청년친화강소기업***이라는 점이 특징이었는데요. 중소기업의 특성 상 금전적 복지는 기본적인 부분만 지원이 되었으나 자신만의 시간을 중요시하는 MZ세대의 호응이 높은** 유연한 근무제도, **Refresh휴가, 남성 육아휴직** 제도 등의 근무제도를 가지고 있었으며, 회식도 **문화 회식**을 하거나 회식이 아예 없다는 점을 강조했습니다.

복지 유형	주요 복지
근무/휴가제도	남성출산휴가, Refresh 휴가, 주 4일 근무, 재택근무, 야근 없는 기업 등
식사지원/사내 카페	간식제공, 사내 카페 보유 기업, 커피제공,
금전적 지원	보너스, 명절선물/귀향비, 직원 대출, 복지카드 등
편의시설	휴게실, 수면실, 주차지원, 게임
회식	문화회식, 플레이샵, 회식 없음
자기계발	자기계발비 지원, 자격증 수당, 교육비

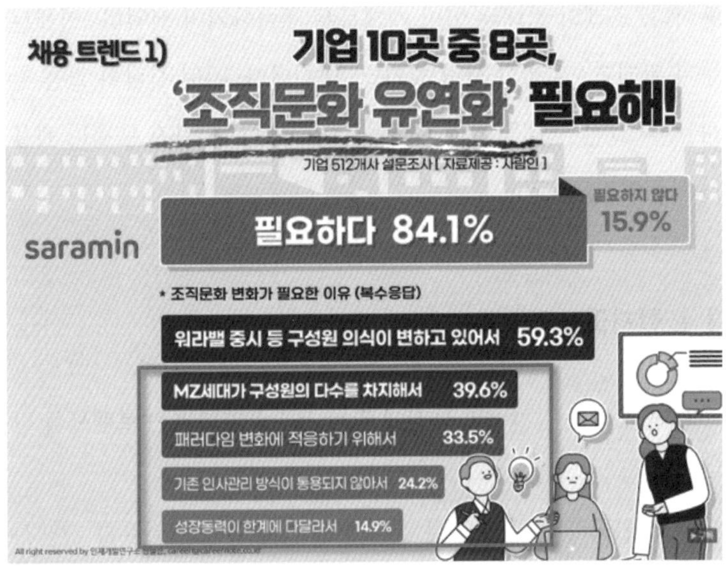

이토록 컬처핏에 관심을 가지고 노력하고 있는 이유는 무엇일까? 2021년경 채용 트렌드에 '조직문화 유연화'라는 말이 등장했다. 이제 기존의 기업문화로는 인재들을 받아들이고 지키기 힘들어진다는 경고였다. 조직이 변해야 한다는 것이다. 왜 그럴까?

다름 아닌 MZ세대의 등장이 그중 큰 원인이다. MZ들을 모으고 함께 하려면 기존의 문화로는 답을 찾기 힘들었다. 요즘 정말 일 잘하는 인재들은 이동하기 쉽고 헌신은 단기적이라 한다. 인재랑 함께 일하려면 인재가 원하는 동료가 되어야 하는 것이었다.

그렇다고 회사가 한없이 바뀔 수는 없다. 사업의 특성도 있을 것이고 환경의 특성도 있을 것이니 채용할 때부터 우리의 일하는 방식과 함께 할 수 있는 사람을 채용하는 방법을 고민하지 않을 수 없다.

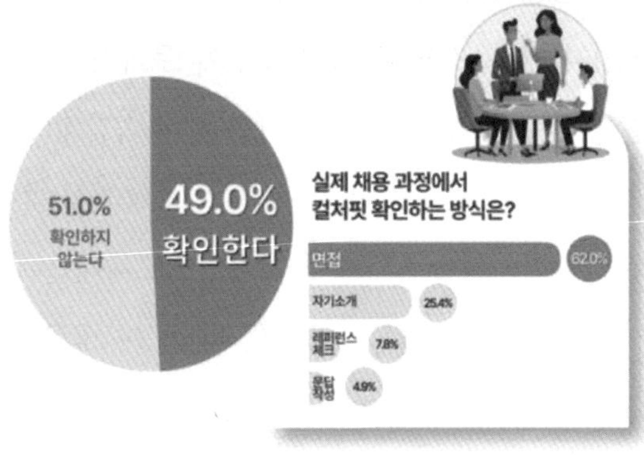

채용포털 인크루트의 설문조사에 따르면 인사담당자의 49%가 채용 과정에서 컬처핏을 확인한다고 한다.

특히 면접에서 컬처핏을 확인하는 비중이 월등히 높다. 그렇다면, 다시 묻고 싶다. 그래서 컬처핏을 면접에서 어떻게 확인하고 있나.

인터넷을 뒤져보면 컬처핏을 확인할 수 있는 면접질문들이 여럿 소개되고 있다. 그런데 그 질문들을 살펴보면 "성격은 어떤가요?” 따위를 묻는다고 한다. 성격을 묻는 질문에 어떤 지원자가 사실을 곧이곧대로 대답할까. 지원자는 회사가 바랄 것 같은 좋은 답을 말할 것이다.

중요하게 생각하는 가치를 묻는 것, 동기부여 요소를 묻는 것으로는 솔직한 대답을 기대할 수도 없을뿐더러 조직문화와 맞는 인재인지도 알아낼 수 없다.

컬처핏 채용을 위해 우선 생각해야 하는 것은 ‘우리 회사의 컬처는 무엇인가’이다. 특별한 정의도 없이 무작정 컬처핏을 묻는 것은 단순히 ‘당신은 MZ세대이니 책임감, 소속감 없이 개인주의만 가득한 사람 아닌가’라고 의심하는 수준에 불과할 것이다. 사람인의 설문조사에 의하면 42.6%의 회사가 MZ세대들에 불만이라고 한다. 특히 ‘책임감이 없다(41.6%)’, ‘배려 및 희생정신이 없다(36.2%)’는 부분이 불만이라고 한다. 딱 그부분만 묻고 따지면서 컬처핏을 논한다는 것 자체가 아이러니이다.

그렇다면 컬처핏이란 무엇인가?

우리의 일하는 방식과 관계의 방식에 잘 맞는 사람인지를 물어야 한다. 우리 회사가 트렌드에 민감한 아이템을 다루고 있다면 유행에 민감한 사람이어야 한다. 우리 회사는 팀으로 일해야 하는 과업들이 주를 이룬다면 협력적인 사람이어야 한다. 따로 일하고 따로 밥먹고 그런 문화라면 개인주의 성향이 강한 사람이 오히려 좋을 수도 있다.

컬처핏은 중요하다. 조직이 개인보다 강한 것은 조직원들 사이의 시너지에서 나온다. 컬처핏은 시너지를 낼 수 있는 '맞는 사람'을 찾는 것이다. 컬처핏을 실행하려면 우리 회사의 컬처를 정확하게 알아야 한다.

채용에 대해 물어오는 대표님들이나 인사부서장들을 만날 때가 있다. 채용을 개선하고 싶다고 한다. 그러면 내 첫 질문은 '어떤 사람을 뽑고 싶으신데요?'이다. 그 당연한 질문에 당황하는 경우가 많다. 채용의 실패를 겪고 그 원인을 프로세스에서만 찾고 있어서 그렇다. 어떤 사람을 찾고 싶은지를 알아야 그에 맞는 채용을 설계할 수 있는 것이다.

컬처핏에서도 같은 경우를 본다. 당신 회사의 문화는 어떤가요?라고 물으면 이런저런 조직문화를 만들고 싶으시단다. 그러면 그게 문제라고 말씀드린다. 미래에 만들고 싶은 조직문화를 기준으로 인재를 채용했다 치자. 그 인재는 미래의 청사진을 보고 입사했는데 만나게 된 현재의 문화는 전혀 다른 거다. 입사한 사람 입장에서는 그냥 속은 것이다. 현재의 조직문화를 제대로 인식하는 것이 먼저다.

조직문화를 진단하는 툴은 많이 있다. 하지만 알아야 할 건 대부분의 조직진단이 조직원들의 만족도 조사의 성격이 강하다는 것이다. 그런 진단으로는 조직문화를 제대로 알기 힘들다. 일하는 방식의 특성을 찾자. 회사에서 사람들이 관계하는 방식에 주목하자.

그것이 진짜 조직문화이고 그 조직문화에 맞는 사람을 찾는 것이 진정한 컬처핏이다.

나는 조직문화를 진단하고 이해하는 기준으로 로버트 퀸Quinn 의 '경쟁가치모델'을 가장 실용적이라고 생각하고 있다. 내부지향과 외부지향, 유연성과 안정성을 서로 경합하는 네 가지의 가치로 보고 조직문화의 유형을 크게 새로운시도형Adhocracy, 관계협력형 Clan, 성장과성과형Market, 체계적관리형Hierarchy의 네 가지로 구분하였다.

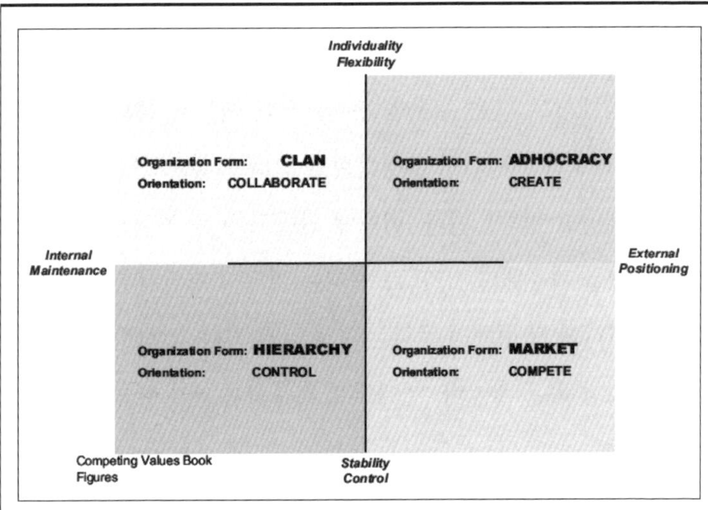

Figure I. Core dimensions of the competing values framework (from Cameron et al., 2007).

컬처핏에서 팀핏으로

나는 이 네 가지 유형들이 회사내 각 조직의 역할마다 다르게 나타
나야 된다고 생각한다. 그리고 이해하기 쉽게 한국말로 새롭게 명
명한다. 새로운시도, 관계협력, 성장과성과, 체계적관리 네 가지 유
형으로 쉽게 이름 붙이고 CS, 협력, 섭외 부서들을 '관계협력' 유형
으로 정리하였다. 경쟁환경에서 성장과 성과를 지향하는 마케팅과
영업부서는 '성장과성과' 유형으로, 인사·회계·기획부서는 '체계
적관리' 유형, 전략·컨텐츠·게임기획 부서는 '새로운시도' 유형으
로 구분한 것이다.

직무특성별 4가지 조직문화 유형

조직문화 유형(CVF모델명)	특징
관계협력형 (Clan)	CS, 대외협력, 섭외 부서 등 협력과 배려가 중요한 조직
새로운시도형 (Adhocracy)	전략, 기획, 디자인 등 창의성과 혁신이 필요한 조직
성장과성과형 (Market)	영업, 마케팅 등 목표 달성과 성장이 목표인 조직
체계적관리형 (Hierarchy):	회계, 인사, 품질 등 안정과 절차가 중요한 조직

앞서 언급한 윤영돈 코치의 〈채용 트렌드 2026〉을 읽어 보았다.
내가 보기엔 최대의 화두가 '팀핏'으로 보여진다. 나 역시 조직 전
체의 문화보다는 팀핏이 맞다고 생각해 왔다. 캐주얼 게임 개발 회
사나 영상컨텐츠를 만드는 회사라면 무언가 새로운 가치를 만드는
문화적 특성을 강하게 지니고 있을 것이다. 그렇다 하더라도 그 회

사의 회계팀까지 새로운 시도에 적극적이어야 할까? 경영관리부서라면 모름지기 체계와 효율을 지향해야 한다. 회사 전체의 특성과는 전혀 다른 해당 부서만의 문화적 특성을 갖추는 것이 맞다.

윤영돈 코치의 주장과 마찬가지로 조직 전체의 문화보다 팀 단위의 문화를 생각해야 한다.(사람인은 이러한 팀핏을 컬처핏의 본질이라 생각하며 컬처핏Culture F.I.T_ fit in test이라는 인·적성검사를 1년간 개발해 런칭하였다.)

이제 우리가 생각할 것은 일하게 될 부서의 컬처를 고려하고 거기에 맞는 사람을 찾아야 한다는 것이다. 그리고 그것은 제대로 된 면접전형과 인·적성검사와 같은 선발평가도구들이 필요하다.

정리하자면, 컬처핏은 우리 회사에 더 잘 맞는 사람을 찾기 위해 중요한 것이다. 그러기 위해서는 현재의 조직문화를 부서 단위로 세분화해서 정말로 자기 직무에 잘 맞고 우리 조직에 잘 융화될 수 있는 사람을 채용해야 한다.

2 | AI채용

두 번째 메가 트렌드는 AI이다. ChatGPT를 필두로 한 생성형 AI의 등장은 채용에서 큰 변화의 바람을 불러일으키고 있다.

AI, 채용에 솔루션을 제공한다.

수많은 AI 솔루션이 쏟아지고 있다. 채용에서도 마찬가지이다. 그 시작을 2018년 3월 당시 마이다스IT가 발표한 AI면접으로 기억하는 사람들이 많다. 당시엔 엄청난 반향을 일으켰으니 그럴 만도 하다. 난생 처음 접하는 AI면접에 취준생들은 공포심을 느낄 정도였고 수많은 취업강사들은 쏟아져 들어오는 AI면접 대비책 강의 요청에 즐거운 비명을 지를 정도였다.

하지만 AI 기술이 채용에서 적용된 것은 그보다 훨씬 더 먼저 시작됐다. 내가 재직하는 사람인은 2014년경부터 AI-LAB 조직을 갖추고 공고추천과 인재 추천에서 머신러닝 기술을 적용하였었다. 지원자가 사람인에 접속하여 찾아보는 채용공고와 입사지원을 클릭하는 행동패턴을 학습하여 지원자에게 더 솔깃한 채용정보를 제공하였고, 채용을 진행하는 기업에도 지원자들의 특성 분석에 기반하여 선정된 이력서를 추천하였다.

AI 기술이 큰 변화를 맞이한 것은 ChatGPT가 등장하면서부터이다. 이제는 사용자에게 반응하며 새롭게 컨텐츠를 생성해 주는 꿈같은 현실이 생성형AI로 인해 가능해졌다. 논문 표절 검사인 copy killer로 유명한 무하유는 이러한 생성형AI 기술을 활용하여 몬스터Monster라는 AI면접 솔루션을 발빠르게 내놓았다. 지원자의 답변에 반응하며 꼬리질문을 제공하고 또 답변들을 분석하여 평가 의견, 보완 의견을 제공할 수 있게 된 것이다.

이러한 기술의 진보로 AI 솔루션들은 상상을 현실로 만들며 쏟아져 나오고 있다.

그렇다면 AI 기술은 채용에서 어떻게 쓰이고 있을까?

채용의 진행 프로세스대로 짚어보자. 다양한 사례가 있겠으나 내가 가장 잘 아는 사람인의 서비스를 위주로 소개하는 부분은 이해해 주시기 바란다.

지원자를 모집하고 추천한다.

사람인과 같은 채용포털은 양질의 지원자를 많이 확보하게 해주는 것이 서비스의 핵심이라고 할 수 있다. 적합한 지원자를 가려내 채용공고를 추천하는 서비스를 제공하고 있다. 회사가 채용공고를 올리면 공고의 상세내용을 분석하여 관심을 가지고 지원할 만한 구직자들을 선정한다. 채용공고와 회사에 대한 AI 분석과 지원자들의 스펙, 경력, 구직 활동 성향, 심지어 인성검사 결과까지도 종합적으로 분석하여 지원 가능성이 높고 공고 내용에 적합한 지원자들에게 해당 공고를 추천한다. 추천공고를 통한 입사지원이 지원자가 스스로 검색하고 선별해서 지원하는 경우보다 훨씬 더 많아진 것은 당연한 결과이다.

또 사람인의 스마트 리크루터, 잡코리아의 원픽과 같은 서비스는 채용공고를 통한 지원자 모집이 아니라 인재를 찾아내 추천해 주는 서비스이다. 이를테면 솔루션을 이용한 헤드헌팅과 같은 서비스라고 이해할 수 있다. 공고를 올리는 대신 지원자 추천을 의뢰받은 채용포털은 AI 솔루션을 이용하여 최적의 후보자들을 선별하고 후보자의 동의하에 고객사에게 추천자의 이력서를 제공한다. 서비스를 이해하기는 쉽지만 추천되는 후보자의 적합도를 높이기 위한 AI LAB의 수고가 눈물겨울 정도다.

두 번째, 접수된 서류를 분류하고 평가한다.

사람인의 경우 채용센터라는 채용 운영 솔루션을 기본으로 제공한다. 이를 통해 회사는 지원자들을 손쉽게 분류하고 필터링할 수 있을 뿐 아니라 AI분석을 통한 채용 적합도를 점수로 제시하고 표절률과 같은 정보도 제공해 준다.

서류전형에서 가장 많이 쓰이는 솔루션은 단연 무하유의 copy killer라고 할 수 있다. 우선은 표절률을 잡아내는 것으로 워낙에 유명하고 가장 많은 고객 경험을 가지고 있으니 시장에서 유리한 고지를 점한 것은 인정할 수밖에 없다.

그 외에도 에듀스의 ARI+와 같은 서류평가 솔루션은 평가점수를 보여주는 기능이 있어 좋다.

그런데 문제는 서류전형 솔루션의 기능을 강화시켜 주었던 생성형AI 기술에서 비롯된다. AI가 작성해 주는 자기소개서, 경력기술서가 너무 좋아졌기 때문에 실제적인 평가가 매우 어려워졌다. AI가 작성한 자소서를 잡아주는 AI도 등장했지만, 또 AI의 필터링을 회피하게 하는 AI 솔루션이 다시 등장하는 형국이다. 서류를 통해 역량을 평가하는 것이 신뢰도와 타당도를 얻기 힘들게 되었다.

최근 공공기관들의 채용전형에서 서류전형이 사라지거나 필기시험 이후로 미뤄지는 사례들이 많아지는 것도 그런 이유에서 비롯되었다고 생각할 수 있다.

세 번째, 채용의 최종관문인 면접전형

애초에 AI 솔루션의 파장을 만들었던 장본인이 바로 AI면접이었다. 하지만 아쉽게도 정작 그 주인공인 마이다스인의 AI면접은 현재 '역량검사'로 이름이 바뀐 상태다. 아직까지 AI가 사람의 말을 이해하고 평가하는 것을 신뢰하기 힘들다는 현실적인 이유가 있다. 게다가 관련 법률의 제약 요건이 추가되었다. AI의 평가 결과를 반영하는 경우 사전에 이를 공지해야 하고, 응시자가 이의를 제기할 경우 타당한 근거를 설명해 주어야 한다. 매일 17억 개의 정보를 학습하여 반영하는 AI의 평가 로직을 사람의 언어로 어떻게 표현할 수 있겠는가.

반면, AI면접 솔루션의 기술력이 빛을 발하는 부분은 오히려 지원자를 위한 솔루션이다. 사람인이 유료로 제공하는 면접코칭 AI 솔루션의 경우 응시자의 이력서와 면접 답변을 바탕으로 맞춤형 꼬리질문을 제시하며 면접을 진행하고 표정, 말투, 어휘, 답변의 적정성 그리고 좋은 답변이 되기 위한 보완 사항까지 상세한 코칭 정보를 제공해 준다.

AI, 직무를 재정의하다.

2025년 새로운 대통령이 취임하였다. 정권이 바뀌면 각 회사의 기획부서들은 향후 회사에 어떠한 영향을 미칠지를 예측하고 그에 대한 전략을 수립하느라 바빠진다.

대표이사는 전략실장을 불러 대통령의 공약을 토대로 사업 환경 변화와 대응 전략을 수립할 것을 지시하였다. 전략실장은 당장에 팀원들을 불러모았고 토론 과정을 통해 주목해야 할 이슈를 선정하고 각자에게 역할을 배정한다. 그렇게 3일이 지나고 최초보고를 한다. 대표이사는 보고 내용에서 추가로 확인할 부분과 방향을 다시 제시한다. 또다시 3일이 지나서 2차 보고가 이루어진다.

여기까지는 늘상 일어나는 일이었다.

그런데 대표이사님이 AI에 동일한 주제를 물어보았고, 1차 리포트를 읽고 보완할 부분에 대해 다시 명령을 입력하였다. 그렇게 10분 뒤 다시 전략실장과 팀원들을 불러들였다. AI가 조사·분석해 준 리포트를 읽어 준다. 그 충격의 현장을 독자들도 충분히 그려 볼 수 있을 것이다. AI는 지구상에 존재하는 모든 정보를 다 섭렵하였고 풍부한 자료를 바탕으로 순식간에 정리된 리포트를 작성해 준 것이다. 무려 일주일이 넘게 자료를 찾고 확인하고 재검토했던 전

락실의 노력은 AI의 10분으로 대치되었다.

이제 전략실은 무얼 해야 할까?

진짜 전략을 구상해야 할 때이다. 아이디어를 짜내고 기회 가치를 판단하는 일에 집중해야 한다. 기초적인 자료조사는 더 이상 전략실의 주요임무가 아니다.

마케팅도 과거엔 컨텐츠 기획과 집행에 집중했지만, 이제는 AI를 이용하여 직접 동영상 컨텐츠 만들고 유튜브를 통해서 홍보한다. 광고마케팅 직무 역시 AI 활용능력이 더 중요한 핵심역량이 되었다.

AI의 활용으로 인해 많은 기업이 '직무기술서job description'를 다시 작성하고 있다. 반복적인 업무가 자동화로 해결되니 행정·지원·분석 영역에서 인력 축소가 일어나고 있고, 대신 데이터해석, AI 도구 활용, 결과 검증 등 새로운 하이브리드 직무의 형태로 변해가고 있다.

AI는 이러한 직무의 전환을 가속화하지만, 궁극적으로는 창의성·협업·윤리적 판단의 영역이 인간의 몫으로 남는다. 결과적으로 인간 특유의 관계역량과 가치판단 역량이 중요해졌다. AI시대에는 이러한 역량이 새로운 인재상으로 정의될 것이다. AI시대에 오히려 인성검사가 강화되고 있는 역설적 현실이 이를 증명한다.

AI시대 채용을 재설계하다.

앞서 말한 바와 같이 직무가 재정의되면 필요한 역량이 달라진다. 결국 채용의 방법도 달라져야 한다. 기존의 일반적인 접수, 분류, 인·적성, 면접과 같은 전통적인 방법으로는 AI 활용 능력을 갖춘 인재를 찾을 수 없다.

직무 재편과 고용 형태의 변화 속에서 채용은 점점 '경험'이 아니라 '역량 증명'의 무대로 이동하고 있다. 최근 다수의 공공기관이 서류전형을 폐지하거나 축소하고 있는 것에서 알 수 있듯이 채용은 현장에서부터 발빠르게 변하고 있다.

이제는 평가의 기준이 달라져야 한다. 이력서보다 포트폴리오나 성과 기록을 눈여겨 봐야 한다. 학력이나 경력보다 중요한 것은 실용적인 문제 해결 능력, 다시 말해 문제를 해결하는 사고력이 될 것이다. '문제상황에서 무엇을 확인하고 판단하는지' 또 '해결을 위해 무엇을 고려하고 어떻게 접근할 것인지'가 중요하다. 이러한 문제 해결 능력을 관찰하고 평가할 수 있는 고도화된 평가기법이 필요하다.

나는 문제 해결 능력을 평가하는 기법으로 고위 승진자 평가에 활동하는 역량평가기법 중 인바스켓평가기법을 제안한다. 복합적인 문제상황을 제시하고 이의 대한 해결방안을 제시하도록 하여 문제에 대한 판단력과 해결력을 평가하는 기법이다. 시간과 비용이라는 문제가 있지만 제대로 된 평가를 위해서 적극적으로 검토해 볼 만하다.

개발자를 채용할 때는 AI를 활용한 코딩 능력을 테스트해야 한다. 얼마 전 SBS의 뉴스에서 아마존, 메타와 같은 빅테크 기업의 코딩 테스트를 통과해 합격한 괴짜의 소식을 들었다. 합격한 지원자가 테스트에 응시했던 영상을 공개했는데, 화면을 분할하여 AI를 활용했다. 감독관의 질문을 입력하고 AI가 생성한 코딩 텍스트를 테스트창에 입력한 것이다. 지원자는 합격이 취소되었지만, 기술력을 인정받아 투자를 유치하고 사업가가 되었다.

사람인은 모든 직원이 AI를 활용할 수 있도록 유료 AI를 제공해 준다. 얼마전 AI활용 효과에 대해 내부 설문조사를 실시했다. 개발자의 경우 업무 효율이 평균 53%나 높아졌다고 한다. 이제 AI의 활용은 안 하면 바보가 되는 숙명이다. 코딩 테스트나 필기시험보다 AI 활용 테스트가 적합하지 않을까?

사람을 모집하는 과정도 과거의 채용공고 후 기다리는 방식에서 좀 더 적극적인 방법으로 바뀌어야 한다. 게다가 우리나라는 청년 인구가 급격하게 감소하고 있으니 예전처럼 지원자가 넘쳐나던 시절은 이미 끝났다. 지원자가 줄어드는 상황을 손 놓고 지켜볼 것이 아니라면 AI 매칭 기반의 상호선택형 채용으로 지원자 모집에 적극 나서야 한다. 추천서비스를 적극 이용하여 적합한 인재를 찾는 데 더욱 열심을 내야만 좋은 인재를 만날 수 있다는 것을 명심하자.

- 이력서 기반 채용 → 포트폴리오·성과 기반 채용

- 학력 중심 평가 → 문제 해결력 평가(인바스켓과 같은 역량평가 기법 도입)

- 기업 주도 채용 → AI 매칭 기반 상호 선택형 채용(예: 사람인 스마트리크루터 서비스)

3 | 직무역량 중심

직무역량 중심을 이해하는 가장 빠른 방법은 반대말을 떠올리는 것이다. 능력 중심 또는 역량 중심이라는 말의 반대말에는 무엇이 있을까? 스펙 중심, 학벌 중심, 외모 지상 등등 과거의 채용에서도 나쁜 면들이 떠오른다.

직무역량 중심이라는 말은 다시 말해 '일 잘할' 사람들을 채용하겠다는 당연한 말씀이다. 학생의 본분이 공부밖에 없던 시절에는 근면하고 성실한 사람이 최고였고 그것은 학벌로, 학점으로 확인할 수 있었다. 하지만 지금은 순환보직보다는 직무전문성이 강조되는 시대이다. 빠르게 변화하는 환경에 대응하는 것이 매뉴얼보다 훨씬 더 중요해졌다. 매뉴얼을 학습하여 시킨대로 잘 하는 능력은 더 이상 '일 잘하는 능력'이 아니다.

그렇다면 일 잘하는 능력을 갖추려면 무엇이 있어야 할까?

직무역량을 중심으로 채용을 진행한다는 것은 일 잘하는 데 필요한 역량이 무엇인지 정의하고 지원자들이 갖춘 수준을 평가한다는 것이다. 우리는 흔히 일 하는 데 필요한 3가지 요소로 KSA*Knowledge, Skill, Attitude*, 즉 지식과 기술과 태도를 언급해 왔다.

나는 이 세 가지를 전문성과 인성으로 나누어 보고자 한다.

전문성은 일 자체를 수행하기 위해 알아야 하는 지식이나 경험 그리고 기능적인 숙련도를 말하고 인성은 오래도록 함께 하기 위해 필요한 성격과 태도를 말한다.

전문성은 일하는 데 필요한 지식과 정보를 쌓는 것과 경험을 통해 익히는 것이 모두 포함된다. 그리고 그것이 과거에 그쳐서는 안 된다. 현재도 끊임없이 지식과 정보를 찾아 배우고 기술을 익히고 다져두었다가 필요할 때 꺼내 쓸 수 있어야 한다. 여기서 핵심은 필요할 때 꺼내 쓸 수 있어야 한다는 것이다. 직무면접에서 흔히 보게되는 질문은 "그것을 알고 있습니까?"이다. 알고 있다는 것을 확인하는 것은 제대로 된 전문성 평가가 아니다. 전문성은 발휘될 때에만 의미가 있다. 그러니 '어떻게 발휘했는지?', '어떻게 발휘할 계획인지?' 확인하여 그 수준을 평가하는 것이 제대로 된 평가이다.

인성은 맡겨진 일을 꾸준히 오래도록 할 수 있는 성품이자 우리와 함께 할 만한 인품을 말한다. 수많은 숫자들 속에서 묵묵히 계산하고 분석하여 가치있는 정보를 만들어내는 일이라면 적어도 진득한 성품은 필수이다. 분석적으로 사고하고 가치를 탐구하는 자세가 더해진다면 비로소 그 일을 잘할 만한 인성을 갖춘 것이 된다.

또, 우리와 함께 하기 위해 필요한 관계역량도 중요하다. 회사 일은 혼자서 할 수 있는 일이 없다. 모든 일은 전체의 프로세스 위에 존재하고 앞뒤 사람과 관계하며 동료들과 함께 하는 일이다. 이러한 관계역량은 협조적인 관계를 맺을 수 있는 친화력과 이타적인 협력 자세가 있어야 한다. 더불어 우리 부서의 일하는 방식에 스스럼없이 녹아들 수 있는 성품이 있어야 한다.

2010년경 인사담당자들 사이에 크게 유행한 채용의 키워드는 구조화된 면접이었다. 김 팀장이 오늘은 기분 좋아서 합격시켰을 지원자를 어제는 기분이 안 좋아서 탈락시켰던 불합리한 상황들. 이제는 더 이상 방치할 수 없다는 것. 김 팀장이 보든 박 팀장이 보든 합격할 사람은 당연히 합격하고 그렇지 못한 사람은 반드시 탈락되어야 하는 것. 그것을 실현하기 위해 필요한 것이 구조화된 면접이었다. 질문의 내용과 평가의 기준을 구조화 하여 면접의 결과가 일관될 수 있도록 하는 면접의 형태가 바로 구조화된 면접이다.

이렇게 구조화된 면접이 대두되었을 때 많은 인사담당자들은 무엇을 기준으로 평가할 것인지 고민하지 않을 수 없다. 더 이상 느낌이나 감에 의존하지 않고 창의력, 도전정신과 같은 역량지표와 행동지표를 기준으로 채용하도록 많은 노력을 기울였고 역량평가의 도구였던 발표면접이나 토론면접을 도입하는 회사도 있었다.

직무역량 중심의 채용은 이러한 흐름과 연속선상에 있다. 일 잘할 사람을 찾아야 되기 때문에, 직무에 필요한 역량 즉 전문성과 인성을 기준으로 전형을 진행하고 평가하여 진짜 인재를 가려내겠다는 노력이 벌써 십수년째 이어지고 있다. 그리고 앞으로도 이것은 달라지지 않을 것이다. 채용이 일할 사람을 뽑는 것인 이상 그 방법이 더욱 정교해질 뿐 방향은 달라지지 않는다.

2010년경 대기업들이 입사지원서에 학교명 쓰는 칸을 없애면서 시작된 직무 중심의 채용은 2015년 공공기관들의 NCS채용으로 확산되었으며 2017년 블라인드채용으로 강화되었다. 2019년 채용절차의 공정화에 관한 법률이 제정되었고 2025년 현재에도 채용절차법을 강화하겠다는 시도가 이어지고 있다.

직무역량 중심 채용은 환경의 변화나 법제도의 굴레의 문제가 아니다. 채용의 본질이 일 잘할 사람이었고, 일 잘할 사람을 찾는 방법이 개선되고 좋아지면서 자연스럽게 강화되온 트렌드이다.

어쨌거나 채용담당자들은 일 잘할 사람을 선발해야 하고, 더 잘 선발하기 위해 새로운 솔루션들의 도입을 고민하고 검토하고 시도하며 '제대로 채용하기' 위해 노력해야 한다.

이 그림은 Gemini Pro를 이용해 제작되었습니다.

1. **채용 트렌드**
   - 지속적으로 영향을 미치는 주요 트렌드 3가지
   - 컬처핏, AI채용, 직무역량 중심

2. **컬처핏**
   1) 컬처핏 채용 도입 이유
      - MZ세대의 등장
      - 지원자 확보 및 장기근속 유도
      - 시너지를 낼 수 있는 맞는 사람을 찾는 것
   2) 조직문화에 대한 이해
      - 미래가 아닌 현재의 문화에 대한 냉정한 인정
      - 회사 전체의 컬처핏은 허상일 수 있다.
      - 직무별 팀별 컬처핏이 중요하다.
      - 흔한 조직문화 진단보다는 경쟁가치모델을 고려해 보자

3. **AI채용**
   1) 채용에 쓰이는 AI 기술
      - 지원자 모집과정에서 채용포털은 적정한 구직자에게 공고를 추천한다.
      - 적정한 후보자를 찾아서 회사에 추천한다.
      - 접수된 서류를 분류하고 평가한다.
      - 면접전형에 활용되는 것은 제한적이다.
   2) 직무를 재정의한다.
      - 행정·지원·분석 등 반복적 업무 AI 대체

- 창의성·협업·판단 역량이 중시되며 문제 해결 능력이 부상한다.

3) 채용을 재설계한다.
- 생성형AI 등장 이후로 서류전형이 폐지되거나 축소된다.
- 이력서 > 포트폴리오·성과기록 중심으로 이동
- 기업주도형 채용 > 상호선택형 채용(채용포털의 후불형 인재 추천 서비스)

4. **직무역량 중심 채용**
1) 스펙 중심, 학벌 중심, 배경 중심 채용에서 일 잘하는 사람 채용으로 변화
2) 일 잘하는 능력(직무역량)
- 전문성: 일하는 데 필요한 지식·정보와 이를 발휘한 경험과 스킬
- 인성: 일에 적합한 성품, 함께 할 만한 인품과 관계역량
3) 직무역량 중심 채용으로의 변화 역사
- 학력란 폐지, NCS채용에서 채용절차법까지 직무와 연관성 없는 스펙, 출신지역, 가족관계를 배제하고 능력 중심 채용으로 계속 변화 중

TO DO

제 2 장

환경과 변화들

법과 제도적 환경

제2장 / 환경과 변화들

이슈와 뉴스들

최근 3년 이내에 이슈가 되었던 사건들을 먼저 정리해 보자. ① 공공영역과 민간영역에 상관없이 채용비리나 특혜가 적발되고 있다. ② 면접을 비롯한 채용 현장에서 채용 갑질의 문제가 아직도 터져 나온다. ③ 거짓된 채용공고나 기업의 관리 부실로 개인정보가 유출되고 있다. ④ 채용절차법, 감사 모니터링이 강화되고 있다.

① 채용비리, 특혜채용

2024년 선거관리위원회가 전·현직 사무총장의 자녀들이 특혜로 취업된 사실이 드러나 이슈가 된 적이 있다. 공정성의 상징이 되어야 할 선관위의 비리라는 점이 더 큰 충격이었다.

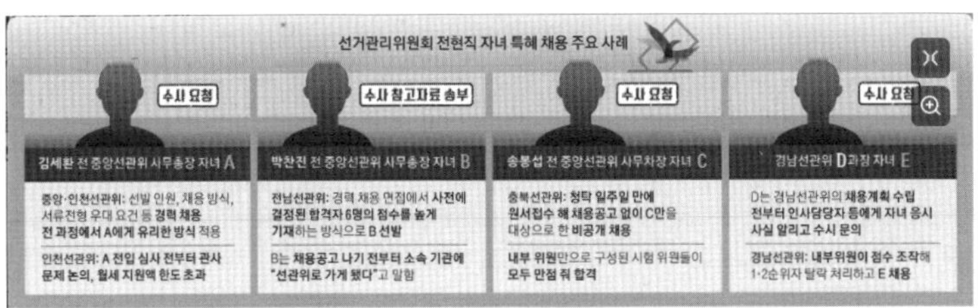

(출처: 〈서울신문〉 허백윤·조중헌 기자, 입력 2024.05.01.01:00, 수정 2024.05.01.01:00)

또한, 2025년 9월 30일 국민권익위원회는 국토부 산하 공공기관의 기관장이 2023년부터 2025년까지 약 2년간 채용비리에 개입한 사실을 적발하여 경찰청에 입건한 사실을 보도자료를 통해 밝혔다.

② 채용 갑질

어떤 면접 현장에서는 "얼빵하다는 소리 들어봤냐?"와 같은 얼토당토않은 면접관의 질문이 있었다고 한다. 지금이 어떤 시대인데 아직도 지원자를 무시하고 함부로 대하는지 알 수가 없다. 이런 소식을 들을 때마다 아연실색하게 된다. "다행히 우리 회사에서 진행하는 면접은 아니다"라며 안도하고 있다는 사실이 몹시 씁쓸한 현실이다.

③ 개인정보 유출

채용 과정에서 수집된 개인정보가 관리 미비로 유출되는 사고의 소식도 간간이 들린다. 그보다 더 심각한 것은 개인정보 수집을 목적으로 가짜 채용공고를 올리는 못된 사람들이다. 지원자의 이력서에는 그 사람의 인생이 고스란히 담겨있다. 거쳐온 학교와 그곳에서 경험했던 이야기가 들어 있고, 일하고 경험했던 현장이 새겨져 있다. 그런 생생한 정보를 악의적으로 이용하려는 나쁜 시도들이 채용의 현장을 더럽히고 있다.

④ 감독·점검 강화

2025년 6월 채용절차법(채용절차의공정화에관한법률)이 개정되면서 거짓된 채용공고, 채용공고의 내용 및 근로조건의 변경 금지 등 관리감독이 강화되었다. 또 채용이 확정된 경우 지체없이 불합격한 지원자들에게도 알려 불이익을 받지 않도록 배려하도록 했다.

이러한 뉴스와 이슈들이 결국은 법과 제도를 만들었다. 가장 대표적이라 할 수 있는 채용절차법(채용 절차의 공정화에 관한 법률)과 직업안정법, 남녀고용평등과 일·가정 양립에 관한 법률과 같은 법이 있다.

공공기관의 경우 공정 채용 가이드가 제시되어 있다. 행안부가 제시하는 공공기관 인사지침에는 채용에 대한 기준이 규정되어 있다. 외부면접관이 50% 이상 배치되어야 하는 것이 지침에 명시되어 있다. 공공기관의 채용과 관련된 기준들은 산업인력공단에서 해마다 발행하는 공정채용가이드를 통해 상세하게 설명하고 있다. 기본적인 서식과 그 내용들까지 현장에서 적용할 수 있도록 제시한다.

우선 민간기업과 공공기관이 모두 따라야 하는 법규들부터 확인해 보자.

채용 절차의 공정화에 관한 법률(이하 **채용절차법**으로 줄임)

채용절차법이 제정될 때 공공기관에겐 강제 의무이지만 민간기업에겐 권장인 내용이 많았다. 우리 회사는 민간기업이니까 괜찮다라고 긴장을 풀어서는 안 된다. '교육의 봄'과 같은 민간 단체들이 '입사지원서에 학력란을 폐지할 것'과 같은 주제로 채용절차법의 개정을 끊임없이 요구하고 있고, 사회적 분위기 또한 공정채용에 대한 관심이 높아지고 있다. 민간기업에게도 모든 법조항들이 강력한 의무로 적용될 날이 머지않았다고 생각되기에 채용절차법은 모든 채용담당자들이 파악하고 있어야 한다.

2019년 2월 20일, 국민권익위원회 등 관계부처 합동 발표 자료를 통해 공공기관들의 채용에 비리와 오류가 많다는 뉴스가 터져 나왔다.

그 결과 같은 해 7월 채용절차법이 발표된다. 공공기관들은 채용에서 더욱 조심하고 경계해야만 한다. 조심하고 경계하는 것이 무슨 문제이겠는가. 문제는 조심하느라 좋은 사람을 채용해야 한다는 본질을 놓치는 경우가 많다는 것이다.

그래도 철저하게 지켜야만 하는 채용절차법은 채용담당자라면 명확하게 알고 있어야 채용 과정에서 회사를 지켜낼 수 있다. 채용담당자가 꼭 알아야 할 채용절차법의 주된 내용은 다음 쪽의 표와 같이 정리할 수 있다.

채용절차법은 공정성을 이야기한다. 공정성이란 처음에 정해

이 그림은 Gemini Pro를 이용해 제작되었습니다.

채용절차법의 주요 내용

구 분	법조문	주요 내용
채용공고	법4조	모집요강, 근무조건, 전형절차를 명확하게 제시할 것 (허위/과장 금지)
개인정보	법4조 2	직무 무관 개인정보 요구 금지(학교, 출신지, 가족 등)
서류 반환	법11조	구직자 요청시 제출 서류 반환(전자제출 제외)
서류 폐기	법11조 4항	채용 확정 후 180일 이내 폐기 또는 반환(개인정보보호법)
대행기관	법10조	사실과 다른 내용 제공 & 수수료 부당 요구 금지
청탁 · 특혜	법13	무낭한 청탁이나 특혜 금시

진 기준대로 진행한다는 것이다. 모집요강에 구체적이고 명확하게 조건을 제시해야 한다. 공공기관의 경우 채용의 일정과 근무조건까지 명시되어 있어야 한다. 지원자 개인의 정보보호를 위해 제출

된 서류는 반환하거나 확실하게 폐기해야 한다. 그리고 가장 중요한 규정은 불필요한 개인정보를 요구할 수 없다는 것이다.

사람인과 같은 채용포털에서는 이미 오래전에 가족사항을 삭제하였다. 입사지원서에 가족사항이 없다. 생년월일도 없다. 채용절차법에는 학교, 출신지역, 가족 등 개인정보를 요구하지 못하도록 되어 있고 면접 등 평가과정에서 질문도 하지 못하도록 하고 있다. 직무역량 중심의 채용에서 의미없는 정보는 함부로 요구하지 말아야 한다.

법을 위반할 경우 벌금을 내게 된다. "느그 아버지 뭐 하시노"와 같이 관련 없는 개인정보를 물으면 500만 원까지 벌금을 낼 수 있다. 채용의 조건을 속이면 2,000만 원까지 벌금을 낸다. 벌금이 문제가 아니다. 법이 시행되고 아직까지 법 위반으로 뉴스에 오르는 경우가 없었다. 우리 회사가 최초가 되면 오랫동안 낙인이 남게 된다. 회사이미지가 떨어지면 좋은 인재를 모셔오기는 더욱 어려워 진다.

남녀 고용 평등과 일·가정 양립 지원에 관한 법률

남녀 고용 평등과 일·가정 양립 지원에 관한 법률(약칭 '남녀고용평등법')에도 채용에 관한 내용이 있다. 주로 남녀 성별에 대한 차별 금지를 담고 있다. 특별한 사유가 없다면 채용공고에 남/녀의 지원자격을 구분할 수 없다. 결혼 여부에 대한 것도 마찬가지이다. 법의 내용을 요약해 정리하면 다음 표와 같다.

남녀고용평등법 주요 내용(요약)

구 분	법조문	주요 내용
채용 단계	법7조 1	채용, 승진, 임금 등 고용 전 과정에서 성별을 이유로 차별 금지(여성 우대, 남성 우대 채용 공고 표시 불가, 동일 조건 공정 채용)
모집, 공고	법7조 2	성별, 혼인, 임신 여부, 가족계획 등을 이유로 차별 금지
질문 금지	법7조, 11조	면접, 서류에서 결혼, 임신, 출산 계획 질문 금지
성차별 요소	법11조 4항	외모, 복장, 사진 요구 등 성별 특성 평가 금지, 블라인드 준수
평가 기준	법7조	남녀별 다른 기준(체력, 외모 등) 설정 금지
위반 시 제제	법39조	시정명령, 과태료 3,000만 원 이하

직업안정법

또 알아야 할 것이 직업안정법이다. 채용공고에서 급여가 최저임금을 위반하면 안 된다. 사람인은 AI가 채용공고를 실시간으로 감시하고 있다. 최저임금을 위반한 공고가 등록되면 자동으로 차단된다. 매번 공고가 노출되지 않는다면 법 위반을 확인해 보아야 한다. 채용공고를 등록하는 회사가 최저임금 위반 공고를 올려도 채용포털이 제제를 받게 된다. 채용포털에 공고감시의 의무가 있다.

헤드헌팅 등 직업소개소의 경우 임금을 포함한 근로조건을 명확하게 제시하여야 하며, 최저임금 미만의 안내를 제공하는 것은 금지되어 있다. 이러한 조건을 지키지 않을 경우 과태료 부과 대상이 된다.

블라인드 채용

공공기관은 블라인드 채용을 준수해야 한다. 블라인드 채용에 대해서는 4장인 공공기관 채용에서 다룰 예정이니 상세한 설명은 생략한다. 다만 블라인드 채용을 한마디로 정의하면 채용 과정에서 직무능력과 무관한 학력, 학교, 가족관계, 나이, 성별, 출신지역과 관련된 정보를 입사지원서를 받을 때부터 제외해야 한다는 것이다. 블라인드 채용에 대한 상세한 기준과 시행 방법은 공정채용가이드에 잘 나와 있다. 공정채용가이드를 정리하면 다음 표와 같다.

공정채용가이드 요약

채용 단계	실무상의 유의사항
채용 계획	– 직무 분석을 통해 학위·전공·자격 등 응시요건을 직무와 직접 연결해 설계 – 불필요한 자격·연령·성별 제한 금지 – 채용 계획은 인사위원회 심의·의결 필수, 변경 시에도 동일 절차 준수 – 사회형평적 채용(장애인·보훈·지역 인재 등) 비율 준수 – 부정합격 취소 관련 규정을 공고문에 반드시 포함 – 감사부서 전 과정 참여 의무
공고, 접수	– 공고기간 최소 14일 확보, 재공고 시 10일 이상 – 공고문과 채용 계획 내용 일치 필수 – 직무기술서 공개(직무 내용·필요 능력·근무 조건) – 성별·연령·학력 등 불합리한 제한 금지 문구 명시 – 응시번호 무작위 부여로 개인정보 노출 방지 – 온라인 접수 시 개인정보보호 및 시스템 오류 대비

채용 단계	실무상의 유의사항
서류전형	– 출신지역·가족관계·신체조건·학력(학교명) 등 직무 무관 정보 요구 금지 – 증빙서류는 합격자 발표 이후 최소한으로 제출받기 – 평가위원 외부인 1명 이상 포함, 이해관계자 제척 – 평가항목은 객관적 기준으로 사전 정의 – 제출 서류는 평가위원에게 제공 금지
필기전형	– 시험 과목·범위 사전 공개 – 문제 출제는 보안시설에서 관리, 위탁 시 이행 능력 검증 – 장애인·임산부 등 편의 제공 필수 – 감독관 사전 교육(부정행위·돌발상황 대응) – 답안지 분실·누락 방지 관리
면접전형	– 면접위원 절반 이상 외부위원 구성 – 면접위원 사전 교육 필수(평가 오류·차별 금지 필수) – 직무 관련 질문만 가능, 인적 특성·가정사 질문 금지 – 면접위원·면접조 배정 정보 사전 공개 금지 – 면접 평가 자료 보안 관리
합격 결정 사후 관리	– 채용 계획 수립 시 정한 배수·평가 기준대로 결정 – 채용 과정 점검 후 최종합격자 공고 – 예비합격자 순번 변경 불가 원칙 – 이의 제기·민원 처리 절차 제공 – 부정 합격 발견 시 즉시 취소 및 규정에 따라 조치

공정채용에 대한 인증

바른채용인증원의 바른채용인증과 한국경영인증원의 공정채용 우수기관인증이 대표적이라 할 수 있다. 절차의 공정성을 확보하기 위한 조항들을 중심으로 심사 후 인증을 부여하고 있다. 인증을 받을 경우 대외적인 홍보 효과는 있지만 법률상의 보호나 방어 도구로 사용하기는 힘들다. 채용 전반에 대해서 스스로 점검하고 개선할 점들을 반영하는 노력의 일환으로 생각하고 추진하는 것이 좋다.

이 그림은 Gemini Pro를 이용해 제작되었습니다.

1. 이슈와 뉴스들

- 채용 비리, 특혜 채용 뉴스가 계속해서 보도된다.
- 채용 갑질과 지원자를 무시하는 면접관의 발언이 문제가 되고 있다.
- 채용에서도 개인정보 유출이 문제가 되고 있다.
- 2025년 6월 채용절차법이 개정되면서 감독과 점검이 강화되었다.

2. 채용절차법

- 모집요강, 근무조건, 전형절차를 명확하게 제시해야 한다.
- 직무와 무관한 개인정보를 요구할 수 없다.
- 제출된 서류는 구직자가 요청할 경우 반환해야 한다.(전자 제출 제외)
- 채용과 관련된 서류는 180일 이내에 폐기한다.
- 부당한 청탁이나 특혜를 금지하고 있다.

3. 남녀고용평등법

- 채용, 승진, 임금 등 고용 전 과정에서 성별을 이유로 차별 금지
- 성별, 혼인, 임신 여부, 가족계획 등을 질분하거나 차별할 수 없다.
- 외모, 복장, 사진 요구 등 성별 특성을 평가할 수 없다.
- 남녀별 다른 기준(체력, 외모 등) 설정 금지

4. **직업안정법**

- 채용공고에서 급여가 최저임금을 위반하면 안 된다.

- 채용포털은 최저임금 위반 채용 공고를 게시할 수 없다.

5. **블라인드 채용**

- 공정 채용 가이드 상세 내용을 따라야 한다.(공공기관 필수 적용)

6. **공정채용 인증**

- 채용 절차의 공정성 확보를 위해 회사가 노력할 가이드를 제시한다.

- 인증 취득이 대외 홍보 효과는 있으나 법률상의 보호 대상은 되지 못한다.

TO DO

1. 채용담당자는 법률 기준을 명확하게 알고 조심해야 한다.

2. 개인정보 보호, 남녀 고용 평등 등 사회적 이슈를 조심하자.

2 사회문화적 환경

채용을 둘러싸고 있는 사회문화적인 환경이 있다. 우리 사회는 채용을 어떻게 보고 있을까? 우리 사회는 현재 어떤 문화를 배경으로 취업과 채용이 이루어지고 있을까?

좋은 점을 먼저 말하자면 우리나라는 기본적으로 경쟁과 성공의 원칙을 존중한다. 남보다 노력하고 준비해서 가져가는 것은 당연하다. 우리나라의 정서가 그렇다. 매우 경쟁적인 자본주의적 사고가 이 사회를 지배하고 있다. 이런 관점에서 실패하는 것은 개인이 부족한 탓이 된다. 그래서 취업에 성공하지 못한 청년들을 보는 시선은 늘 안타깝다. 여유와 관용보다는 위로와 격려로 다시 힘내라고 강요하는 사회이다.

우리는 역사적으로 '과거'라는 시험제도를 통해 인재를 선발해 왔다. 시험을 통한 선발제도가 당연한 것이었다. 공개된 공정경쟁이 아닌 추천이나 인연은 항상 부정한 것으로 인식되어 왔다. 이것도 채용 관점에서 보면 억지스러운 부분이 없지 않다. 채용은 어쨌든 좋은 사람, 우리에게 맞는 사람을 잘 찾아서 모셔오는 과정이다. 그 과정에 믿을 만한 사람의 추천이 무의미하지는 않을 것이다. 하지만 그렇게 채용할 수도 없을뿐더러 그렇게 누군가를 영입하면 나머지 조직원들의 시선이 곱지 못하다.

채용할 분야의 연구를 진행해 학위를 취득한 연구원을 영입했던 모 연구소의 사례가 있다. 연구소의 입장에서는 필요한 역량에 딱 맞는 최선의 선택이었을 것이다. 그런데 막상 입사한 연구원은 주변의 경계와 시기로 두세 달을 버티기 힘들었다고 한다. "볼펜 하나 어디에서 가져다 써야 하는지 알려주지 않더라." "밥도 자기들끼리 먹더라." "알려주지 않아서 했던 실수는 그냥 넘어가는 법이 없더라." 그때 들었던 하소연이 아직도 기억에 남는 것은 그날 술이 부족했던 탓이 아니다. 그것이 비단 그곳에서만 일어난 일이 아니라는 것을 알고 있던 나의 경험들 때문이었다.

십수 년 전 콜센터 센터장 한 명을 어렵게 찾아서 영입했었다. 당시 재직했던 회사가 자금 사정이 어려웠고 임금도 낮은 편이라 온갖 비전과 지원을 약속하고 나서야 겨우 영입할 수 있었다. 그런데 문제는 기존 조직이 받아주지 않았던 것이다. 스타트업으로 똘똘 뭉쳐서 시작한 그들에게 외부 인사는 저항의 대상일 뿐이었다. 심지어 자신들을 못 믿어서 데려온 외부 인사라는 오해도 있었다. 좀 더 큰 조직에서 다양한 세일즈 기법을 발휘해 온 경험 많은 인재의 탁월했던 노하우는 배타적인 조직 탓에 펼쳐볼 기회조차 없었다. 한 달 만에 울고 떠나던 그 모습이 아직도 참으로 억울하게 기억된다.

어쩌면 우리는 공정경쟁이라는 선의 굴레에 매인 채용을 하고 있다. 서구 선진국에서는 찾아볼 수 없는 공채와 기수라는 문화가 생겨난 것도 그 때문이라 생각한다. 공정경쟁이라는 문화적 배경을 인정하면서 몇 가지 사회문화적 현상들을 다루어 보려 한다.

건드리면 위험한 두 가지 이슈

우리나라에는 채용 과정에서 건드리면 매우 번거롭고 때로 위험해질 수 있는 두 가지 이슈가 있다. 이 두 가지 이슈를 건드리면 해당 회사의 홈페이지는 전 국민 토론의 장이 될 수 있다. 심각한 건 양측의 대립이 너무 격렬하다는 것이다. 회사가 좋지 않은 유명세를 치를 뿐만 아니라 심각한 경우 불매운동으로 번지는 일까지 있으니 분명 위험한 이슈라 할 수 있다.

첫 번째, 남녀 성평등과 성인지 감수성에 대한 것이다.

최근 D제약 사례가 있다. 현장의 사실을 확인할 수는 없다. 다만, 작가로서의 상상력을 발휘해 보자면 어려운 상황에서도 무언가 배운 교훈이 있을 것이라는 취지로 군대에서 배운 것을 면접관이 물었을 수 있다. 그런데 지원자 중 한 명이 여성이다. 당황한 면접관이 이렇게 묻는다. "우리 회사는 군대 안 갔다 온 여성에게는 월급을 좀 적게 주는데 어떻게 생각하느냐?" 문제는 이 질문이 SNS로 퍼지면서부터이다. 성차별하는 악덕기업으로 낙인 찍혔다. 여성 유권자 단체가 회사 앞에서 시위를 하며 불매운동이 벌어지고 대표이사는 모든 언론 창구를 통해서 반성문을 게시해야 했다.

두 번째, 양대 정당이 대립하는 정책 주제에 관한 것이다.

내가 경험한 사례 중 하나를 소개한다. 복지기관의 면접전형 사례이다. 복지기관의 입장에서는 분명 중요한 이슈였을 것이라고 이해는 한다. 하지만 코로나가 한창이던 시절 지원금 문제로 양대 정당이 대립하던 보편적 복지와 선택적 복지에 대한 의견을 물었다. 나는 현장에서 이 질문을 취소하려 했고, 기관의 수장께서는 질문에 대한 입장이 완고하셨다. 차라리 이 면접에서 나를 제외해 달라고 했다. 만약 그 질문이 면접장 밖으로 퍼졌다면 해당 기관의 홈페이지는 전국민 토론의 장이 되었을 것이다.

좀 오래된 사례이지만 모 화장품 회사는 당시 민감하던 '국정교과서-역사' 문제를 주제로 질문을 했었다. 정치적 의도 없이 논리력을 보고자 했다는 설명은 변명도 되지 못했고, 그 회사 역시 불매운동과 반성문으로 이어졌던 아픈 기억이 있다.

남녀의 문제, 그리고 양대 정당이 대립하는 주제는 우리 회사 홈페이지로 극렬하게 대립하는 양대 세력을 불러들인다. 안타깝게도 두 세력은 좋은 말보다는 격한 말을 많이 하고 우리 회사의 이미지는 심각한 타격을 입게 될 것이다. 굳이 두 가지 주제를 다루지 않더라도 우리는 어려움을 통해 배운 교훈이나 논리력을 물을 수 있는 다양한 소재가 있다. 조심 또 조심하자.

청년들은 화가 나있다 ───────────────

채용 환경이 왜 이렇게 민감하고 어려운가. 나는 예전에 여러 강연에서 청년실업자 100만의 시대가 10년 이상 계속되고 있는 현실을 꼬집었었다. 취업이 어렵다. 우리나라는 자본주의에서도 미국식 성공 모델을 지향한 격렬한 경쟁사회이다. 초등학교 때부터 경쟁환경에 처해 있었고 늘 좁은 문을 통과해 왔다. 그런데 진학이 끝나고 취업을 앞에 두니 취업은 더 힘들다. 노력해도 안 되고 최선을 다해도 안 되는 현실 앞에선 청년들은 조금의 부정함과 불평등도 참아줄 수 없다.

특히 공공기관의 채용은 더 그렇다. 적어도 공공기관은 청년들의 부모님이 낸 세금으로 세워지고 운영되는 회사다. 그러면 당연히 공정해야 한다. 실력이 부족한 것은 내 탓이니 수용하겠지만 기울어진 운동장이었다면 참을 수 없는 것이다.

요즘은 같은 지원자들이 더 예민한 감시자들이다. 몇 년 전 어떤 은행이 내부 계약직들의 정규 전환 시험을 치른 적이 있다. 고사장의 감독관들은 보지 못했던 장면을 주변에 앉은 응시생들이 보고 홈페이지를 통해 문제를 제기해 왔다. 그냥 넘어갈 수 없어서 종료 타종 이후 답안지 마킹을 했다고 의심받는 자와 문제를 제기한 응시생들을 면담했고, 결국 경찰 수사를 의뢰하는 것으로 진행할 수밖에 없었다.

미취업 청년들은 아직 경제활동에 참여하지 못했고, 현재의 경제 상황은 자신들의 탓이 아니다. 그럼에도 취업의 어려움은 자신들의 몫으로 주어졌다. 억울하고 속상한 것은 당연한 일이다. 채용 담당자들은 이러한 청년들의 분노를 이해하고 채용의 과정에서 철저히 '배려'하는 것을 잊지 말아야 한다. 배려가 회사의 고용 브랜드를 만들고 좋은 인재들을 불러들인다는 것을 명심해야 한다.

갑질 뉴스는 조회수가 보장된다

대기업이나 공공기관의 경우 채용 갑질에 대한 뉴스가 심심찮게 들린다. 채용 갑질 이슈는 터지면 들불처럼 무섭게 일어난다. 앞서 말한 바와 같이 청년들은 화가 나 있고 적어도 알 만한 회사가 그런 짓을 했다면 취업 환경의 어려움에 대한 모든 분노의 화살을 집중시키게 된다.

게다가 채용 갑질 소식은 언론사가 좋아한다. 일단 터뜨리면 조회수가 보장된다. 사람인이 진행하는 채용들은 거의 모든 전형마다 단톡방이 생겨난다. 그 단톡방엔 기자들도 섞여 있었다. 누군가 의문을 제시하면 사람인은 빠르게 사실을 확인하여 대응하고 있다. 잠시 방심하면 눈덩이처럼 커지는 것도 순간이고, 시끌시끌해지는 순간 기자의 인터뷰 요청이 날아온다.

지원자들이 무시당했다고 느끼는 순간 여론은 뜨겁게 달아오른다. 거의 모든 채용시험에 단톡방들이 생겨나고 무시당한 상황은 순식간에 회사에 대한 별점 테러로 이어지며 회사의 이미지를 실추시키는 언론보도까지 이어진다. 몇 년 전 대형 유통회사가 일부 채용의 약속을 깨고 인턴들을 모두 탈락시켰을 때 결국은 사과하고 몇 명을 채용할 때까지 악성 민원과 여론에 시달려야 했던 사례를 기억해야 한다.

취업지원제도가 너무 많다

고용노동부와 교육부는 각 지역의 대학에 대학일자리플러스센터를 세우고 막대한 예산을 들여 지원하고 있다. 또 고등학교에서부터 학교에 속하지 않는 광역지역의 청년들에게까지 취업지원의 서비스를 제공하도록 많은 프로그램들을 운영한다. 정부 부처뿐만 아니라 광역지자체와 기초지자체에서도 수많은 취업프로그램과 박람회들을 제공하며 청년 취업을 위한 수많은 서비스를 제공하고 있다.

유튜브를 보아도 지원자들을 위한 면접 강의, 좋은 답변, 자소서 쓰는 법 등 양질의 컨텐츠가 넘쳐난다.

취업을 지원하는 수많은 교육과 컨설팅들이 많은 것 그것은 나쁜 일이 아니다. 청년들이 자신의 장점을 발견하고 진로를 선택하며 또 준비할 수 있게 돕는다는 취지는 응원을 받아 마땅하다.

하지만, 채용을 담당하는 입장에서 보면 사실이 아닌 가공된 정보가 너무 많아진다는 부작용이 있다. 입사지원서를 받아 보면 누군가 써준 것처럼 비슷한 틀에 맞춰서 찍어낸 내용들이 너무 많다. 면접에서도 너무 좋은 답변들을 외워 와서 도무지 지원자의 실체를 알아보기 힘들다는 인사담당자들의 하소연이 넘쳐난다.

부족한 시간에 많은 지원자들에게 도움을 주어야 하는 취업 컨설턴트들의 입장은 이해한다. 하지만 컨설턴트들은 지원자들이 정해진 틀에 맞춰서 빈칸을 채우는 데 급급할 것이 아니라 제대로 된 준비를 할 수 있게 도와야 한다. 진짜 자신의 모습에서 일을 하기 위한 장점들을 찾아내고 명확하게 보일 수 있도록 개인화된 프로필이 준비되어야 한다. 제대로 승부를 걸 수 있도록 심도 있는 컨설팅을 제공해 주어야 한다.

현장에서 만나본 취업컨설턴트들은 모두 다 진정성있는 컨설팅을 제공하고 싶은 열망을 가지고 있다. 문제는 촉박한 일정과 취업 실적이다. 대학에서도 공공기관에서도 결국은 취업 실적만 중요하고 제대로 컨설팅을 할 수 있는 여건을 허락하지 않는다. 가장 결정적인 것은 시간이 부족한 것이다. 컨설팅을 제대로 하려면 한두 번 짧게 만나서는 안 된다. 할 수가 없다. 조금 더 시간을 가지고 여러 번 만나면서 지원자에 대해 속 깊이 파악하고 장점을 찾아주기만 해도 지원자들은 스스로 힘을 낼 수 있다. 컨설턴트들이 제대로 사명감을 발휘할 수 있도록 대학과 정부에서 프로그램을 실용적으로 운영할 수 있는 여건을 마련해 줄 필요가 있다. 여유있는 예산과 시간을 배정해 주는 변화가 필요하다.

그렇게 해 준다면, 청년은 제대로 맞는 자신의 일을 찾고 회사도 제대로 된 인재를 선발할 수 있게 될 터이니, 정책을 입안하시는 분들과 운영하시는 분들이 이런 현장의 마음을 이해해 주기 바란다.

이 그림은 Gemini Pro를 이용해 제작되었습니다.

1. **경쟁과 성공의 문화적·역사적 배경**

   - 남보다 노력하고 준비해서 가져가는 것은 당연시된다.

   - 실패는 개인이 부족한 탓이다.

   - 역사적으로 과거를 통해 인재를 선발해 왔다.

   - 추천이나 발탁은 부정한 것으로 보고, 심할 경우 저항하기도
     한다.

2. **채용의 사회·문화적 환경**

   1) 두 가지 극도로 민감한 이슈

      - 남/녀 차별, 성인지 감수성의 문제

      - 양대 정당이 극한으로 대립하는 주제

      - 민감 이슈를 건드리면 우리 회사 홈페이지가 뜨거운 전 국민
        토론의 장이 된다. 회사의 이미지를 지킬 수 없다

   2) 청년들은 화가 나있다.

      - 청년 실업자 100만의 시대가 10년도 훨씬 넘었다.

      - 공정성을 지키고 지원자를 존중해야 한다.

   3) 지원자들을 존중하고 배려해야 한다.

      - 지원자들이 무시당했다고 느끼는 순간 여론이 뜨겁게 달아오
        른다.

      - 갑질뉴스는 조회수가 보장된다.

   4) 취업지원제도가 너무 많다.

      - 취업을 지원하는 수많은 교육, 행사와 컨설팅이 제공된다.

      - 틀에 맞춘 지원 서류와 면접 답변들이 채용을 어렵게 한다.

- 충분한 컨설팅 시간과 예산을 배정해 주어야 한다.

TO DO

1. 청년들의 민감성을 이해하고 배려와 존중을 갖추어야 한다.

2. 취업지원에서 다루는 흔한 문제와 질문들로는 선별할 수 없다.

3. 실무와 현장에서 필요한 역량을 중심으로 문제와 질문을 준비해
   야 한다.

채용 현장에는 과학적 이론과 최신 기술이 결합된 다양한 도구들이 도입되고 있다. 앞서 언급한 AI 솔루션뿐만 아니라 코딩 테스트, 문제 해결 시뮬레이션 게임, ATS^{applicant tracking system}(채용 관리 시스템)와 같은 디지털 솔루션, 그리고 인성검사와 역량평가 같은 전통적인 평가 기법들이 기술과 만나 고도화되고 있다.

이번 장에서는 각각의 채용관리, 채용평가 도구들의 유래와 목적 그리고 특징들을 간단히 짚어보고 인재를 찾고 모시기 위해 필요한 도구를 검토할 계기를 마련하고자 한다.

1 | AI 솔루션

AI 면접 솔루션

AI 면접은 일단 마이다스인의 역량검사가 떠오른다. AI시대를 열었던 솔루션인 만큼 인지도 측면에서도 압도적이다. 게다가 보여지는 디자인과 UI, UX 역시 단연 최고라 할 수 있다. 검사 결과의 타당성에 대해서는 학계와 실무에서 여전히 다양한 논의가 오가고 있지만, 시장 점유율과 인지도 면에서는 단연 압도적인 위치를 차지하고 있다.

다음으로 떠오르는 것은 제네시스랩의 뷰인터HR이다. 뷰인터는 LG U+와 공동 연구를 통해 역량 면접을 학습하여 만들어졌다는 것이 어필포인트이다. 또 창립자들이 표정 연구와도 같은 전문기술 분야의 전문가들이었다는 배경도 한몫한다.

에듀스라는 회사의 inFace라는 AI면접도 있다. 내가 느낀 장점은 당시 마이다스의 AI면접이 센세이션을 일으켰던 게임방식이 아니라 인지능력검사인 원더릭검사를 활용하였다는 것이다. 게다가 새로운 문항을 AI가 자동으로 생성해 준다는 점이 차별화된 특징이다.

COPY KILLER로 유명한 무하유의 MONSTER라는 상품도 있다. 생성형AI 기술을 접목하여 지원자의 답변을 듣고 꼬리질문을 만들어낸다는 장점으로 마케팅 활동을 펼치고 있다.

AI면접을 개발한 업체들에게는 아쉬운 일이겠지만, 채용시장에서 AI면접 솔루션은 확장세가 꺾인 것으로 보인다. AI가 평가해 준 결과에 대한 타당도가 아직도 의심을 떨쳐내지 못했고 개인정보보호법에 따라 AI의 평가결과를 설명해 주어야 하는 엄격한 의무가 발목을 잡는 것이라고 생각된다.

AI 서류평가

서류평가에서 단연 국내 1위는 무하유이다. 부동의 베스트셀러인 카피킬러가 있고, 자소서 기반의 면접질문을 생성해 주는 고급 상품인 '프리즘' 상품도 소개되고 있다.

에듀스에도 ARI+라는 상품이 있다. 자소서를 평가해 점수를 매겨주는 서비스가 공공기관의 니즈와 맞아서 여러 기관에서 서류평가의 사전 작업용으로 활용되고 있다.

그 외에 인딥이라는 회사의 서류평가 솔루션도 있고, 사람인도 스펙트럼이라는 솔루션을 자체 개발하여 보유하고 있다.

서류평가는 생성형AI의 놀라운 진화 속도에 그 효용을 잃어버릴 위기로 보여진다. 생성형 AI가 워낙에 잘 써줄 뿐더러 AI 표절률 검사를 회피하는 기능까지 탑재되면서 강력한 도전에 직면하고 있다.

AI 영어능력 평가

에듀스의 inEAR라는 솔루션이 있다. 미국에서 개발한 영어 능력 테스트 솔루션의 기술을 접목하였다. 말하기와 듣기를 평가할 수 있는 솔루션이다. 나 역시 흥미를 느껴 여러 회사들에 도입을 제안해 보았으나 성과로 이어지지는 못했다. 공식화된 영어 능력 테스트라 할 수 있는 토익스피킹과 같은 평가가 차지한 아성이 너무도 견고하다.

AI 인재 추천

사람인과 같은 채용포털은 인재 추천 서비스를 제공한다. 유료 서비스를 사용하면 더 좋은 결과를 제공한다. 지원자들의 스펙과 자소서, 경력기술서 등을 분석하고 지원자들이 공고를 검색하고 지원하는 행동의 패턴을 분석하여 회사의 채용공고에 적합한 인재를 추천하는 방식이다.

채용의 평가단계보다는 지원자 모집단계에 제공하는 서비스로서 적합한 지원자를 찾는 첫 번째 고비에서 도움을 얻을 수 있다. 이러한 AI추천기능을 활용하여 사람인은 스마트리크루터라는 인재 추천을 통한 후불형 후보 추천 서비스를 제공하고 있다. 잡코리아와 원티드 역시 인재를 추천해 주는 서비스를 채용 성공에 따른 후불제 서비스로 제공한다.

2 │ 코딩 테스트

가장 유명한 채용평가용 솔루션으로는 프로그래머스의 코딩 테스트가 있다. 정말 많은 기업이 S/W 개발자 채용에서 코딩 테스트를 적용하고 있다. 업계 1위인 만큼 다양한 코딩 문제와 안정적이고도 친절한 서비스가 강점이다.

엘리스라는 회사에서도 코딩 테스트를 제공한다. 사람인에서도 한번 사용해 본 적이 있다. 에듀스도 코딩 테스트를 제공한다. 다양한 솔루션들이 있으니 비교하여 선택할 수 있다.

코딩 테스트는 개발자의 코딩 능력을 직접적으로 확인한다는 측면에서 유용한 테스트였다. 하지만 생성형 AI의 비약적인 발전은 코딩 테스트의 유효성에 근본적인 질문을 던지고 있다. 2025년 11월, 사람인 내부 조사 결과에 따르면 생성형 AI 활용 시 개발자의 업무 효율이 평균 53% 향상되었으며, 생산성이 2배 이상 높아진 사례도 다수 확인되었다. 기업 차원에서 AI 활용을 적극 장려하는 현실 속에서, 단순히 코딩 문법이나 구현 능력만을 테스트하는 방식은 이제 그 효용을 잃어가고 있다. 앞으로는 '코딩을 얼마나 잘하느냐'보다 'AI를 활용해 문제를 어떻게 해결하느냐'를 평가하는 방향으로 전환되어야 할 것이다

코딩 테스트의 변화와 활용

메타와 아마존의 코딩 테스트에서 AI를 활용해 합격한 학생이 있었다. AI로 코딩 테스트에 합격하는 장면을 동영상으로 녹화하여 공개하였고 큰 파장을 일으켰다. 그 학생은 합격이 취소되었지만 결과적으로 수십억 원의 투자를 유치하며 창업에 성공하였다. 기술력을 높이 평가 받았던 것이다. 이와 같은 사례에서도 알 수 있듯이 단순한 코딩 능력은 개발자가 갖추어야 할 필수 역량이 아닐 수 있다.

앞으로 개발자의 일은 AI를 잘 쓰는 능력으로 바뀔 것이다. 그렇다면 우리가 채용에서 확인해야 할 역량은 단순한 코딩이 아니다. 전체적인 시스템 설계를 최적화하고 기획 방향을 살릴 수 있어야 한다. AI를 이용한 코딩에서 제대로 된 명령을 내릴 줄 알아야

한다. 처음의 막연했던 기획보다 더 효율적인, 더 효과적인 개발 방향을 수립할 수 있는 것, 그것이 앞으로 개발자에게 필요한 역량이 아닐까? 코딩 자체의 능력보다 개발기획서를 이해하고 개선할 수 있는 능력을 보아야 한다. 코딩 테스트에서도 AI 활용을 전제로 하고 오히려 개발의 방향을 더욱 효과적으로 정리하고 명령하는 능력을 검증할 것을 제안한다. 또한, 그러한 테스트솔루션이 곧 나올 것이라고 기대하고 있다.

3 │ 시뮬레이션 문제 해결 테스트

사람인이 개발한 S-LOGIC 이라는 상품이 있었다. 마치 게임처럼 프로그램이 시작된다. 먼저 상황의 설정을 이해하여 전략·전술을 수립하고 각각의 단계에서 합리적인 선택을 하게 되어 있다. 문제 해결의 과정을 평가하는 시뮬레이션 문제 해결 테스트 솔루션으로서 유명 컨설팅펌인 머서와 매킨지의 문제 해결 논리모델을 적용하여 개발한 역작이다. 안타깝게도 작품으로 남고 상품이 되지는 못했다. 너무 어렵고 비싸서 이섭게도 빛을 보지 못하고 말았다.

인크루트가 개발한 게임 방식의 문제 해결 테스트인 '어세스'가 2025년 11월 23일 파이낸셜뉴스 보도를 통해 소개되었다. 40분 동안 무인도에서 살아남는 게임을 통해 전략적인 선택 역량을 발휘하게 하는 채용 진단 도구이다. 예전에도 비슷한 형식의 메타인지테스트가 발표된 적이 있다. 당시 기억으로는 큰 반향을 일으키지는 못했었다. 이번에 발표한 어세스는 7종의 게임이 있다고 한다. 채용시장에 어떤 반응을 일으키는지 관심있게 지켜보고 있다.

인크루트 어세스 응시 화면

지난 19일 서울 중구 인크루트 본사에서 진행한 채용진단도구 '어세스' 내 문제해결력게임(PSG) 응시화면. 인크루트 제공

(출처: 2025.11.23 〈파이낸셜뉴스〉)

나는 시뮬레이션게임을 통해 문제 해결 능력을 검증하려는 이 같은 시도들이 필요하다고 생각한다. 사람인이 S-Logic과 같은 솔루션을 개발할 때엔 생성형AI가 아직 없었기 때문에 문제 해결 로직을 구성하는 것에 한계가 있었지만, 생성형AI 기술을 활용한다면 AI시대에 꼭 필요한 역량인 문제 해결 능력을 심도있게 평가할 수 있을 것이라 기대한다. 문제 해결 능력이 중요한 것은 문제를 앞

서 발견하고 해법을 찾아가는 사고력이 앞으로 훨씬 더 중요해질 것이라고 생각하기 때문이다. AI가 모든 부분에서 도움을 줄 수 있는 시대가 도래했다. 인간은 판단하고 선택하고 실행하는 부분에서 그 장점을 발휘해야만 한다. 그것이 이 시대에 필요한 진짜 실무 능력이 될 것이다.

4 | **ATS**applicant tracking system

ATS라는 용어가 아직 낯선 사람들이 많을 수 있다. 하지만 사람인 포털에서도 채용센터라는 서비스가 이미 ATS를 구현하고 있고 그보다 훨씬 전에도 기업 홈페이지에서 지원자 관리라는 기능을 통해 경험해 왔었다.

ATS로 가장 유명한 솔루션은 그랩의 '그리팅' 솔루션이다. 잡코리아가 인수한 '나인하이어'도 있다. 하지만 그 시작은 사람인의 등용문이었다. 등용문 솔루션은 고객사에 채용 홈페이지를 비롯하여 지원자를 분류하고 문자와 이메일을 발송하며 채용을 운용하는 서비스를 제공해 왔고, 마이다스의 미이다스insight(현재는 '에이치닷'이다)가 등장했던 2015년까지 거의 독점적인 지위를 누리고 있었다. 등용문의 한계는 대규모 지원자를 관리하기에 좋은 데이터베이스형 솔루션이었다는 것에 있다. 현재처럼 수시채용이 많고 포지션마다 진행 상황이 다른 상황에서는 적합하지 못했다. 현재의 ATS들은 지원자들의 현재 상황이 표시되고 채용전형의 운영이 단순화되어 훨씬 더 쉽게 이용할 수 있게 되어 있다.

수시 채용이 대세가 되면서 그랩의 '그리팅' 솔루션과 같이 개별 지원자를 손쉽게 관리하는 솔루션이 주목받게 되었고, '나인 하이어'가 그 뒤를 이어가며 당시 창업 트렌드였던 스타트업들을 기반으로 빠르게 확산되었었다. 아직까지 저렴한 이용요금 탓에 수익성 확보 측면에서는 여전히 고전하고 있지만, 과거 우편과 이메일로 이력서를 접수하던 비효율적인 채용 문화를 순식간에 바꾸어 놓았다.

ATS는 한번 써보면 계속 쓸 수밖에 없는 편리함이 장점이다. 서류평가를 시스템에서 손쉽게 전달하고 취합할 수 있고 일정관리도 한눈에 한번에 편하게 할 수 있다.

5 | 인성검사(성격검사)

채용을 돕는 디지털 솔루션들의 소개를 마치고 이어서 채용평가에서 사용되는 도구들을 소개하고자 한다. 첫 번째 소개할 것은 인성검사이다. 인성검사는 흔히 인·적성검사로도 불리며 모르는 사람이 없을 정도로 익숙한 채용평가 도구이다. 익숙하긴 하지만 어떻게 생겨났는지도 모른다. 어떤 효용이 있는지, 무엇을 검사하는 도구인지 알아보고 앞으로 채용에서 어떻게 활용할 수 있는지 생각하는 계기를 마련해 보고자 한다.

인성검사(성격검사)의 역사

2019년 9월 스미소니언매거진에 이런 글이 실렸다. 포탄 폭발에서 살아남아 기억이 흐릿한 상태로 깨어난 병사(케이스3로 알려져 있다)는 영양 상태와 건강은 좋았지만, 극도로 불안한 상태였다는 것이다. 이런 증상을 '포탄쇼크'라고 불렀다. 대서양 건너편인 미국의 정신과 의사 토머스 샐먼은 '전쟁신경증'이라는 이 증상을 연구하기 위해 해외로 파견되었다. 현재는 외상후 스트레스장애PTSD로 인식되는 이 트라우마에 대한 지속적인 심리적 반응을 관찰한 샐먼은 "가장 중요한 권고는 프랑스에 파병되어 현대전의 엄청난 스트레스에 노출될 군대에서 정신이상자, 정신박약자, 정신병자, 신경병자를 엄격하게 배제하는 것입니다"라고 제안했다. 그의 제안으로 인해 최초의 성격검사가 탄생했다.

나는 인성검사를 소개할 때 그 최초의 시도로 이런 전쟁신경증과 관련된 이야기를 인용하곤 한다. 사실 여부는 확인할 수 없지만 누군가에게 들었던 이야기가 꽤 설득력이 있다. "전생터에서 살아남은 군인은 골목에서 눈을 마주쳤을 때 방아쇠를 먼저 당긴 사람이다. 그 사람들이 고향으로 돌아갔을 때 골목에서 갑작스럽게 누군가를 마주친다면 그는 본능적으로 방아쇠를 당길 것이다. 이는 전쟁을 겪은 세대와 함께 살아가는 지역사회에 불안한 요소가 될 수밖에 없다. 이러한 사회적 불안을 해소하기 위해 사회로 복귀하기 전 성격검사가 시작되었다"라는 이야기이다.

이러한 배경에서 탄생한 최초의 심리검사는 200개의 질문에 예스/노로 대답하는 문항들로 구성되었고, 심리적 스트레스 취약성을 진단하기 위한 목적으로 고안되었기에 성격검사라기보다는 정신적 병리나 불안정성 쪽에 초점을 맞추었다.

이후 민간용으로 개조되면서 심리연구나 산업심리(직장 적용)의 용도로 사용되기 시작하였고, 성격과 성과의 연관성에 대한 수많은 논쟁을 거쳐 1980년대 BIG 5 이론이 정립되게 된다. BIG 5는 성과에 영향을 미치는 조직심리적 성격을 크게 5가지로 들고 있다.

첫째, 개방성으로 새로운 경험이나 아이디어, 변화수용성을 말한다.

둘째, 성실성으로 자기관리, 목표지향, 충동조절 등이 여기 속한다.

셋째, 외향성으로 사회적에너지, 대인과의 상호작용 선호와 같은 것들이 있다.

넷째, 우호성으로 타인에 대한 배려, 친절, 협력과 같은 성향이다.

다섯째, 신경성으로 정서적인 안정성을 말한다.

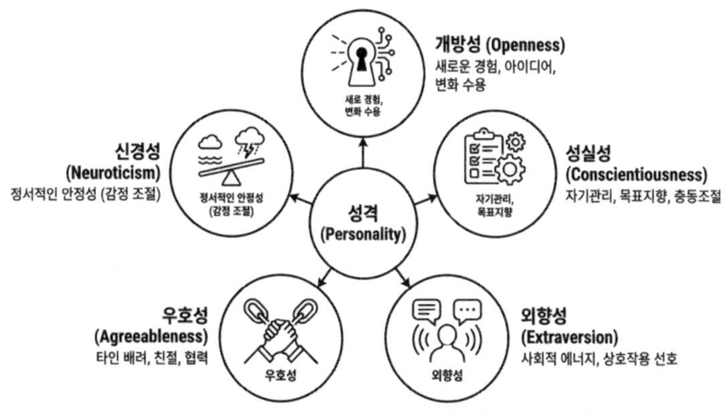

이후 군대식 조직문화가 유연해지고 경영 환경의 변화를 겪으면서 성과에 영향을 미치는 또 다른 한 가지 성격요소를 찾는 연구들이 이루어진다. 그중 가장 대표적으로 성공한 이론이 HEXACO 이론이다. 동양인들의 사례를 연구해 보니 BIG 5 요소들 외에 한 가지가 더 있었다. 정직겸손성Humility & honesty이다. (여기서 겸손하다는 의미는 우리가 흔히 쓰는 공손하고 자기를 낮춘다는 의미보다는 '서구인들처럼 허세를 부리지 않는다'라고 해석하는 것이 옳을 것이다.) HEXACO이론에 대한 검증은 광운대 유태용 교수가 주도한 연구를 통해 이루어졌다. (한국판 HEXACO 성격검사의 구성타당화 연구(2004)(Psychometric Properties of the Korean Version of the HEXACO Personality Inventory) 유태용, 이기범, Michael C. Ashton)

연구 결과 한국인에게 적합하다는 결론을 얻었다.

HEXACO이론이 우리에게 더 좋았던 것은 그 이론의 창시자가 캘거리대학University of Calgary의 이기범 교수라는 것이다.

이 그림은 Gemini Pro를 이용해 제작되었습니다.

우리나라에서 사용하기 위해 문항을 정리하고 감수를 받을 때 번역이 필요 없을뿐더러 단어의 뉘앙스까지 충분히 이해하는 사람이 검토해줄 수 있다. 사람인이 HEXACO이론을 바탕으로 FIT(Fit In Test)라는 인·적성검사 상품을 출시할 수 있었던 것도 이기범 교수 덕분이다.

인성검사의 진단 내용

인성검사가 진단하는 내용은 무엇일까? 개인적으로는 사람인의 대표상품인 F.I.T.상품을 기반으로 설명하고 싶지만 보다 일반적인 시중의 인성검사를 기준으로 풀어보자.

구분	항목	개요	효용성
신뢰성	응답신뢰도	유사질문에 대한 일관성	좋은 사람으로 보이기 위한 의도적인 거짓말 색출
	허구성	허위, 과장, 거짓 검증 도구 적발 빈도	
심리 안정	정서 안정	내적자극으로부터의 안정성	'욱' 하고 '돌발행동' 하는가 – 또라이 리스크 점검
	감정 통제	외부자극으로부터의 안정성	
직무 수행	책임감	의무 인식 및 완성 욕심	개인직원으로서 일하는 자세 유전적기질 + 자존감의 심리적 배경
	성실성	근면성실하게, 거짓없이 일관되게	
	적극성	열정, 의욕, 성취감, 목적의식	
	인내력	끈기, 지구력, 포기하지 않는…	
협업 관계	자주성	자율적·독립적·계획적 판단, 리더십	함께 일하는 동료로서 일하는 자세 초기 발달 과정의 심리적 배경
	협조성	사교성, 협동심, 배려, 헌신	
	의사소통	이해하고, 이해시키는 능력	

첫 번째, 응답자의 응답신뢰노를 확인해야 한다. 거짓말로 좋은 사람으로 보이는 것을 막는 기술을 '페이킹'이라고 한다. 인성검사에는 이런 페이킹 문항이 섞여있다.

두 번째, 스트레스 내성에 대한 부분이다. 정서적인 안정성을 본다.

세 번째, 일을 대하는 자세라 할 수 있다.

네 번째, 함께 일하기 위해 필요한 관계역량이 이에 해당할 것이다.

물론, 시중의 인성검사 상품이 수백 개가 넘고 각각의 상품들이 또 다른 특징들을 담고 있지만 크게 네 가지 측면을 확인하고 있다.

프리미엄 상품들은 여기에 더해 부적응성, 조직과 직무의 특성에 대한 매칭과 같은 영역까지 검사하고 있다. 최근에는 채용 갑질이나 조기 퇴사의 문제에 편승하여 조직에 대한 부적응성 영역에 관심을 갖는 회사들이 많아졌다. 심지어 아주 비싼 사람인의 윤리성검사를 일부러 찾아온다. 또한, 고객들은 검사의 고도화를 위해 맞춤형 검사를 요구한다. 우리 회사, 우리 팀, 우리 일에 맞는 사람을 찾기 위한 시도에 응답하는 인성검사들이 출시되고 있다. 사람인이 출시한 컬처핏 검사 역시 그러한 니즈에 선제적으로 대처하기 위한 노력의 결과이다.

적성검사(직무능력검사 또는 인지능력검사)

대부분 인성검사는 인·적성검사와 혼용되어 불리고 있다. 인성검사는 성격검사의 측면이 강하다. 인성검사는 성격과 태도를 진단하는 검사인 반면 적성검사라 불리우는 테스트는 정답이 있는 풀이형 문제로 제공되고 있다. IQ테스트를 떠올리면 이해하기 쉽다.

원더릭 검사라고 불리는 인지능력검사의 영역에는 언어이해력, 수리력, 추리력, 공간지각력, 문제해결력 등이 측정의 대상이 된다. 해당 영역에 대한 문제풀이능력을 검사한다. 대기업이나 공공기관의 경우에는 단순 문제풀이가 아니라 직무 상황에 해당하는 문제를 제시하여 실제 직무능력의 수준을 평가하고 있다. 그 결과 적성검사로 불리는 직무능력검사는 지문의 양이 많아지면서 직무 상황을 설명하고 실질적 해법을 찾도록 하고 있다.

인성검사를 통해 확인된 성격과 태도 그리고 인지능력을 종합하면 각 직무별로 얼마나 좋은 성과를 기대할 수 있는지 매칭값을 산출할 수 있게 된다. 이렇게 제시된 결과가 소위 '인·적성'이라고 할 수 있다. 검사결과에 따라 각 직무별 적합도를 가늠할 수도 있게 된다.

인성검사의 활용

시중에서 접하는 대부분의 인성검사는 BIG 5이론을 근간으로 한다. BIG 5에는 25가지 성과에 영향을 미치는 세부적인 성격 지표들이 있다. 사람인이 개발한 HEXACO 기반의 F.I.T.[Fit In Test]에는 6개의 성격을 구성하는 18개의 세부 지표들이 있다. 모든 검사결과지는 이러한 세부지표들을 그래프형태와 숫자로 제공한다.

25가지 또는 18가지 지표들이 모두 중요할까?

예전에 내가 사람인의 인사실장으로 근무하던 때이다. 사람인은 채용에서 오랫동안 인성검사를 실시해 왔기 때문에 충분한 데이터가 있었다. 3년간 평가 결과와 인성검사 결과를 분석해 보았더니 25가지 성격요소 중 6가지 요소가 평가 결과와 함께 오르고 내리는 것이 발견되었다. 사람인에서 필요한 인재인가의 여부는 그 6가지 요소를 중점적으로 보는 것이 맞다고 판단했다. 채용평가에서 6가지 요소에 대한 점수를 따로 정리하여 활용했었고, 나중에는 평가 가중치를 반영하여 사람인만의 인성검사 결과지를 따로 개발했었다.

인성검사가 더욱 유효하게 활용되려면 우리 회사의 특징과 매칭시켜 보아야 한다. 우리 회사에서는 어떤 항목들이 중요한지 파악하고 적용하는 것이 필요하다. 인사평가와 인성검사가 연결되려면 적어도 3년 이상 인성검사를 시행한 실적 데이터가 필요하다. 입사 초기의 평가는 첫인상에 불과하다. 일을 제대로 배우고 익히는 기간인 2년이 경과된 직원들의 평가결과가 더 유효하다. 인사평가와 인성검사를 연결지어 검토해 보기를 추천한다.

AI시대에 주목받는 인성검사

AI시대에 오히려 인성검사가 주목받고 있다. 놀라운 아이러니가 아닐 수 없다. 모든 것을 해결해 줄 것 같은 AI가 눈앞에 있는데 채용은 오히려 인성검사를 채택한다. 그 이유는 AI시대에 우리에게 필요한 것은 오히려 인성검사의 영역이 많다는 것이다.

책임감을 가지고 철저하게 검증하고, 함께 관계하고 협력하는 것이 더 중요한 시대이다. AI는 개별 근로자의 일의 효율을 높여줄 수 있지만 그 책임은 사람이 져야 하고, 조직은 함께하는 시너지가 중요하다는 불변의 진리가 미래에도 이어질 것이기 때문이다.

이러한 이유로 인성검사는 과거의 성격과 태도라는 단편적인 부분을 넘어서서 '조직과 직무에 잘 맞는 인재인가'를 검증하는 영역으로 더욱 더 심화되어야 한다. 그것이 회사의 경쟁력의 토대를 단단하게 하고 그 위에 미래를 그리게 할 것이기 때문이다.

6 | 역량평가

역량평가기법은 AC^Assessment Center 기법으로서 주로 고위직 선발에 사용되는 역량평가도구이다. 주로 사용되는 평가기법은 OP^oral presentation, GD^group discussion, IB^inbasket, RP^role play 이상 네 가지 기법이 사용된다.

평가기법을 보면 현재 신입사원 면접에서 사용되는 시뮬레이션 면접유형과도 같다. 면접평가에 역량평가기법이 도입된 것이라 할 수 있다.

다른 점이 있다면 평가하는 역량의 수준이 높고 평가자들에게 수준 높은 전문성이 필요하다는 점을 들 수 있다. 그리고 가장 큰 차이점은 평가 과제의 양과 질이다. 발표면접을 예로 들면 신입면접은 보통 두 장 정도의 과제가 주어진다. 과제에서 상황을 이해하고 문제점과 원인 그리고 제공된 자료의 내용들을 고려하여 대안이나 아이디어를 제시하는 형태로 진행된다.

승진자를 대상으로 하는 본래의 역량평가에서는 적게는 16장에서부터 25장까지 두툼한 과제가 제공된다. 과제를 읽고 준비하는 시간도 한 시간 정도 부여된다. 과제는 실제의 업무상황처럼 제시된다. 상사로부터 업무지시 메일을 받고 조직도를 통해 부서의 역할과 부서원의 역할이 설명되어 있다. 또 회의자료, 보도자료, 업무지침, 민원 등 현업에서 업무를 파악하는 것과 같은 자료들이 구성되어 있다. 한마디로 마치 실제 일을 처리하듯이 자료를 파악하면서 핵심요소들을 찾고 해법을 제시해야 한다.

나는 평가기법 중 IB^{inbasket} 기법에 주목하고 있다. 서류함기법이라고 번역해서 불리는 이 기법은 두세 가지 복잡한 문제가 얽힌 상황을 과제를 통해 제시한다. 지원자는 과제를 이해하면서 문제점을 명확하게 파악하고 이를 해결하는 방안을 수립해야 한다. 그 과정에서 각자의 역할도 배분해야 하고, 이해관계자의 입장도 이해해야 한다. 종합적인 판단능력과 문제 해결 사고력을 파악할 수 있다.

신입 채용에서도 국책은행인 S은행 등에서 이러한 서류함기법을 적용하고 있다. 실무환경에서 실제로 일을 잘할 수 있는지 시켜보고 면밀하게 관찰할 수 있다.

앞서도 밝힌 바와 같이 AI시대에 진정한 실무능력은 문제 해결

능력이다. 문제 해결 능력을 실질적으로 확인하고 평가할 수 있는 도구로서 역량평가기법은 충분히 의미가 있다. 이러한 역량평가기법에는 치명적인 약점이 있다. 과제를 개발하고 제대로 된 평가자를 확보하는 비용과 시간이 걸림돌이다. 하지만, 좋은 사람을 영입해야 하는 채용의 본질을 기준으로 보면, 비싸더라도 적극적으로 검토할 필요가 있다.

이 그림은 Gemini Pro를 이용해 제작되었습니다.

다양한 평가도구들을 소개하였다.

1. AI 솔루션

- AI면접: 마이다스인 '역량검사', 제네시스랩 '뷰인터HR', 에듀스 'inFace', 무하유 'monster'
- AI서류: 무하유 'copy killer', 에듀스 'ari+', 사람인 'spectrum' 등
- AI영어: 에듀스 'inEar'-토익스피킹의 AI 버전
- AI인재 추천: 사람인, 원티드, 잡코리아(가나다 순) 등 채용 포털 제공

2. 코딩 테스트

- 프로그래머스 코딩 테스트가 유명하다. 에듀스, 엘리스 등 다양한 제공 업체가 있다.
- 생성형 AI를 이용하여 아마존, 메타에 합격한 사례가 있다
- 현재 개발 현장에서는 AI를 잘 쓰는 것이 더 중요하다.
- 코딩 테스트의 실용성 점검과, AI 시대에 맞는 테스트 솔루션이 필요하다.

3. 시뮬레이션 문제 해결 테스트

- 사람인 'S-logic', 인크루트 '어세스' 등 시뮬레이션 테스트가 있다.
- AI 시대에 필요한 문제 해결 능력을 테스트하는 솔루션으로 진화하기를 기대한다.

4.　**ATS(applicant tracking system)**

- 그랩 '그리팅', 잡코리아 '나인하이어', 사람인 '등용문' 등이 있다.
- 채용 진행에 편리함과 효율성을 주고 지원자에게도 회사의 좋은 이미지를 만들 수 있다.

5.　**인·적성검사**

1) 인성검사의 역사는 100년이 넘었다. 통계와 심리학의 과학적 도구가 되었다.

2) 인성검사 진단 내용

- 신뢰성, 심리 안정, 직무 수행 태도, 협업 관계를 종합적으로 진단한다.
- 의도적인 거짓말과 스트레스 내성을 점검하고 위험요소를 확인해야 한다.
- 일을 대하는 자세와 관계역량을 확인하여 일하는 자세를 확인한다.

3) 적성검사

- 적성검사는 사실 문제풀이형 인지능력검사이다.
- 성격, 태도와 인지능력을 종합하여 직무와의 적합성을 확인한다.

4) 인·적성검사의 활용

- 세부성격지표와 인사평가의 상관관계를 확인하여 회사에 중요한 요소들에 가중치를 부여할 수 있다.
- 회사의 특성을 반영한 맞춤형 검사를 개발하면 더욱 효과적이다.
- AI시대에 주목받는 관계역량과 일의 태도로 인해 인성검사가

주목받고 있다.

6. 역량평가

- 승진자 평가에 적용되던 AC기법이 채용에서 활용되고 있다.
- 채용에서 사용하려면 경력 수준에 맞는 과제 개발이 필요하다.
- 평가기법 중 IB(In-Bascket)에 주목해야 한다. IB는 AI시대에 필요한 문제 해결 능력의 평가에 특화된 평가기법이다.

TO DO

1. 채용에 활용되는 평가도구들을 효용성의 관점에서 파악하고 있어야 한다.
2. 회사의 채용에 적합한 도구들을 잘 선택하여 사용해야 한다.

4 인구통계학적 환경

인구구조의 변화가 채용을 바꾸고 있다. 1990년대 이른바 제2차 베이비부머 세대의 사회 진출이 이루어졌다. 1년에 100만 명 이상이 태어났던 1969년~1971년생들이 대거 직업 사회에 진입하던 그때는 일하고자 하는 청년들이 넘쳐났다. 다행히도 당시는 고속성장의 시대였고 회사들은 날로 팽창했다. IMF경제위기가 있기 전까지 우리나라는 놀라운 성장을 거듭하며 새롭게 등장하는 청년들을 넉넉하게 수용해 왔다. 하지만 이후의 인구구조는 급격하게 변화한다. 통계청 자료에 따르면 2024년 신생아는 238,300명이라고 한다. 제2차 베이비부머의 23% 수준으로 감소한 것이다.

청년 인구가 감소하면서 동시에 지방 인구는 소멸하고 있다. 지방 국립대가 수년째 정원 미달로 충분한 학생을 확보하지 못하고 있고 졸업한 학생들은 취업을 위해 수도권으로 이동하고 있다.

또한 고도성장기를 이끌었던 제2차 베이비부머 세대들도 현재 은퇴를 앞둔 50대 중반이 되면서 생산인구의 감소는 피할 수 없는 현실이 되었다.

이제 채용은 어떻게 필요한 인재를 채워야 할까?

몇 가지 통계를 통해 현실을 재인식 하고 대책을 마련해야 할 때이다.

2024년 삼정KPMG경제연구원의 삼정인사이트 자료를 보면 2024년 입학생이 한 명도 없는 초등학교가 157개, 입학생이 한 명인 학교가 110개 수준이라고 한다. 2020년을 기준으로 한국의 19~34세 인구는 약 1,021만 명이었고, 2050년엔 521만 명으로 절반이 감소할 전망이라는 통계청 자료도 있었다. 2020년 20.4%였던 청년인구는 2050년 11%대로 떨어진다.

성평등가족부(구.여성가족부)의 2024년 청소년 통계에서도 9세~24세 청소년 인구의 감소는 확연하게 눈에 띈다.

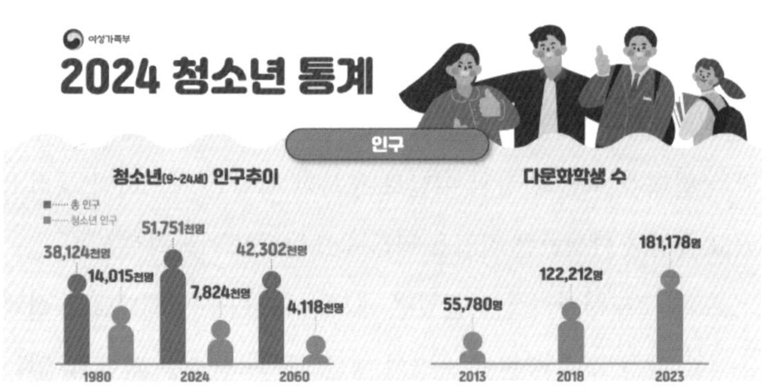

STATISTA.COM사이트에서 확인할 수 있는 1980년~2060년까지 10년 단위의 청소년 숫자 역시 2040년까지 급격한 감소를 예측한다.

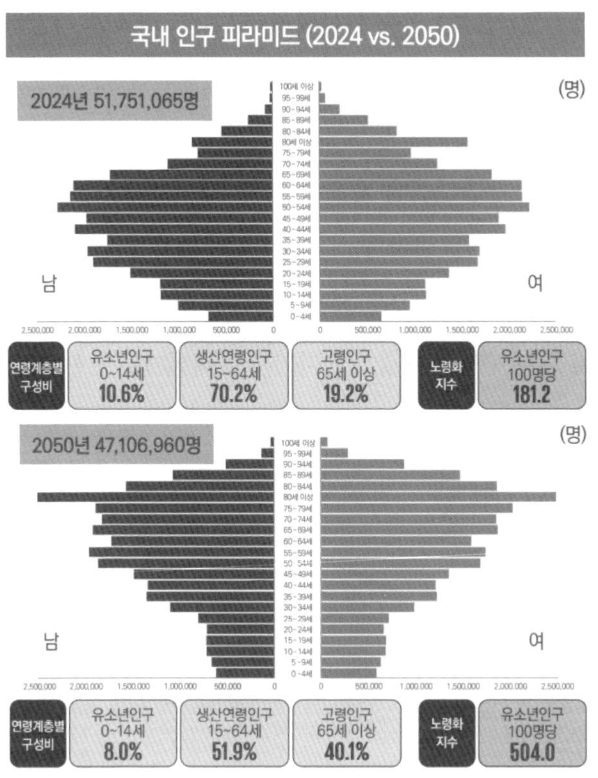

Source: 통계청 KOSIS(2024.07.31), 삼정KPMG 경제연구원 재구성

인구구조의 변화는 이미 정해진 미래이다. 출생인구가 감소했으니 그들이 자라서 청년이 되었을 때 청년인구도 당연히 줄어들어 있을 수밖에 없다.

청년인구의 감소는 대졸 신입사원, 고졸 신입사원의 채용에서 그만큼 지원자를 확보할 수 없는 현실적인 문제가 된다. 사람인의 경우 2016년 공채를 진행할 때 6,000여 명의 지원자가 몰려와 엄격한 서류전형, 면접전형을 실시할 수 있었다. 하지만 지금은 '옛날엔 그랬지…'라고 회상하며 격세지감을 이야기하는 옛일이 되어 버렸다.

지원자가 충분하다면 채용담당자는 자체발광하는 반짝반짝한 인재를 골라담기만 하면 된다. 하지만 지원자가 부족하면 하나씩 하나씩 들어내서 닦아보고 들여다보아야 한다. 원석을 놓치지 않기 위해 좀 더 세밀한 관찰과 평가가 필요해졌다는 말이다.

지방인구의 감소

아래의 통계청 자료를 살펴보자

표 1. 한국의 연령별·지역별 인구구성 변화

		연도	1970년	1975년	1980년	1985년	1990년	1995년	2000년	2005년	2010년	2015년	2019년
연령별	유소년 인구	인구(천명)	12,752	12,855	12,333	11,919	11,021	10,213	9,527	8,916	7,721	6,946	6,392
		전연령대비 비중(%)	40.6%	37.3%	33.1%	29.5%	25.5%	22.8%	20.7%	19.0%	16.1%	13.7%	12.3%
		수도권(%)	26.2%	29.1%	33.7%	38.1%	43.1%	46.2%	47.6%	48.8%	49.5%	49.7%	50.0%
		비수도권(%)	73.8%	70.9%	66.3%	61.9%	56.9%	53.8%	52.4%	51.2%	50.5%	50.3%	50.0%
	고령 인구	인구(천명)	1,035	1,172	1,443	1,715	2,114	2,607	3,304	4,279	5,313	6,602	7,817
		전연령대비 비중(%)	3.3%	3.4%	3.9%	4.2%	4.9%	5.8%	7.2%	9.1%	11.1%	13.0%	15.1%
		수도권(%)	18.8%	22.6%	25.5%	29.6%	32.3%	33.8%	35.2%	37.5%	39.6%	42.7%	43.9%
		비수도권(%)	81.2%	77.4%	74.5%	70.4%	67.7%	66.2%	64.8%	62.5%	60.4%	57.3%	56.1%
	전국	인구(천명)	31,445	34,434	37,304	40,415	43,191	44,732	45,916	47,050	47,951	50,687	51,779
지역별	수도권	인구(천명)	8,756	10,760	13,150	15,737	18,497	20,159	21,258	22,621	23,460	25,150	25,893
		전국대비 비중(%)	27.8%	31.2%	35.3%	38.9%	42.8%	45.1%	46.3%	48.1%	48.9%	49.6%	50.0%
		유소년인구 비율(%)	38.1%	34.8%	31.6%	28.8%	25.7%	23.4%	21.3%	19.2%	16.3%	13.7%	12.3%
		고령인구 비율(%)	2.2%	2.5%	2.8%	3.2%	3.7%	4.4%	5.5%	7.1%	9.0%	11.2%	13.2%
	비수도권	인구(천명)	22,689	23,674	24,154	24,678	24,695	24,573	24,658	24,428	24,492	25,537	25,886
		전국대비 비중(%)	72.2%	68.8%	64.7%	61.1%	57.2%	54.9%	53.7%	51.9%	51.1%	50.4%	50.0%
		유소년인구 비율(%)	41.5%	38.5%	33.9%	29.9%	25.4%	22.4%	20.2%	18.7%	15.9%	13.7%	12.4%
		고령인구 비율(%)	3.7%	3.8%	4.5%	4.9%	5.8%	7.0%	8.7%	10.9%	13.1%	14.8%	17.0%

자료: 통계청, 각년도, 인구총조사.

위의 자료에서 확인할 수 있듯이 유소년층에서 수도권 집중화가 꾸준이 이어지고 있다. 지방은 고령인구의 비율만 높아진다. 2019년 현재 비수도권의 고령인구는 전체 고령인구의 56.1%에 달한다. 비수도권의 고령인구 비율은 17%로 수도권의 13.2%에 비해 월등하게 높아졌다.

2024년 방영된 KBS의 다큐멘터리에서 부산지역의 졸업생이 취업을 위해 결국 서울로 향하는 안타까운 결단을 본 적이 있다. 청년층은 일자리를 위해 수도권으로 향할 수밖에 없다. 그곳에 일자리가 있으니 청년은 떠날 것이고, 지방의 일자리들은 더더욱 청년일꾼을 찾기 힘들어질 것이다.

지방에서 청년을 불러들이고 정착시키려면 공공기관의 지방 이전만으로는 부족하다. 공공기관의 새 일자리가 많아야 얼마나 되겠나. 지방의 산업이 살아야 한다. 취업도 하고 나중에 이직도 할 수 있어야 머물 수 있다.

누구나 쉽게 말할 수는 있지만, 참으로 쉽지 않은 이야기이다. 특히 민간 기업의 인사담당자들의 입장이라면 하소연 섞인 푸념일 수밖에 별다른 뾰족한 수가 없다.

제2차 베이비부머 세대의 은퇴

가장 많은 인구층을 형성하는 65년~74년생들은 50대 60대에 접어들었다. 이미 은퇴했거나 은퇴를 앞두고 있다. 자발적으로 또는 비자발적으로 은퇴를 하는 중년들이다. 나도 90학번으로 여기에 속한다. 나도 앞으로 더 열심히 오랫동안 일할 수 있는 열정과 건강이 있다고 자신한다. 하지만 현실에서는 또래의 친구들이 겪는 준비 없는 은퇴가 딱하기도 하고 내 얘기 같기도 하다. 이 많은 사람이 한꺼번에 쏟아져 나오고 있는데 일할 곳은 얼마나 허락될까? 나 역시 걱정이 많다.

제2차 베이비부머 세대를 이대로 방치해도 될까? 아직 생계가 필요한 가장들인데 너무 가혹한 것은 아닐까. 단순히 감정에 호소하려는 것이 아니다. 경험과 실력을 갖춘 사람을 활용하지 못하는 시대적 아쉬움이 있다는 것이다.

그들이 누구인가. 고속성장의 시대에 청춘을 아낌없이 쏟아 부었던 열정의 상징이었고 디지털 대전환의 시대를 적응해 온 카멜레온 같은 변화의 세대이다. 모바일과 AI에도 적응했고 또 따라잡고 있다. 환갑이 옛말이 된 것이 벌써 오래전이다. 5060세대의 최대 관심사가 건강관리이다. 건강도 튼튼하다. 아직도 얼마든지 일할 수 있는 열정과 힘이 있다. 그들을 잊지 말고 기억해 주면 좋겠다. 훌륭한 일꾼들이다. 서로 마음만 열 수 있다면 얼마든지 새일꾼의 역할을 할 수 있다.

인구통계학적 변화와 우리의 대응

청년인구는 줄어들고 있다. 지방은 더 심각하다. 대졸 신입 일자리 40만을 추산해 왔는데 취업 시장에 진입하는 대졸자는 30만 명이 안 된다. 부족한 인원을 이제 어찌할 것인가?

부족한 청년층을 다시 들여다봐도 답이 있을 리 없다. 청년을 대신할 계층을 찾아야 한다. 세 가지 대안을 생각할 수 있다. 첫 번째는 쏟아져 나오는 중장년층이다. 두 번째는 계속해서 늘어나고 있는 외국인들이다. 그리고 세 번째는 출산과 육아로 잠시 일자리를 떠났던 경력단절 여성들이다.

중장년층의 재고용

중장년층을 재고용하는 것은 여러 가지 장점이 있다. 조직과 일에 대한 적응을 이미 마쳤다는 것과 취업경쟁률이 심각한 상황에서 자발적인 장기근속을 기대할 수 있다는 점이다.

2023년 한 스타트업의 인사담당 임원을 만났다. 국내 빅테크기업이 개발인재들을 싹슬이해 가서 뽑을 만한 사람이 없었다고 했다. 그래서 그 회사가 찾은 대안이 40대 중반 이후의 개발자이다. 40대 중반으로 눈을 돌렸던 결과에 크게 만족하며 여기저기 자랑하고 다닌다고 했다. 중장년을 채용했더니 개발경험이 한없이 풍부할 뿐만 아니라 그동안 바뀌어 가는 개발언어와 네트워크 환경에 적응해 왔던 경험이 어떠한 조건에서도 크게 발휘된다는 것이다. 새로운 개발언어를 배우는 것까지도 수없이 경험해 온 베테랑들인데 여기가 마지막 일터라고 생각하고 이직은 꿈도 안 꾸고 있다는 것. 이직할 생각이 없으니 지금 회사가 생존하고 성공하고 성장하기를 진심으로 바라고 헌신적으로 일해준다는 것이다.

물론 중장년층의 재고용에 대해 우려하는 목소리도 있다. 나는 그 이유를 '꼰대 포비아'라고 표현한다. 이 말은 권위적인 사고방식을 가진 기성세대에 대한 막연한 공포를 의미한다. 새로 입사한 기성세대가 젊은 조직의 문화에 맞지 않을까봐 걱정인 것이다. 처음에는 고분고분 팀장과 리더들의 말을 듣지만, 어느 정도 적응이 되고 나면 옛 경험을 들먹이며 고집을 부리지 않을까 하는 걱정이 있다. 또는 젊은 동료들과 잘 어울리지 못해서 조직의 시너지에 걸림돌이 되지 않을까 하는 걱정도 있다.

그래서 나는 제안한다. 재취업을 원하는 중장년층에 대한 마인드 셋업을 정부 차원에서 지원해 주면 좋겠다. 정부가 나서지 않는다면 채용을 진행하는 우리가 나서야 한다. 사전에 충분히 설명하고 다짐을 받는 것은 기본이고 대졸 신입사원이 적응하도록 지원해 주던 프로그램들을 중장년에게도 제공해야 한다. 멘토링도 좋고 정기적인 면담도 좋다. 또 중장년층 채용이 많아지면 세대에 맞는 동아리활동 지원이나 건강검진도 지원해 주면 도움이 될 것이다.

참고로 사람인이 제공하는 '원더풀 시니어'라는 어플에는 중장년의 '건강관리', '조직문화 수용성'과 같은 성격요소들을 테스트하는 검사도 있으니 채용 과정에서 최소한의 검증을 위해 활용해 보면 도움이 될 것이다.

외국인 고용

한국인 청년의 부족을 국내에서 수학하고 적응한 외국인을 고용하는 것으로 대체할 수도 있다. 외국인들의 남다른 관점과 신선한 아이디어도 덤으로 얻을 수 있다는 기대도 있다.

다만, 외국인에게는 한국의 중장년에게 없던 우려도 있다.

첫 번째는 비자 문제이다. 외국인 고용 관련 실무를 담당해 보면 뼈저리게 알 수 있듯이 해야 할 번거로운 일들이 참으로 많다. 고용 확인을 통해 비자를 얻어야 하고 갱신하고 또 기한이 차면 일단 출국했다가 다시 돌아오도록 해야 하는 경우들도 있다. 비자 문제의 불안이 외국인 채용의 가장 큰 허들이다. 안정적인 체류 자격이 확보되지 않으면 장기 근속을 기대하기 어려운 현실적인 고충이 크다.

두 번째 문제는 언어와 문화의 문제이다. 한국말을 잘하기는 해도 오해하거나 못 알아 듣는 경우 답답함을 하소연할 곳도 없다. 특히 종교나 민족적 신념같은 부분이 부딪히기 시작하면 이해시킬 방법이 없다. 여성직원이 짧은 옷을 입었다고, 머리가 짧다고 항의하는 상황을 당해보면 고개를 저으며 실감하게 될 것이다.

이 역시 우리나라의 회사에 근무하려면 외국인 근로자가 스스로 맞춰야 할 문제라 할 수 있다. 그렇다고 알아서 할 때까지 기다리다가는 심각한 문제를 마주하게 될 것이다.

미국의 채용시스템을 공부할 때 보았던 '다양성diversity'이라는 단어를 떠올리게 된다. 조직이 다양성을 수용할 수 있어야 한다는 것이다. 다름을 인정할 수 있도록 외국인이 아닌 한국인 직원들도 교육하고 이해시켜야 한다. 이해만 할 수 있다면 회사의 성공을 함께 만들어가는 훌륭한 동료가 될 수 있다.

이 그림은 Gemini Pro를 이용해 제작되었습니다.

경력단절 여성

부족한 청년의 자리를 대체할 수 있는 또 하나의 히든카드는 경력단절 여성들이다. 훌륭한 인적자원이었던 그녀들이 출산과 육아라는 인류사적인 중대한 사명을 위해 잠시 손을 놓아야 했다. 이제 그녀들이 돌아와서 역량을 발휘할 기회를 원한다.

쉬는 동안 놓친 부분은 다시 천천히 시작부터 메워올 수 있다. 내가 만나본 경력단절 여성들은 쉽지 않은 취업 준비와 진입장벽을 감내하면서 우리가 요구하기 전부터 이런 다짐들을 하고 있었다. 다시 시작하기 위해 치열하게 준비한다. 일을 시작하면 전보다 훨씬 더 힘쓰고 애쓰며 능력을 발휘하는 기대 이상의 사례들을 많이 접할 수 있었다.

지금의 직무를 다시 정리하고 중장년, 외국인, 경력단절 여성들이 할 수 있는 역할들을 준비하자. 인구통계학적 변화에 현명하게 대처하는 우리의 자세가 될 것이다.

1. 청년인구가 감소하고 지방인구는 소멸하고 있다.

2. 제2차 베이비부머 세대가 은퇴기에 들어섰다.

3. 생산인구 감소에 따른 대응

   1) 중장년층을 재고용해야 한다.

   - 40대 중반 이후 비자발적 은퇴자의 절박한 로열티와 풍부한 경험을 활용하자.
   - 이른바 '꼰대 포비아'를 넘어서기 위한 조직 적응 대책이 필요하다.

   2) 외국인 고용

   - 공부하고 체류하며 우리나라의 언어와 문화에 적응한 외국인이 늘고 있다.
   - 글로벌 감각과 신선한 아이디어를 얻을 수 있다.
   - 비자 문제가 외국인 고용을 어렵게 한다.
   - 언어와 문화의 차이는 해결이 쉽지 않은 문제이다.

   3) 경력단절 여성의 귀한

   - 취업 준비와 진입장벽을 감내하면서 일에 대한 각오를 이미 갖췄다.
   - 그녀들은 일 잘하던 훌륭한 인재들이었다.

TO DO

1. 청년인구 감소와 5060세대의 은퇴에 따른 생산인구 감소 대책을 준비해야 한다.

2. 중장년 재고용, 외국인 고용, 경력단절 여성 재고용을 긍정적으로 적극 검토하자.

3. 조직에 잘 적응할 수 있도록 회사와 중장년 등이 함께 각자가 할 수 있는 노력을 준비하고 실천해야 한다.

제**3**장 채용 설계

채용을 설계하는 것은 두 가지를 정의하고 준비하는 것이다. 첫째는 어떤 사람을 채용할 것인지 명확하게 하는 것이다. 둘째는 우리가 원하는 사람을 어떻게 선발할 것인지 방법과 절차를 정리하는 것이다.

가장 먼저 알아야 하는 것은 '우리가 원하는 사람은 어떤 사람인가'이다. 직무에 대한 전문성으로 지식이나 경험이 필요하다는 것은 누구나 알고 있다. 그렇다면 원하는 사람을 정의할 때 성격에 대한 부분도 정리해야 할까?

성격과 성과에 대한 오랜 학술 논쟁이 있었다. 채용을 할 때 성격을 보아야 하는가의 문제는 결국 성격이 성과에 영향을 미친다는 것으로 정리되었다. 인재를 선발할 때 성격을 보아야 하는 이유는 무엇일까?

로버트 호건 교수가 저술한 〈성격과 조직의 성패〉라는 책을 보면 성격이 형성되는 과정에 따라 DNA에 새겨져 있는 특질과 성장 과정에서 형성되는 성품에 대한 이야기가 나온다.

사교성이나 정서 안정, 충동성 같은 특질은 유전적으로 물려받는 것이고 성장 과정에서 주변의 어른들이 이렇게 대하였느냐에 따라 자존감과 권위에 대한 인정이 형성된다는 것이다. 자존감은 어려운 상황을 이겨내는 인내와 적응으로 드러나게 되며, 권위에 대한 인정은 성실성과 충성심과 같은 성격을 형성하게 된다는 것이다.

그 책을 읽고 나는 채용에서 확인하고 평가해야 할 것들을 세 가지로 구분하였다.

첫째, 물려받는 것으로 다른 사람에 대한 사교성과 정서적 안정을 보는 것

둘째, 형성되는 것으로 자존감과 성실성, 충성심 같은 것

셋째, 쌓아가는 것으로 전문적인 지식과 정보 그리고 경험 같은 것이다.

전문적인 지식과 정보들 그리고 경험은 묻고 확인할 수 있다.

구분	평가 항목	비고
물려받은 것	다른 사람에 대한 사교성과 정서적 안정	변할 수 없다
형성되는 것	자존감, 성실성, 충성심	변하기 힘들다
쌓아가는 것	전문적인 지식, 정보, 경험	

그러나, 물려받거나 형성되어지는 성격은 쉽게 바뀌지 않을뿐더러 바꾸려는 시도를 공격으로 보고 오히려 더 큰 부작용을 초래할 수 있다는 호건 교수의 말을 기억해야 한다. 바꿀 수 없다면 채용할 때 잘 걸러내는 수밖에 없다.

이번에 우리는 기획팀에 새로운 신입사원을 채용하려 한다. 자, 과연 기획팀에 필요한 신입사원은 어떤 사람인가? 어떻게 우리가 원하는 사람인지 알아볼 것인가? 이 두 가지를 정의하고 일정과 방법을 계획하는 것, 그것이 채용을 설계하는 것이다.

1 어떤 사람을 뽑을 것인가?

앞서 언급한 바 있지만, 채용을 설계할 때 가장 먼저 정의해야 할 것은 '우리가 원하는 사람이 누구인가 하는 것'이다. 이 중요한 문제를 외면한 채 채용 개선 컨설팅을 의뢰하는 경우가 많다. 단순히 동종업계 우량기업들의 우수한 사례들을 적용해 달라는 바람들 앞에 답답한 심경을 숨긴 안타까운 순간들이 많았다.

그 회사들의 입장은 이해한다. 대부분의 회사들은 이렇게 이유를 설명한다. "대표이사가 새로 부임하셨고 회사의 인재상은 그 분의 미래상이 반영되어 바뀌었다", 아니면 "현재 채용방식은 그동안 잘 안 맞는 사람들이 종종 섞여 들어온다. 그 사람들 때문에 힘든 일이 있으니 채용을 바꿔야 한다", 또는 "우리 회사의 채용방식이 좀 구식인거 같다. 다른 회사들은 이런 저런 채용방식들이 있다던데 우리 회사도 좀 바꾸면 좋겠다".

이유야 다양하지만 문제는 채용전형의 방식만을 보고있거나 아니면 온라인 채용 시스템민 바꾸면 해결될 것이라고 단순하게 생각한다는 것이다.

그래서 항상 묻게 된다. "어떤 사람을 뽑고 싶으신가요?" 돌아오는 대답은 우리가 교과서에서나 흔히 보던 좋은 단어들이 넘쳐난다. 책임감, 도전 정신, 창의력, 미래 지향 등등 더 말할 것도 없이 좋은 단어들이지만, 두 가지 문제점을 가지고 있다.

첫 번째는 너무나 추상적이라는 것이다.

도덕적인 사람, 도전적인 사람, 창의적인 미래 인재 등등 좋은 말들이야 많지만 실제로 어떤 사람인지 구체적인 사례를 들어 달라 하면 딱히 예시는 없다. 요청하는 회사가 막연하게 생각하는 좋은 사람을 답한다. 심지어 만나는 사람마다 이야기하는 좋은 사람의 요건도 다르다. 이런 의뢰를 받고 상세 요건을 확인하다 보면 명확한 밑그림을 그릴 수가 없다. 결국엔 그럭저럭 보기 좋은 이론과 우수 사례들로 내용을 채울 수밖에 없다.

두 번째는 회사 전체를 대상으로 한다는 것이다.

앞서 컬처핏 트렌드를 설명하며 언급하였다. 회사 전체에 적용되는 인재상은 심하게 말하면 헛된 망상이다. 모든 직무에 창의력이 중요한가. 모든 조직이 도전적이어야 하는가. 그건 아니다. 대외 섭외와 협력을 맡는 부서와 사업의 전략을 기획하는 부서가 같은 사람을 원하고 있을 리 없다. 관계역량이 좋은 사람이 분석력까지 뛰어나길 바라는 것은 비현실적인 욕심이다.

우리는 일 잘하고 오랫동안 함께 일하고 싶은 사람을 영입하는 채용담당자이다. 길거리 캐스팅을 하더라도 여러차례 오디션을 통해 노래 잘할 사람, 예능 잘할 사람을 구분하고 확인해야 한다. 막연한 기준으로 채용을 진행해 놓고 그 사람이 인재이길 바라는 것은 아무나 데려다 자리만 채우는 것과 결과적으로 다르지 않다. 우

리는 군중 씬Scene을 채울 엑스트라를 찾고 있는 게 아니라 주연배
우를 찾고 있는 것이다.

인성과 전문성 ———————————————————

채용에서 확인해야 할 것은 전문성과 인성이다.

전문성은 자기 일을 잘할 수 있는 역량이다. 일에 대해서 잘 알
고 상황에 대처할 수 있는 경험을 갖추고 있는 것이 전문성이다. 새
로운 일을 만나도 과거에 축적된 문제 해결 경험과 노하우로 일을
해치울 수 있는 능력이다.

인성은 오랫동안 함께 일을 할 만한 태도이다. 자신의 일에 적
극적으로 임하고 결과에 책임지는 태도이고, 함께하는 동료들과
팀웍을 만들어내고 일할 분위기를 끌어올리는 역량이다.

둘 중에 무엇을 보아야 할까?

몇 년 전 스타트업 모임에서 성장 가능성이 높은 스타트업의 대
표를 만났다. 내가 사람인에 재직한다는 사실을 알게 되자 대뜸 채
용 문제부터 물어 왔다. 역시 늘 하던 같은 질문으로 응수했다. 어
떤 사람을 뽑고 싶으시냐고. 스타트업 대표는 '다 필요 없다. 일만
하면 된다. 일할 줄 아는 사람 좀 소개해 줄 수 없나'라고 말했다. 그
도 그럴 것이 스타트업은 항상 사람이 부족하다. 게다가 근로조건
이 불리하고 인지도가 부족하니 원하는 수준의 인재를 모셔올 수가

없다. 그래서 창업자들이 처음부터 끝까지 다 해야 하는 힘든 상황을 겪고 있다. 육체적으로도 힘들고 정신적으로도 지쳐있다. 자신들의 일을 덜어줄 수 있는 전문성이 높은 인재가 절실하게 필요한 것이다.

몇 년 뒤 그 스타트업의 대표를 다시 만났다. 2,000억 원이 넘는 투자를 유치하며 회사를 수백 명의 조직으로 키워냈다. 이젠 어엿한 성공한 사업가가 되어 있었다. 나는 다시 물었다. "요즘도 채용이 급하신가요?" "요즘도 일만 잘하면 되나요?". 대표의 대답은 이젠 아니란다. 인성이 제일 중요하단다. 왜 이렇게 변했을까? 그동안 뜨거운 맛을 본 탓이다. 팀장 밑에 차석 한 명을 잘못 뽑았더니 매번 팀장과 싸우다 결국 팀장이 그만두게 되었다. 막아주던 팀장을 잃게 되자 결국 팀원들도 모두 떠났다. 결국 그 차석도 회사를 떠났다. 그 팀이 망가진 것이다. 갑작스런 팀 소멸이 생기니 그 팀이 해오던 일이 공중에 붕 떴다. 중간 과정이 사라지니 회사 전체가 난리를 한번 겪게 된 것이다. 그 덕에 대표는 '인성우선주의자'가 되었다.

이 사례를 통해서 알 수 있듯이, 어떤 사람을 뽑을 것인가를 고민할 때 가장 먼저 생각해야 하는 것은 '우리와 어울려 함께 일한다'는 바로 그 부분이다. 인성적인 측면이 중요하다. 최근 컬처핏 트렌드의 핵심이 바로 이것이다.

〈하이어링Hiring for Attitude〉의 저자이자 리더십IQ의 설립자인 마크 머피Mark Murphy는 인재들을 연구한 결과 입사할 때 보유하고 있던 지식과 경험의 유효기간이 길어야 2년이라고 했다. 일에 대해 모르고 입사한 사람들도 2년이 지나면 실무 경험을 통해 처음의 격차를 따라잡는다. 그리고 핵심 인재는 그 이후에 드러난다. 끊임없는 목표설정, 동기부여, 사명감이 핵심인재로의 성장 여부를 결정 짓는다는 것이다.

나는 이와 관련된 확실한 경험이 있다. 나와 함께 일했던 팀장의 사례이다. 그는 체육특기생으로 대학을 졸업했다. 취업처가 마땅하지 않아 콜센터에 입사했고 열심히 영업하는 자세를 눈여겨본 경영자에 의해 채용 대행 일을 맡게 된다. 그 팀장은 채용을 대행하는 일의 목적은 좋은 사람을 뽑아주는 것이라고 생각했다. 그것을 자신의 사명으로 삼았다. 좋은 사람을 뽑아주려면 알아야 할 것이 많았다. 업계의 전문가를 만날 때마다 묻고 배워 나갔다. 인·적성 검사에 관심을 갖게 된 것도 같은 이유이다. 그리고 한참 뒤 사람인에 입사해 팀장이 되었다. 사람인에서 인·적성검사 개발 전문가들이 새로운 상품을 만들면 가장 먼저 그 팀장을 찾아가 묻는다. 고객의 필요 관점에서 가장 정확한 진단을 내려줄 전문가가 되었기 때문이다. 그 팀장은 몇 년 뒤 독립하여 어엿한 사장님이 되었고 현재도 사람인의 협력사로 도움을 주고 있다.

무엇이 그 팀장을 핵심인재로 성장시켰는가? 그가 품었던 사명감이다. 그 진정성이 그를 전문가로 키워낸 것이다.

인성, 무엇을 보아야 할까?

사람인이 새로운 인성검사를 개발할 때 100대 기업의 인재상을 조사한 적이 있다. 그 결과로 개발한 것이 F.I.T.^{fit in test}이다. 100대 기업의 인재상을 work DNA라 명명하고 그 기준에 맞추어 응시자의 수준을 백분율로 표시하였다. 100대 기업의 인재상을 조사해 보니 크게 네 가지로 나눌 수 있었다.

첫 번째, 성과지향이다. 성과를 만들어내려고 노력하는 자세. 성과를 만들기 위해 실행력과 적극성 그리고 전문가 마인드를 갖추어야 한다.

두 번째, 성장지향이다. 끊임없이 목표를 지향하고 도전적이고 열정적인 자기성장의 의지를 갖추는 태도이다. 성장을 위해 도전과 창의, 동기부여와 같은 특징을 갖추고 있어야 한다.

세 번째, 일을 대하는 태도이다. 주인의식과 윤리의식을 기반으로 책임감과 성실성을 발휘하는 것이다.

네 번째, 관계역량이다. 공동체 구성원들과 소통/협업을 통해 문제를 해결하는 것과 고객지향적인 사고를 갖추는 것이 필요하다. 이를 위해서 소통능력과 팀웍 그리고 고객지향성을 갖추고 있어야 한다.

Competency	Description	Sub-Scale
성과역량	적극적이고 주도적인 실행 중심의 전문가 마인드와 의식을 갖춤	실행력 적극성 전문가 마인드
성장역량	끊임없이 목표를 지향하고, 도전적이고 열정적인 자기 성장 의지를 갖춤	도전/창의 동기부여 성장의지
태도역량	주인의식과 윤리의식을 기반으로 올바른 직업관과 태도를 갖춤	주인의식 윤리의식 직업관
관계역량	공동체 구성원들과 소통/협업을 통해 문제를 해결하고 고객지향적 사고를 갖춤	커뮤니케이션 팀웍 고객지향

나는 회사의 규모와 상관없이 우리가 확인해야 하는 인성의 영역은 위와 같은 4가지라고 생각한다. 성과를 만들어내려 하고, 성장을 꿈꾸며, 일에 진정성을 가지고, 함께 어울려 일할 수 있는 사람인가. 네 가지 인성요소의 우선순위는 회사마다 다르겠지만 어느것 하나 빠지면 안 될 중요한 인성들이다.

전문성, 무엇을 보라는 것일까?

전문성은 일 자체에 대한 지원자의 해결 역량이다. 전문성은 입사할 때 가지고만 있는 것으로는 부족하다. 모든 지식과 정보, 경험은 유효기간이 있다. 더 높은 전문성을 지향하는 자세가 있어야 미래를 기대할 수 있는 인재다.

전문성이 구축되기 위해서 우선은 입사할 당시에 필요한 전문성을 갖추고 있어야 한다. 아무것도 모르는 사람에게 어떤 소리가 들린들 그것이 정보가 될 수 있겠는가. 아는 만큼 보이고, 아는 만큼 들리는 법이다. 그래서 직무에 필요한 기본지식이 필요하다. 또 일과 관련된 직간접의 경험이 있어야 한다. 이것이 정보인지 여부를 알기 위해 기초적인 전문성을 갖추고 있어야 한다.

처음부터 가지고 시작한 것은 시간이 경과함에 따라 효용성의 한계를 만난다. 그 한계를 극복하려면 새로운 지식과 정보, 경험을 얻을 수 있는 채널이 있어야 한다. 전문지를 본다거나 전문가들과 교류한다거나 아니면 유튜브를 보더라도 직무에 대한 관심을 가지고 쓸모 있는 정보들을 자신에게로 끌어들여야 한다.

끌어들여서 쌓은 정보들을 잘 정리하는 것도 필요하다. 방치되어 있으면 나중에는 그것이 있었다는 사실마저도 잊게 된다. 필요할 때 꺼내 쓸 수 있도록 구분하고 분류하여 잘 저장하는 것도 전문성의 발현을 위해 필요하다.

그리고 가장 중요한 것은 전문성을 발휘하는 것이다. 구슬이 서 말이라도 꿰어야 보배다. 예전 인사팀장 시절에 동행하던 사장님이 갑작스럽게 노동법에 대해 물어왔다. 갑작스런 질문에 답이 떠오르지 않았다. 사장님은 "아, 잘 모르는구나"라며 웃고 넘어가 주었지만 나는 굉장히 억울했다. 당시 온라인 커뮤니티에서 노무사 수준으로 댓글을 달며 나름 유명세를 얻고 있었던 터라 노동법은 꽤나 자신 있었다. 그래도 필요한 때에 답하지 못했다. 답하지 못한 건 그냥 모르는 것이 된다.

가끔 보면 재야의 고수라고 불리는 인사쟁이들이 있다. 몇 마디만 나눠봐도 도대체 저 지식의 깊이가 어디까지인가 나 역시도 감탄할 정도이다. 그런데 그 고수가 영 자리를 잡지 못하고 굴지의 대기업에서부터 차츰차츰 작고 보잘것없는 곳으로 옮겨다니는 것을 본다. 주변의 말을 들어 보니 아는 것이 많아서 말은 잘 하는데 실무적으로 펼쳐내지는 못해 아섭다는 평이다. 서두는 장황한데 대안을 말하지 못하는 것은 책으로 배운 활자지식의 한계점이다. 연애도 책으로 배운 것은 실제로 큰 도움이 안 된다. 잘 써먹을 수 있어야 전문성이다. 못 써먹으면 말만 번드르한 것에 불과하다.

그래서 우리는 전문성을 묻는 질문에 발휘한 사례를 묻는다. "저 잘 알고 있습니다"와 같은 대답은 문제 해결에 도움이 되지 않는다. 인정받을 수도 없다. 알고 있는 것은 발휘될 때에만 비로소 전문성이 될 수 있다. 전문성을 지닌 채용면접관들은 직무와 관련된 전문성이 발휘된 사례를 묻는다. 발휘되는 과정을 다시 꼼꼼하게 점검한다. 정보를 활용하고 판단하는 것. 경험을 되살려 일을 해내고 성과를 만들어내는 것이 진정한 전문성이기 때문이다.

직무 전문성 역량 구성

Competency	Description	behavioral indicators
Base on	직무와 관련된 기초지식과 경험을 보유한다.	직무 전공 학습 대표 사례 이해, 직·간접 경험
Get in	직무 관련 정보를 취득한다.	Issue, Trend 정보채널 보유, 필요 정보 판단
Build up	직무 강점으로 축적한다.	지식체계 구축 지속성, 차별화, 연계성, 확장성
Use at	전문성을 활용하여 성과를 만든다.	상황 판단 기획, 제안, 설득, 실행, 운영

이번에 채용할 사람은 어떤 사람인가(must have와 우선순위) ——

인성과 전문성에서 갖추어야 할 것들을 살펴보았다. 우리는 모든 것을 다 갖춘 사람을 원한다. 하지만 모두 다 갖춘 사람은 신화 속에서만 존재할 수 있다. 그래서 우리는 원하는 역량에 대한 must have와 우선순위를 고려해야 한다.

이번에 채용담당자를 주니어급으로 채용하고자 한다. 채용담당자가 갖추어야 할 요건들을 정리해 본다. 채용공고를 올릴 줄 알아야 하고 서류전형, 면접전형의 일정을 정리할 줄 알아야 한다. 인·적성검사 솔루션도 설정하고 운영할 줄 알아야 한다. 인성은 또 뭐가 있나? 친절한 소통이 되어야 하고, 정확해야 한다. 앞으로 채용은 관련법도 솔루션도 알아야 할 것이 많으니 학습지향성도 갖추어야 한다. 그리고 절대로 책임감 없이 손을 놔버리면 안 된다. 지원자를 무시하거나 개인적으로 매력을 느껴 이성으로 대해서도 안 된다. 생각을 좀 더 길게 하면 필요한 것들과 절대 없어야 할 것들이 수북하게 쌓일 것이다.

이제 쌓여진 기준들을 다시 보자. 이런 자격은 있으면 좋긴 하지만 회사 내에 다른 사람들로 보완할 수 있으니 꼭 필요한 것은 아니다. 하지만 이런 경험은 회사에서 채울 수가 없으니 꼭 필요하다. 등등의 등급이 나누어질 것이다. 모든 채용에서 같은 기준일 수 없다. 그때의 상황에 따라서 꼭 필요한 것과 있으면 좋을 것 그리고 절대 없어야 할 문제점과 그래도 좋은 팀장이 있으니 감내할 수 있는 것으로 나누어진다. 이것이 우선순위이다. 우선순위를 정해서 '꼭'이라는 단서가 붙는 것을 반드시 확인해야 한다. 그것이 이번 채용에 활용될 실질적인 인재상이다.

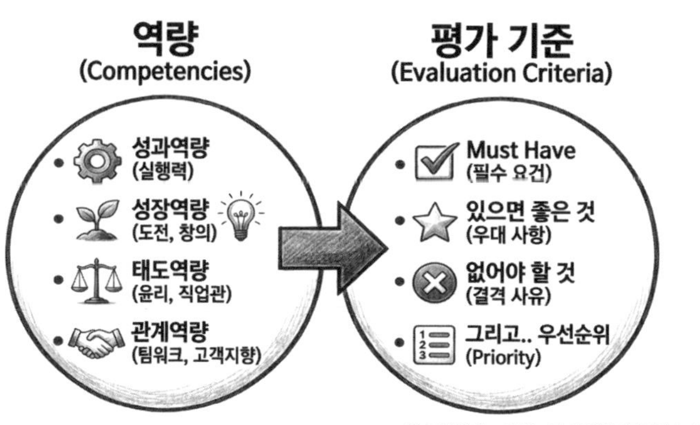

이 그림은 Gemini Pro를 이용해 제작되었습니다.

정리하자면, 어떤 사람을 채용할 것인가를 먼저 정해야 한다. 채용 기준에는 인성이 먼저다. 성과지향, 성장지향, 일을 대하는 태도와 관계역량과 이를 구성하는 세부요건을 고려해야 한다. 전문성은 발휘될 때에만 의미가 있다. 어떻게 발휘되어야 하는지를 정의해야 한다.

그리고 있으면 좋은 것과 꼭 필요한 것을 구분하여 우선순위를 정하자. 이렇게 정리된 우선순위가 이번 채용의 실질적인 인재상이다.

이 그림은 Gemini Pro를 이용해 제작되었습니다.

1. **채용 설계는 어떤 사람을, 어떻게 찾을 것인지 방법과 절차를 정리하는 것이다.**

2. **어떤 사람을 뽑을 것인가**
   - 채용할 사람에 대한 정의는 추상적이거나 회사 전체를 대상으로 하면 실용성이 없다. 직무별로 구분하여 보아야 한다.
   - 인성과 전문성을 보아야 한다. 전문성이 부족하면 자기 일을 못하고 인성이 불량하면 조직을 망칠 수 있다.

3. **인성의 평가 영역**
   1) 성과지향성: 성과를 만들어내려고 노력하는 자세
   2) 성장지향성: 목표와 도전을 지향하는 열정적인 자기성장의 의지
   3) 일의 자세: 주인의식과 윤리의식을 바탕으로 책임감과 성실성 발휘
   4) 관계 역량: 동료와 소통·협업하며 팀웍을 만들어가는 태도

4. **전문성 평가**
   1) 기본지식을 보유하고 있어야 한다.
   2) 새로운 정보와 지식을 취득하는 채널이 있어야 한다.
   3) 확보된 지식과 정보를 체계적으로 축적해야 한다.
   4) 필요할 때 발휘할 수 있어야 한다.

5. must have와 우선순위

1) 꼭 필요한 것과 있으면 좋을 것을 구분하고 우선순위를 정해야
한다.

2) 우선순위에 따라 채용전형을 설계하고 평가표를 만들어야 한다.

TO DO

1. 채용해야 할 인재의 요건을 인성과 전문성으로 나누어 구성하자.

2. must have와 우선순위를 정리하여 각 전형별 평가표 등에 반영
하자.

어떻게 뽑을 것인가?

앞장에서 어떤 사람을 채용할 것인가를 정리했다. 이제 남은 문제는 '그런 사람인지 어떻게 확인할 것인가' 하는 것이다.

채용 매트릭스

작은 의자를 하나 만들 때도 설계도가 필요하다. 정확한 치수와 모양을 잡아두어야 제대로 각잡힌 의자를 만들 수 있다. 채용에도 이런 설계도가 있다. 이것을 채용매트릭스라고 한다. 채용전형과 채용평가의 기준을 정리한 것으로 아래의 요약된 표를 참고하면 이해가 쉽다.

채용매트릭스 요약 예시

전형	전문성			인성		
	지식	경험	기술	자기개발	협의조정	대인관계
서류전형	○	●	○	○		○
인성검사					○	●
1차면접	●	○		○	●	
실기 test	●	○	●			
2차면접		●		●		●

채용매트릭스란, 이번 채용에 평가해야 할 역량을 각각의 전형에서 어떻게 나누어 볼 것인지 정리한 것이다. 하나의 전형에 모든 역량을 평가하는 것은 좋은 방법도 가능한 방법도 아니다. 단 한 번의 면접에서 전문성과 인성의 모든 영역을 보겠다고 하면 결과적으로 '전반적으로 살펴볼 때 지원자 맘에 들어!'와 같은 느낌평가에 그칠 수 있다. 과도한 욕심은 그저 욕심으로 그치게 된다. 하나의 전형에 너무 많은 요소들을 평가하지 않도록 4가지 정도의 평가항목으로 구성할 것을 권장한다.

또한 객관적이고 입체적인 평가를 위해서 하나의 역량이 단 하나의 전형에서만 평가되는 것도 불안하다. 적어도 두 번은 평가할 수 있도록 하여 재검증되도록 하면 더 입체적인 평가결과를 기대할 수 있다. 특히 서류전형에서 확인한 내용은 사실 여부와 상세내용을 지원자에게 확인할 수 있도록 다시 한 번 더 평가되어야 한다.

인성평가의 방법

인성을 평가하는 가장 흔한 방법은 뭘까? 사실 인성을 본다는 전형은 대부분 면접이다. 면접에서 질문에 답하는 태도를 보고 인성을 가늠하겠다는 것이다. 나는 묻고 싶다. 그렇게 사람을 잘 알아볼 수 있는지. 나는 자신이 없다. 내가 채용했던 직원들이 모두 훌륭했던 것도 아니고 오히려 반대의 경우로 애먹었던 기억도 더러 있으니 어떻게 자신할 수 있겠나. 나름대로 채용에 대해 꽤 전문가라고 불리는 나도 그런데 무슨 자신감으로 면접에서 인성을 확인하겠다는 건지 잘 이해가 가지 않는다.

우리의 현실을 보자. 대부분 면접에 들어가는 면접관은 안타깝게도 면접전문가가 아니다. 현업의 팀장들 그리고 사장이나 임원들이다. 그들은 자기 나름의 잣대를 기준으로 무언가를 마구 묻고 통합적인 판단을 한다. 인성에 대한 평가 의견을 물으면 괜찮은 사람 같다는 대답만 돌아온다.

면접에서 성실성을 확인하겠다고 계획했다 치자. 성실성이 무엇인지 명확하게 알고 면접에 들어가는 건가? 성실성을 정의하는 여러 가지 좋은 말들이 많지만, 나는 성실성과 책임감의 차이를 통해 설명한다. 책임감과 성실성을 구별해 보면 어떻게 다를까? 책임감도 성실하게 자기책임을 다하는 것이요. 성실성도 책임감을 가지고 성실하게 임하는 것이다. 이 정도로 설명했다면 사실 책임감과 성실성을 구분하지 못한 것이다. 책임감과 성실성의 다른 점은 시간이라는 관점에 있다. 어려운 상황에서도 주어진 일을 잘 마쳤다면 책임감이기도 성실성이기도 하다. 그 일이 2일짜리였다면 책임감일 수는 있지만, 성실성이라고 할 수는 없다. 성실성이란 '어느 정도의 기간'이라는 시간적인 전제가 포함되어있다.

역량의 정의를 모르는 것과 더불어 우리 회사 면접관의 또다른 문제점은 구체적으로 어떤 행동을 보일 때 성실성을 평가할 수 있는지 기준을 모른다는 것이다. 이 기준이 바로 앞서 설명한 행동지표이다. 성실성이 발현되려면 먼저 왜 그 일을 해야 하는지 확실한 이유가 있어야 한다. 그다음 성실하게 완수하기 위한 자신의 노력이 필요하다. 그래서 이유와 방법을 물어야 한다.

면접관이 정말 철저하게 준비했다 하더라도 어려운 문제는 남는다. 지원자가 질문의 의도를 눈치 챌 경우 지원자는 면접관이 원할 것 같은 정답을 말할 것이다. 오래전 기억을 떠올려 보면 우리도 마찬가지였다. 면접장에서 면접관이 원하는 대답을 하려고 노력했었다. 정답을 말하려는 성향은 누구나 마찬가지라서 솔직한 답변을 들어야 평가할 수 있는 도덕적인 부분은 사실여부를 확인하기 어렵다. 거짓말에 속아 평가할 수 있다는 말이다.

인성을 평가하는 다양한 방법들

인성을 평가하는 다양한 방법들 중 가장 먼저 떠오르는 것은 인성검사이다. 인성검사의 유래나 의미에 대해서는 2장에서 설명하였으니 생략하기로 한다. 다만, 인성검사는 비용이 좀 들더라도 좋은 검사를 사용해야 한다. 좋은 검사는 최신 문항과 최신 심리이론으로 무장된 검사이다. 오래된 문항과 이론적 배경이 현재와 맞지 않는 것은 당연하다. 최신 이론을 바탕으로, 현재의 언어로, 최신의 페이킹(거짓응답을 가려내는) 장치가 갖춰진 검사를 이용해야 한다.

인성검사 다음으로 떠오르는 것은 관찰평가이다. 과거에는 합숙면접도 많았다. 실제 생활하는 모습을 옆에서 지켜보고 판단하는 것으로 당연히 타당도 높은 평가를 기대할 수 있다. 하지만 비용과 시간이 문제다. 최근 면접과정에서 관찰의 영역을 확대하는 변화가 있다. 예를 들면 이런 방식이다. 지원자 6명을 한 개의 조로 구성한다. 지원자들에게는 조별과제와 개인과제가 부여된다. 전체 조원들이 함께 있을 때는 조별과제를 수행한다. 인성면접 등으로 한 명씩 자리를 이탈하게 되면 남은 조원들은 개별과제를 수행한다. 개별과제와 조별과제에 임하는 태도를 관찰하며 협력, 책임감 등을 관찰할 수 있다. 질문으로는 절대 확인할 수 없었던 진실을 마주하고 판단할 수 있다.

심층인터뷰 기법도 있다. 일단 오랜 시간 대화한다는 것이 강점이자 허들이다. 오랜 대화를 통해 심리진단을 하듯이 지원자의 생각과 태도를 듣고 판단하는 것인데, 이런 심층인터뷰가 가능한 면접관을 찾는 것부터 어려움이 따른다. 전문면접관 자격을 소지한 많은 면접관들 중에도 심층인터뷰까지 가능한 경우는 극히 소수에 불과하다. 또 인터뷰의 결과를 객관적으로 검증하고 확인하는 것도 어렵다.

레퍼런스 체크라는 좋은 방법도 있다. 함께 일해본 사람들에게 묻는 것으로 오래 지켜본 사람들이 말하는 진솔한 평가라면 믿을 수 있다. 아쉬운 점이라면 우리나라 사람들이 남에게 손해를 끼칠 수도 있는 좋지 않은 이야기는 꺼리는 경향이 있기 때문에 진실이 드러나지 않는다는 것과 적정한 평판 의견을 들려줄 레퍼러를 구하기 힘들다는 어려움도 있다. 그리고 가장 큰 문제는 신입사원이나 주니어에게는 레퍼런스가 있을 수 없다는 것이다.

최근에는 온라인 솔루션을 이용한 레퍼런스체크가 활성화되고 있다. 사람인에도 있다. 상품명이 '레퍼런스체크'이다. 스타트업 상품 중 주목받고 있는 '스펙터'라는 솔루션도 있다. 레퍼런스 정보를 데이터베이스화하여 빠른 회신이 가능하다는 장점도 있다. 또 오랫동안 서비스를 제공한 위크루트라는 중소기업의 '체커'라는 상품도 있으니 참고하시기 바란다.

인성검사 상품들

위의 다양한 인성평가의 방법들 중에도 가장 추천할 만한 것은 인성검사이다. 도입과 운영이 쉽고, 오랜 세월 학문적으로 검증되고 데이터로 확인된 과학의 힘이 축적되어 있기 때문이다.

인성검사라고 하면 가장 먼저 떠오르는 것이 GSAT이다. 삼성의 인·적성검사로 응시생도 많다. 현대차 그룹의 HMCT를 비롯하여 LG, SK 등 국내 대기업에서 시행하는 인·적성검사가 많다.

이들 대기업의 검사는 인성검사라고 하지 않고 인·적성검사라고 한다. 인성검사와 인·적성검사의 다른점은 문제풀이형 문항이 있는가이다. 대기업들의 인·적성검사를 들여다보면 우선 엄청난 지문의 양에 놀란다. 상황을 설명하는 지문을 모두 읽고 문항에 답해야 하는 문제들은 엄밀히 인성검사는 아니다. 인지능력이나 실무 상황에서의 문제 해결 능력을 묻는 일종의 시험문제로서 적성검사나 직업능력검사 등으로 불린다. 지문이 많은 이유는 해당 기업의 직무 상황에서 발휘될 역량을 검증하려는 목적 때문이다.

대기업이나 그룹이 개발하는 맞춤형 인·적성검사가 있는 반면에 범용검사도 있다. 앞서 소개한 사람인의 FIT검사도 여기에 해당한다. 보통의 검사지 하나로 어느 기업에나 어떤 직무에나 검사를 진행한다. 개발비가 없는 만큼 도입 비용도 저렴하다. 시중에 얼마나 많은 인성검사 상품이 있는지 가늠할 수 없다. 상품의 질을 논외로 한다면 어지간한 HR분야 컨설팅업체들은 어렵지 않게 만들어낼 수 있을 만큼 오픈된 소스가 많다. 그 많은 상품 중 좋은 검사를 선택하는 것은 채용담당자의 몫이다. 저렴한 상품보다는 좋은 상품을 도입하면 좋겠다. 본래의 목적이 좋은 사람을 가려내는 것이기 때문에 목적을 달성해줄 수 있는 인성검사인지 확인하고 선택해야 한다.

MBTI에 대하여

인성검사 주제가 나온 김에 2021년 채용시장에도 불어닥쳤던

MBTI에 대해서도 다루어 본다. 단도직입적으로 묻겠다. MBTI는 채용에 적합할까? 내 대답은 '아니오'이다. MBTI가 채용에 적합하지 않은 이유는 개인의 성향 중 강한 부분을 표시하는 것일 뿐 지원자들 간의 비교는 제공되지 않는다는 것이다.

MBTI에서 첫 자리에 위치하는 것은 I 또는 E라는 이니셜이다. I는 에너지를 자신의 내부로부터 받는 사람, E는 반대로 외부로부터 받는 사람이다. 우리는 그것을 I는 혼자 있는 것을 좋아하고, E는 어울리는 것을 좋아한다고 쉽게 이해하고 있다.

예능에서 활약하고 있는 숱한 연예인이 있다. 놀라운 것은 그들 중에도 I형이 많다는 것이다. 혼자 쉴 때 에너지가 충전되는 사람들이 카메라 앞에서는 어쩌면 그렇게 외향적으로 보여줄 수 있는지 모르겠다.

MBTI에서 I형이 나왔다면 그것은 응시자의 I의 성향이 E성향보다 크다는 것을 보여주는 것이다. I가 얼마나 크다는 것인지 절대적인 수치로 보여줄 수는 없다. MBTI는 A라는 연예인이 B라는 연예인보다 외향적 성향이 큰지 작은지를 비교해 주지 않는다. 오직 응시자 개인 단 한사람의 I성향과 E성향을 비교해 어느 쪽이 얼마나 더 큰가만 보여준다.

그런데 채용은 지원자들을 비교하여 우리가 원하는 인재상에 가장 가까운 사람을 선택하는 것이다. MBTI는 그런 비교를 허락하지 않는다. 양자 비교와 선택에는 참고할 수 없다. 팀원에 대한 관리 차원에서 팀원의 성향을 이해하고 배치하기 위해 참고할 수 있는 참고자료에 불과하다.

전문성을 평가하는 다양한 방법

대부분 전문성을 묻는 평가 역시 면접전형에서 이루어진다. 민간의 회사들이라면 사실 그 방법밖에 없는 것이 현실이다. 전문성을 면접에서 확인하는 것이 과연 쉬운 일일까? 대부분의 면접관들은 무엇을 알고 있는지 단순하게 질문한다. 지식의 깊이나 범위를 모두 파악하는 것에는 시간과 평가자의 한계가 있다. 두루두루 다 깊이 있게 물어보려면 준비도 철저하고 질문도 많아져야 한다. 지금처럼 20~30분 동안 전문성도 보고 인성도 본다면 무엇하나 제대로 확인할 수는 없을 것이다. 게다가 회사의 면접관들은 질문하는 훈련이 안 돼 있다. 물어야 할 것을 정확히 알지 못하는 문제점과 질문을 제대로 하지 못하는 문제점이 직무면접에도 똑같이 남아있다. 질문하는 방법과 면접관에 대한 교육은 다음 장에서 다루어 볼 것이고 여기서는 전문성을 평가하는 대표적인 평가기법을 소개하겠다.

전공시험

전문성을 평가하는 방법으로 가장 흔한 방법이 전공시험이다. 사법고시, 회계사시험과 같은 시험평가들이 이미 우리에게 익숙하다.

시험이라는 방법은 얼마나 유의미할까?

일반적으로 접하는 객관식 시험은 어쩌면 암기력 테스트에 가깝다. 방대한 지식을 얼마나 명확하게 기억하고 있는지 보기에서 골라내는 것이다. 나는 이것을 인지능력이라고 부르지 않는다. 지식복제능력이라고 부른다. 선생님께 배운 것을 답안지 위에 그대로 복사해내는 능력에 불과하다.

지식복제능력이 일을 잘하는 능력으로 직접 연결되지는 못한다. 물론 암기력이 좋다는 것, 기억하고 있는 지식이 많다는 것이 일하는 데 유리한 것은 사실이다. 하지만, 우리가 일하면서 마주하는 문제들은 배운 대로 풀어갈 수가 없다. 문제를 인식하고 핵심을 파악하고 대안을 수립하는 과정은 암기력보다는 사고력에 가깝다.

그래도 논술식 시험은 좀 나은 편이긴 하다. 문제의 수준에 따라 다르긴 하지만 현실적인 문제상황을 앞에 두고 자신의 지식을 적용하여 논술로 풀어내는 것은 지식복제를 넘어서 적용이나 활용의 영역에 해당하기 때문이다.

과제형 면접 (발표면접 또는 in-basket)

나는 전문성을 평가하는 방법으로 발표면접이 더 우수하다고 생각한다. 발표면접은 제공된 과제를 바탕으로 문제를 발견하고 핵심을 파악하고 대안을 수립하는 과정을 그 결과물을 통해 관찰할 수 있게 해주기 때문이다.

A/C^Assessment Center^(평가센터) 기법 중 하나인 in-basket(서류함 기법)과 같이 보고서 형태로 작성해 제출하도록 하고 문서를 평가할 수도 있다. 말로 하는 것도 문서로 하는 것도 모두 소통능력에 해당한다. 회사에서는 문서로 하는 것이 더 흔한 일이기도 하기 때문에 문서로 제출하도록 한다면 논술시험처럼 필기시험시간에 운영할 수도 있다. 필기시험이 없는 민간의 회사들이라면 온라인으로 직접 받아도 된다. 인터넷이나 AI의 도움을 받는 것도 현재 필요한 직무능력이니 도움을 받은 것 자체가 문제가 되지는 않을 것이다. 다만, 그것이 진짜 실력인지 확인하기 위해 면접과정에서 세부내용과 주장하는 주제를 다시 확인할 필요가 있다.

전형의 순서와 일정

전형의 방법을 선택했다면 마지막으로 해야 할 일은 순서를 정하는 것이다.

서류, 필기, 실기, 일반면접, 시뮬레이션 면접 등 다양한 전형방식 중 어떤 방식을 앞에 두고 뒤에 둘 것 인지를 결정해야 한다.

채용은 확률을 높여가는 게임이다. 전형의 순서를 성하는 기준은 타당도이다. 타당도는 기대했던 결과를 얻을 수 있는 확률이라고 간단하게 설명할 수 있다.

이번에 한국상사라는 회사가 30명의 인재를 채용한다고 하자. 지원자를 모집한 결과 3,000명이나 지원했다. 그중에 우리가 채용할 만한 인재가 100명이 있다. 가장 확실한 방법은 모두 다 채용해서 일 년 정도 같이 일해보는 것이다. 누구나 알고 있지만 그렇게 하지 못하는 이유는 비용과 시간의 부담이 너무 크기 때문이다. 면접을 위해 3,000명을 모두 부르는 것도 현실적으로 불가능하다. 면접관을 10명씩 투입해도 한 달이 넘게 걸릴 것이다. 그러면 그 전에 확률적으로 유리하게 후보자를 추려내야 한다.

대부분 가장 먼저 서류전형을 진행한다. 회사의 인재들을 살펴보니 이런 저런 조건을 충족하는 사람이 인재일 가능성이 높다. 전공과 경험같은 스펙 조건들과 자기소개서를 중심으로 3,000명 중 2,000명을 걸러냈다. 그 와중에 지원한 100명의 인재들 중에 15명이 탈락했다. 남은 1,000명을 대상으로 인성검사를 실시한다. 800명이 탈락하면서 다시 25명의 인재가 사라졌다. 이제 남은 지원자 200명을 대상으로 면접을 실시한다. 60명의 인재 중 20명이 탈락해서 최종면접에 올라온 60명 중에 40명의 인재가 남았다. 최종면접은 60명의 후보 중 살아남은 40명의 인재가 남았고 그중에 30명의 인재를 찾아내 채용하는 게임이 된다. 최종면접이 형식뿐이라 할지라도 확률은 2/3로 쑥 올라간다. 면접관이 조금만 제대로 한다면 90% 이상의 확률로 인재들만 가려 뽑을 수 있다.

전형의 순서는 타당도를 기준으로 배치되어야 한다. 타당도는 평가의 의도대로 결과를 얻을 수 있는 확률이다.

각 채용전형들의 타당도를 순서대로 정리해보자면 아래와 같이 제시할 수 있다.

추천서 < 전통적인터뷰 < 인성검사 < 적성검사 < 구조화면접 <

작업표본검사 < 인턴채용

타당도와 비용 부담에 따라 전형의 순서들이 정리되어야 한다. 그리고 지원자들을 남기는 배수 또한 타당도를 기준으로 최소 후보자를 남겨야 한다. 최종 면접의 타당도가 31%에 불과하기 때문에 그 전의 전형까지 충분한 후보를 남겨야 한다. 최종면접관으로 누가 들어가도 괜찮도록 말이다. 100점짜리를 못보더라도 아무리 못해도 90점짜리는 선발되도록 해야 한다. 채용담당자들의 어려움이 많다.

이 그림은 Gemini Pro를 이용해 제작되었습니다.

1. **채용매트릭스**
   - 각 전형단계에서 확인하고 평가할 항목들을 정리한 것이 채용매트릭스이다.
   - 하나의 전형에서 너무 많은 것을 평가하려고 하면 결국 종합적인 인상에 대한 평가에 그칠 수 있다.
   - 하나의 전형에 평가항목은 네 가지 정도가 적당하다.

2. **인성평가**
   1) 인성부분의 평가항목(역량)에 대한 명확한 정의를 이해해야 한다.
   2) 인성을 평가하는 기준은 행동특성인 행동지표로 표현되어야 한다.
   3) 인성을 평가하는 다양한 방법들
      - 인성검사: 최신 이론, 현재의 언어, 페이킹 장치의 조건을 갖춘 검사 선택
      - 관찰평가: 과거 합숙면접시 행동관찰, 토론면접 등
      - 심층인터뷰: 인터뷰 전문가가 필요하다.
      - 평판조회: 레퍼런스 체크, 함께 일해본 사람에게 묻는 것, 온라인 솔루션도 있다
      ※ mbti는 개인 간의 비교평가가 불가능하여 채용에서 사용하는 것은 부적절하다.

3. **전문성 평가**

   1) 전공시험: 객관식 암기테스트보다는 논술식 시험, 전문성 발휘

   를 평가

   2) 과제형 면접: 발표면접 또는 In-Basket 역량평가, 문제 해결 능

   력 평가

4. **전형의 순서와 일정**

   1) 채용은 확률을 높여가는 게임이다.

   2) 전형의 타당도와 비용에 따라 전형순서를 설계한다.

TO DO

1. 인성과 전문성을 평가할 방법을 회사에 맞게 선택한다.

2. 타당도와 비용, 운영시간을 고려하여 절차와 일정을 수립한다.

3 인재를 어디에서 부를 것인가?

나는 인사담당자들의 모임에서 고문 역할을 맡고 있다. 재직하는 회사가 사람인이다 보니 가장 흔히 받는 질문이 역시 채용문제다. 다들 하나같이 채용이 어렵다고 한다. 담당자들이 가장 어려워하는 것은 무엇일까? 충분한 지원자가 없다는 것이다.

자격을 갖춘 지원자가 없는 것은 물론 애당초 지원자 자체가 부족하니 채용이 제대로 진행되지 못하고 몇 달씩 닦달만 당하는 것이 힘들다는 하소연이 이어진다.

공공기관이나 이름난 대기업이 아닌 이상 현재 거의 모든 회사가 똑같은 어려움을 겪고 있다. 사람인 정도면 지원자 모집에 사정이 괜찮지 않냐 묻는다. 내가 맡은 사업본부에 신입을 채용해도 지원자가 예전만 못하다. 전에는 골라 뽑았다고 기억되는데 현재는 눈을 씻고 다시 봐도 힘들다. 똑같은 공고를 몇 번씩 올리는 것은 우리도 마찬가지라고 답해주고 서로를 위로한다.

넋두리를 하자는 것이 아니다. 지원자 모집이 더 잘될 수 있도록 채용담당자가 해야 할 노력이 늘어났다는 것이다.

인재들은 어디에 있나?

모집 단계에서 첫 번째로 알아야 할 것은 우리가 채용하고자 하는 인재가 어디에 있는가 하는 것이다.

사람을 채용하고자 하는 회사는 당연히 취업을 희망하는 사람들이 많은 곳으로 찾아가야 한다. 새벽 일용직들이 모여있는 곳에 승합차가 찾아가서 "미장 2명"을 큰소리로 외쳐 불러야 일할 사람을 차에 태울 수 있는 것과 마찬가지다.

채용포털

다행히도 요즘엔 온라인에 모여있다. 가장 많은 구직자가 모여있는 곳은 단연 취업포털이다. 사람인은 2025년 11월에 평일 평균 220만 명의 방문자가 접속했다. 잡코리아와 원티드도 있다. 전국민의 명함앱이라 말하는 '리멤버'도 채용 서비스를 하고 있다. 회사 평판 사이트인 잡플래닛에도 채용공고를 올릴 수 있다. 각각의 포털들에는 강점들이 있다. 사람인이나 잡코리아는 모든 직무의 지원자들이 있다. 특히 40대 이하의 2030세대가 강하다. 원티드는 IT인재 일자리에 강점이 있고 리멤버는 현재직자들이 가장 많이 드나든다. 회사의 니즈에 맞추어 강점을 골라 쓰는 것이 맞다. 하나만 써야 할 이유도 없다. 필요하다면 두세 군데 동시에 채용공고를 올릴 수도 있다. 비용 부담만 괜찮다면 말이다.

대규모 채용포털에도 약점이 있다. 박사급, 교수급 인재들의 채용은 잘 알고 있다시피 하이브레인넷이라는 강자가 따로 있다. 간호사들은 널스잡이 있다. 외국계 회사에서는 피플앤잡을 많이 사용한다고 한다. 이렇게 특정 직무에 특화된 사이트를 버티컬이라고 부른다. 예시가 될 수 있는 몇몇 사이트를 아래의 표로 정리했다.

직무 분야	사이트명	홈페이지 주소
의료/간호	널스잡 (간호사 전문)	https://www.nursejob.co.kr
의료/보건	메디잡 (의료·보건 전문가)	https://www.medijob.co.kr
건설/기술	건설워커 (건설, 건축, 토목 전문)	https://www.worker.co.kr
IT/개발	로켓펀치 (IT, 스타트업 전문)	https://www.rocketpunch.com
IT/프리랜서	프리모아 (IT 프리랜서 전문)	https://www.freemoa.net
디자인	브랜디드 (디자이너 전문)	https://www.branded.kr
미디어/광고	미디어잡 (미디어, 광고, 홍보 전문)	https://www.mediajob.co.kr
외식/요리	푸드앤잡 (외식, 식품, 조리 전문)	https://www.foodnjob.com
교육/강사	강사나라 (학원 및 교육기관 강사 전문)	https://www.gangsanara.com
금융/증권	파인드잡 (금융 전문, 은행, 증권 등)	https://www.findjob.co.kr
사회복지	복지넷 (사회복지, 요양, 시니어케어)	https://www.bokjinet.net
병원/치과	치과잡 (치과 전문)	https://www.dentjob.co.kr
문화/예술	아트잡 (미술, 디자인, 공연, 전시 등)	https://www.artjob.kr

채용포털을 벗어난 노력들

사람인 재직자의 입장에서 매우 안타깝게도 채용포털에서 모든 직무의 채용을 해결할 수는 없다. 사람인에서 변호사를 채용할 때에도 사람인 사이트만으로는 해결할 수 없었다. 변호사는 변호사협회에 의뢰를 하고 해당 커뮤니티까지 찾아다녀야 했다.

변호사, 회계사, 세무사와 같은 전문직들은 협회에 구직 추천 의뢰를 병행해야 한다. 장애인이나 보훈 채용의 경우에는 해당 기관에 의뢰하는 것이 더 좋을 때도 있다. 마케터나 인사담당자들을 채용할 때는 왕성하게 활동하는 온라인 커뮤니티를 활용하기도 한다.

사람인은 채용을 사업영역으로 삼고 있다. 가장 밀접한 전공이 산업심리학(또는 조직심리학)이다. 이 분야의 인재들을 영입하기 위해 몇 년간 관련 학회를 후원하거나 학회 행사 현장에 참석하면서 인맥을 쌓고 추천을 의뢰하거나 발표를 잘하는 대학원생을 직접 만나 명함을 건넨 적도 있다. 대기업은 글로벌 인재를 채용하기 위해 몇만 킬로미터를 날아가 학술 발표나 세미나에서 인재들을 영입하기도 한다.

우리가 기억해야 할 것이 있다. 예전에는 공고만 올리면 채용할 수 있었다. 추천 의뢰만 하면 지원자들을 확보할 수 있었다. 옛날 얘기다. 요즘은 지원자가 부족하다. 채용포털을 이용하더라도 지원자가 알아서 접수해 주기를 무작정 손 놓고 기다릴 수만은 없다. 직접 인재풀을 뒤지고, 인재가 있을 만한 곳을 찾아가 수소문도 해야 한다. 채용담당자라면 채용할 직무와 관련된 네트워크를 확대해가는 노력도 게을리하면 안 된다.

우리 회사 채용한다고요~

비슷한 규모의 스타트업 두 곳이 채용공고를 올렸다. 한 회사는 충분한 지원자가 몰려든 반면, 다른 회사는 한산하다. 왜 그럴까? 두 가지 문제를 생각해 볼 수 있다.

첫째는 채용공고가 매력적이지 못해서이다.

둘째는 홍보 노력이 부족해서이다.

매력적인 채용공고

설마 요즘도 채용공고에 '사무직 0명'이렇게 올리는 회사는 없을 것이라고 생각한다. 직무에 대한 구체적인 설명 없이 단순히 인원 수만 표기하는 불친절한 공고는 지원자의 외면을 받기 십상이다. 관심을 끌 수 있어야 한다. 입사하고 싶은 매력을 어필하지 않으면서 좋은 사람이 알아서 찾아올 것이라는 기대를 하면 안 된다. 성의 없는 채용공고를 올리는 것은 모집의 효용성을 넘어 염치의 문제이다.

채용공고를 매력적으로 만들기 위해 어떠한 노력들을 하고 있을까? 근무환경을 보기좋게 꾸미고 또 휴게 공간까지 조성해서 회사를 소개하고 있다. 요즘엔 이 정도는 어느 회사나 한다. 참고가 될 수 있도록, 내가 관심있게 보았던 공고들 몇 가지만 소개한다.

한 회사는 퇴직하는 직원의 이야기를 담았다. "이번에 남편이 해외 주재원이 되어서 회사를 떠나게 되었지만 다시 돌아오면 가장 먼저 찾고 싶은 회사"라 말한다. "일하다 답답할 때면 '기분 전환하러 미술관 좀 다녀올게요'라고 말할 수 있는 회사"란다. 함께 일하는 사람들에 대한 자랑들도 있다. 그들의 취미생활과 삶의 행복한 모습들이 소개되어 있는 것을 보니 회사가 절로 궁금해졌다.

또 다른 회사는 일의 내용을 상세하게 설명해 놓았다. 설명들에 이어서 일을 도와줄 전문가들을 소개하고 함께 일하게 되면 어떻게 성장할 수 있는지. 또 회사는 어떻게 도와줄 것인지 읽기 쉽게 소개해 놓았다. MZ세대가 자신의 커리어 성장에 관심이 높다는 것을 제대로 알고 공략한 것이다. 사실 나도 우리 직원을 채용할 때 이런 부분을 차용했었다.

또 기억나는 회사는 스타트업이라 내세울 게 없어 보였는데 투자 유치 상황을 회사의 미래비전으로 활용했었다. 현재 준비하고 있는 서비스에 대해 투자자들이 기대하고 있다는 것과 계속적인 투자 유치로 오랜 기간 안정성을 보장할 수 있는 회사라는 것을 알 수 있었다. 스타트업에 대한 불안을 떨쳐주는 좋은 내용이었다.

앞에서 소개한 매력적인 공고들의 공통점은 회사의 장점을 제대로 파악했다는 것과 채용공고의 수요자인 지원자들의 심리를 이해했다는 것이다. 채용담당자로서 회사의 채용을 성공적으로 이끌기 위해 이러한 고용브랜드를 고민해야 할 것이다.

이 그림은 Gemini Pro를 이용해 제작되었습니다.

공고의 매력뿐만 아니라 채용 과정에서의 경험도 고용브랜드를 결정한다. 접수의 편리성이나 지원 과정에서 접하게 되는 회사의 이미지가 첫인상처럼 각인될 수 있다. 또 채용 과정 역시 지원자에게 배려와 공감으로 친절하게 기억되어야 한다. 사람을 소중히 여기는 회사라는 이미지만큼 좋은 고용브랜드가 또 어디 있겠는가.

접수는 어디서 해요?

접수의 편리성도 중요하다. 지원서를 작성하다가 중도이탈하는 경우도 흔히 있다는 것을 기억하자. 지원서 작성을 상세하게 구성하고 어렵게 해도 되는 회사는 지원자가 너무 많아서 허수지원자를 거르고 싶은 경우에만 해당한다. 지원자 자체가 부족하다면 우선은 지원을 유도하고 꼼꼼한 심사로 옥석을 가리는 것이 맞다.

지원서를 접수하는 방법은 여러 가지다. 우편접수와 같은 예전 방식이 아직도 있지만, 대부분은 온라인으로 진행한다. 채용포털의 접수 시스템도 요즘엔 너무 편리하게 잘 만들어져 있다. 그렇지만 가장 중요한 것은 지원자들이다. 지원자가 입사지원을 할 때 우리 회사의 채용 홈페이지가 따로 구축되어있는 것을 본다면 회사의 채용에 대한 신뢰가 더 높아질 것이다. 지원하기가 편할수록 좋다. 지원자가 현재 어느 평가단계에 도달해 있는지 알 수 있게 해준다면 더 좋다.

채용 경험의 중요성

이런 일들을 가능하게 해주는 것이 소위 ATS이다. 지원자관리시스템이라고 해석할 수 있다. 사람인은 포털 내에 '채용센터'라는 서비스가 구성되어 있고 잡코리아에는 '나인하이어'가 있다. 채용포털이 제공하는 서비스 말고도 그리팅이나 등용문 같은 솔루션도 있다. 대부분은 저렴하거나 무료로 운영된다.

조금 규모가 있는 기업의 경우에는 회사가 직접 운영하는 채용홈페이지도 있다. 사람인의 '등용문'이나 마이다스인의 '에이치닷'처럼 외부의 솔루션을 이용하여 채용홈페이지를 구축하는 방법도 있다. 내부의 채용홈페이지가 좋을 것 같지만 실제로 운영하다 보면 관련 법률이 개정되는 등의 이슈들로 인해 자꾸만 수정사항이 발생할 수 있어서 내부 시스템은 그때마다 대응하기가 힘들다는 단점이 있다. 외주 개발을 하였다면 운영수수료가 더 비쌀 수도 있으니 채용 홈페이지를 구축하려 한다면 비용과 유지보수까지 다각도로 검토해야 한다.

얼마 전 M사의 사례다. 채용담당자가 서류 합격을 알리면서 인성검사 안내 메일을 보내겠다고 했다. 그리고는 다른 일을 하다가 잊어버렸고 그대로 채용은 진행되어 다른 사람이 최종 합격하였다. 해당 지원자는 인성검사 안내 메일을 받지 못했다며 문제를 제기했고 권익위원회 고발까지 언급하는 사태가 발생했다. 지원자는 속타게 기다려야 한다. 속타지 않게 알려주는 것은 좋은 사람을 영입하기 위한 최소한의 노력이다.

ATS를 쓰거나 아니면 지원자를 엑셀로 관리를 하거나 그것은 담당자의 몫이다. 친절하고 정확하게 하면 된다. 하지만 채용 진행 시 지원자의 편의를 고려하는 것은 이제 꼭 필요하다는 것을 반드시 명심하자.

참고로 그리팅에서 실시했던 만족도 조사결과를 소개한다.

입사 여부를 결정하는 데 채용 과정에서의 경험이 중요하다는 응답자가 10명 중 8명에 달한다. 가장 중요한 것이 빠른 결과 통보(66%)라고 답한 것이 의미하는 바가 크다.

1. **인재들은 어디에 있나**

    1) 채용포털: 사람인, 잡코리아, 원티드, 리멤버, 블라인드

    2) 버티컬: 하이브레인넷(박사, 연구원), 널스잡(간호사), 외국계(피플앤잡) 등

    3) 포털 외: 변호사협회 등 전문직 협회, 직무커뮤니티, 학회 등

    4) 추천 의뢰: 서치펌, 내부 직원 소개 등

2. **매력적인 채용공고**

    1) 회사의 장점과 지원자들의 심리를 이해하여야 한다..

    2) 근무환경, 동료 스토리, 투자유치현황 등 매력포인트 어필

    3) 지원 편리성을 위해 자사 홈페이지, 등용문, 그리팅 등 ATS를 이용(채용 홈페이지)

3. **채용 경험의 중요성**

    1) 다시 지원하고 싶은 채용 과정의 경험이 고용브랜드를 만든다.

    2) 채용 과정의 만족도가 입사 의욕을 결정한다.(83.5%, 그리팅의 조사결과)

TO DO

1. 우리가 원하는 인재들이 모여있는 곳을 찾아야 한다.

2. 매력적인 채용공고와 친절한 채용 진행으로 고용브랜드를 높이자.

4 절차와 일정

대부분 채용의 절차를 채용공고에서부터 생각한다. 아니다. 채용은 TO에서 시작한다. 어느 자리에 몇 명이나 채용할 것인가에서 시작한다. 필요한 이유와 상황을 회사의 형편을 고려하여 판단하는 것이 가장 먼저 할 일이다.

채용을 진행하기로 하였다면 구체적으로 원하는 조건을 정리해야 한다.

사람인에는 RRR이라는 서식이 있었다. Recruiting Require Report라는 서식이다. 지금은 사용하지 않는 오래전의 서식이라 공개할 수는 없지만 채용 과정에서 고려해야 할 거의 모든 요건들을 정리하도록 하였다.

필요한 전공이나 지식, 경력 연수와 필수 경험, 거주지나 결혼 여부와 같은 인적사항정보^{Bio data}도 있었다. 우대할 예전 직장의 조건들, 예를 들면 동종업계라든지 아니면 인사직무라든지 하는 것들도 있었고 연봉 수준과 같은 내용도 있었다. 현재는 직무 위주의 서식으로 바뀌었지만, 당시 RRR서식은 채용에서 고려해야 할 최대한의 정보를 담도록 하였고, 채용팀이 명확한 조건을 알 수 있도록 했었다.

어떤 사람을 채용할 것인지 명확히 정하는 것. 여기까지의 사전 작업이 준비되어야 비로소 채용이 진행된다.

채용 절차 설계

① 모집

채용은 모집에서 시작된다. 입사를 희망하는 사람을 찾아야 그다음의 절차를 진행할 수 있다. 모집은 앞서 밝혔던 바와 같이 어느 채널을 활용할 것인가와 어떻게 홍보할 것인가를 결정하여야 한다.

지원자가 감소하고 있는 현재 상황에서 하나의 모집채널로는 부족할 수 있다. 공고를 올리거나, 추천을 의뢰했다고 손 놓고 기다릴 수 있는 처지가 아니니 모집이 잘 안 될 경우 추가로 할 수 있는 일들을 준비해야 한다.

사람인에 채용공고를 올렸다고 가정해 보자. 충분한 지원자가 모집되지 않는다면 공고게시로 그칠 것이 아니다. 앱푸시나 일자리 추천 메일 발송과 같은 추가 서비스를 이용할 수 있다. 공고를 전환하여 후불형 추천서비스인 '스마트 리크루터' 서비스를 적용할 수도 있다. 참고로 잡코리아에는 동일한 후불추천서비스로 '원픽'이라는 서비스가 있다.

그래도 안 되면 전문 서치펌에 의뢰하거나 회사 내 인맥을 동원할 수도 있다. 참고로 사람인은 오랫동안 내부추천자에게 100~500만 원까지 채용성공보수를 지급한 적이 있다. 함께 일하면서 확인된 일 잘하는 사람을 소개해서 영입에 성공하면 대가를 지불하겠다는 것이다. 당시 인재채용에 열심이었던 것도 있지만, 서치펌 수수료를 지급한다고 생각하면 내부 직원에게 못 줄 이유도 없다는 경영자의 결단이 있었다. 내부추천으로 현재 팀장, 실장으로 큰 역할을 해주는 여러 인재들을 채용할 수 있었다.

② 서류전형

서류전형은 사전에 설정된 채용 기준에 따라 적정여부를 판단한다. 서류전형을 설계할 때 **첫 번째 고려사항은 '누가 평가할 것인가'**이다.

민간의 회사들은 대부분 채용팀이 1차적인 서류필터링을 하고 나면 실무를 맡고 있는 부서장들이 경력이나 자기소개를 살펴보고 합격자를 판단한다.

공공기관의 경우에는 공정성이 매우 중요하기 때문에 조건이 명확한 정량평가를 제외하고는 외부 전문가를 50% 이상 투입하여 블라인드 처리된 서류평가를 진행한다.

서류전형을 설세할 때 **두 번째 고려사항은 '평가 기준'**이나

모든 평가에서 가장 중요한 것은 사전에 명확한 평가 기준이 정리되어 있는가이다. '글빨'에 속지 않고 처음부터 원했던 인재를 선발하려면 무엇을 볼 것인지를 명확하게 알아야 한다. 그리고 내가 본 것에 몇 점을 부여할 것인지 기준이 있어야 한다. 보는 사람마다

다르고 볼 때마다 다르다면 그냥 느낌 평가에 불과하다. 느낌에 의존한다면 평가를 했다고 말할 수 없다. "이런 항목들을 이런 기준에서 보았을 때 이 정도면 4점"이라고 말할 수 있어야 평가를 했다고 말할 수 있다. 그 기준이 앞서 강조했던 '행동지표'이다.

③ 필기시험

민간의 경우에는 거의 없지만, 공공기관의 채용은 고위급 경력직을 제외하면 거의 모든 채용에서 필기시험을 치른다. 전공필기, NCS 직업기초능력 두 가지는 필수과목이라 할 수 있다.

민간과 공공이 모두 시행하는 인·적성검사도 필기시험의 영역에 포함할 수 있다.

필기시험에서 **첫 번째 고려해야 할 것은 '어디에서'**이다.

인·적성검사는 온라인으로도 진행할 수 있다. 코로나 시기에는 공공기관이나 금융권의 전공필기시험도 온라인으로 진행했었다. 삼성이 핸드폰 카메라와 노트북 카메라로 응시생들을 감독할 수 있는 솔루션으로 온라인 필기시험을 시행했다는 보도 이후 비대면 필기시험이 확산되었다. 당시의 비대면 상황을 고려하면 궁여지책일지라도 당연한 선택이라 할 수 있다. 나중에는 AI가 응시자들의 행동 특성을 학습하여 부정행위 감시에 활용되었고, 의심되는 응시자에게 자동으로 경고 메시지를 보낸다.

하지만 온라인시험은 부정행위를 완전히 막을 수 없다. 카메라

뒤에 누구든 있을 수 있다는 한계는 여전하다.

하지만 온라인으로 필기시험을 치르는 것이 항상 불가능한 것은 아니다. 인성검사의 경우 정답이 없기 때문에 누군가의 의견을 참고하는 것이 의미가 없다. 온라인으로 시험을 치러도 괜찮은 이유가 확실하다.

전공필기시험의 경우라도 객관식이 아니라 논술시험이라면 온라인으로 진행할 수 있다. 누군가 대신 써주는 것만 아니라면 사전에 준비를 할 수도 없고 촉박한 시간에 딴짓을 할 여유도 없다. 현재의 온라인 시험 솔루션으로 작성자가 본인인 것만 감독할 수 있다면 논술시험도 온라인 시행이 가능하다.

또 하나 정답이 없으면 된다는 이유에서 '상황판단시험'을 도입할 수 없다. 상황판단시험은 일반적인 정답이 아니라 우리 회사에서만 접할 수 있는 상황을 제시하고 대안을 선택하도록 하는 시험이다. 문제를 개발하는 부담이 벅차긴 하지만 회사가 원하는 행동방식과 사고력을 테스트하기엔 매우 좋은 평가방식이다.

시험장에서 응시생들이 모여서 필기시험을 치르는 이유는 명확하다. 절대 부정행위를 용납하지 않겠다는 의지이다. 코로나를 벗어나자마자 공공기관들은 모두 현장시험으로 복귀했다. 필기시험을 진행하는 장소는 대부분 중·고등학교를 사용한다. 대학교는 건물이 많고 방송 통제가 어렵다. 또 자유롭게 이동하는 방문자가 많아서 수험 환경을 유지하기가 쉽지 않다. 중·고등학교를 임대하려면 대부분 주말에 시험을 치러야 한다. 방학 때는 조금 자유롭지만 채용 시즌이 학교 시즌과 겹치기 때문에 대부분 주말시험이다. 자격시험을 주말에 치르는 것과 같은 이유다.

필기시험에서 **두 번째 고려해야 할 것은 '시험시간'**이다.

너무 넉넉하면 변별력이 떨어지게 되고 너무 촉박하면 누구도 풀지 못하게 된다.

전공필기나 NCS직업기초능력의 경우는 대개 1문항당 1분 정도의 시간을 부여한다. 50문항 50분이 일반적이다. 지문의 양에 따라 시험시간을 좀 더 여유롭게 줄 수도 있다.

인성검사의 경우라면 이야기가 달라진다. 인성검사는 문제풀이의 시간이 필요없다. 오히려 고민 없이 자신에 집중해서 선택하는 검사이다. 인성검사의 풀이 시간은 대부분 인성검사 제공업체에서 설정해 주고 있으니 그대로 따르면 된다. 문항의 구성이 Y/N의 간단한 선택인지, 4개의 보기에 우선순위를 부여하는 방식인지에 따라 다르지만 200문항에 30분 정도 내외로 검사를 진행한다.

필기시험에서 **세 번째 고려해야 할 것은 '감독방법'**이다.

온라인으로 필기시험을 치르더라도 카메라를 통한 감독이 있다면 어딘가에 감독관들이 배치되어야 한다. 한 사람의 감독관 앞에 12명가량의 응시생들이 보이는 모니터가 준비된다. AI가 도와주더라도 사람이 확인해야 한다. 시험장에서 필기를 치른다면 하나의 시험실에 한 명 이상의 감독관이 필요하다.

감독관으로 내부 직원을 동원할 수도 있다. 공공기관의 경우 시험을 실시하는 학교의 교사들을 활용한다. 교사들은 주말 자격시험에서부터 공공기관의 시험까지 다양한 경험도 갖추고 있어서 사전 교육과 운영에 도움이 된다.

감독관을 선정하면 사전에 시험 운영에 대한 명확하고 상세한 교육이 필요하다. 예방하고자 하는 부정행위를 명확하게 알고 유사부정행위에 대처하는 요령을 명확하게 알아야 한다. 앞서 말한 바와 같이 청년들은 불공정한 채용 과정에 매우 민감하다. 채용 과정에 매우 민감하기 때문에 정확한 대처 요령을 숙지하는 것이 중요하다.

면접전형

면접은 한 번 보는 게 좋을까? 두 번 보는 게 좋을까? 한 번보다는 두 번이 낫다. 좀더 객관적인 평가를 기대할 수 있기 때문이다.

사실, 횟수보다 중요한 건 제대로 보는가이다. 제대로 보기 위해서 **가장 먼저 고려해야 하는 것은 '면접 방식'**이다. 면접의 방식은 질문하고 대답을 들어 평가하는 방식도 있고, 일을 시켜보는 방식도 있다. 일반적인 인성면접이야 질문으로 접근하지만, 분석력 같은 사고력을 확인하고자 하면 일을 시켜보고 관찰하는 시뮬레이션 방식이 훨씬 유리하다. 이번 채용에서 평가하고자 하는 역량이 무엇인가에 따라 직무경험과 인성측면을 묻고 평가할 것인지 일을 시켜볼 것인지 선택해야 한다.

두 번째 고려할 것은 '평가위원'이다. 누가 평가할 것인가 하는 것이다. 공공기관이 아니라면 외부의 전문가를 초빙하지 않는 것이 현실이다. 서류전형과 마찬가지로 대부분 채용할 부서의 리더가 면접을 진행한다. 면접의 요령과 경험의 수준이 높지 못한 한계를 해결하지 못하면 면접의 방식이나 횟수가 효력을 잃게 된다. 평가위원을 선정했다면 평가자료를 제대로 제공해 주어야 한다. 평가에 참고할 자료와 평가질문, 평가표를 갖추는 것이 필요하다. 그 다음 평가자들을 제대로 교육해야 한다. 면접에서 가장 중요한 것은 '질문하기'와 '평가하기'이다. 대부분의 면접교육이 면접관의 자세나 주의사항을 한두 시간 강의해 주는 것에 그치는 현실이 매우 안타깝다. 면접의 본질에 대한 고려나 준비가 없이 물의를 일으키지 않는 선에 그치기 때문이다. 면접을 통해 평가를 잘 해내야 해당 면접이 의미가 있다.

세 번째 고려할 것은 '평가 기준'이다. 평가 기준은 앞서 서류전형에서 이미 설명하였으니 여기에서는 더 이상 다루지 않겠다. 다음 장에서 면접을 위한 질문지 작성 등 세부적인 실무 요령을 설명하겠다.

채용일정 계획

민간회사의 경우 채용일정은 '형편대로'이다. 모집기간도 적당한 후보자가 지원할 때까지 연장하며 기다리는 경우가 흔하다. 적당한 지원자가 있을 경우 정해진 일정이 있다고 마냥 기다리게 할 수도 없다. 우리가 머뭇거리는 동안 다른 회사로 갈 수도 있다. 그래서 수시채용을 진행하는 민간회사라면 형편에 따라 최대한 신속하게 진행하는 것이 원칙이다. 기다리지 않게 하고 적극적으로 인재를 영입하겠다는 의지를 보여주어야 한다. 평가는 까다롭고 냉정하게 하되 진행은 친절하고 적극적이어야 한다.

공공기관의 경우는 다르다. 공공기관은 공정성과 투명성이 중요하다. 게다가 '공정채용가이드'라고 하는 운영기준이 정해져 있다. 신입의 경우 20일 이상 공고를 게시하여야 한다. 채용공고에는 전체의 채용일정이 명시되어 있어야 한다. 서류접수 후 필기시험까지 아무리 빨라도 7일 이상이 필요하다. 서류평가를 하고 검수하고 합격자를 발표할 때 필기시험 장소와 시간도 다시 안내해야 한다. 서류에서 필기까지 한 달씩 여유를 가지고 진행하는 공공기관도 있다. 시간 여유가 있을수록 채용 과정에서 오류를 줄일 수 있다. 촉박함은 실수를 유발한다.

채용 설계에서 어떤 사람을 찾을 것인지, 어떻게 평가할 것인지, 어디서 모집할 것인지, 절차와 일정을 어떻게 계획할 것인지 살펴보았다. 구체적인 기준이나 일정을 제시하지 않은 것은 회사마다 다른 사정과 형편이 있기 때문이다. 대신 계획을 수립할 때 고려해야 하는 것들을 정리하였다. 좋은 인재를 영입하기 위해 좋은 인재를 정의하고, 알아보기 위한 방법을 선택하고, 인재들이 모인 곳에 널리 알려야 한다. 그리고 채용의 과정은 친절하게 진행되어야 한다. 채용을 설계하는 채용담당자들이 기억하고 노력할 부분이다.

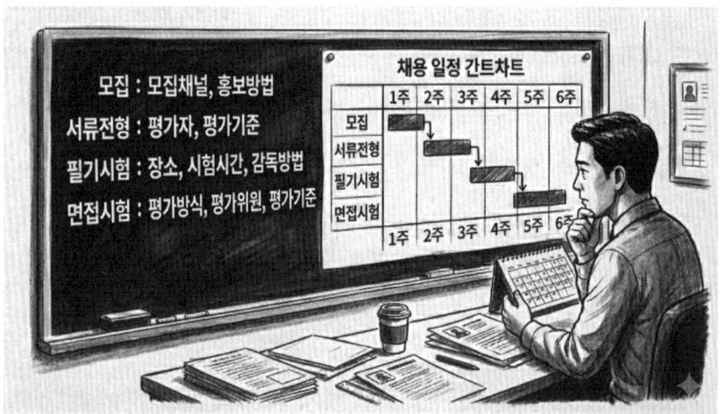

이 그림은 Gemini Pro를 이용해 제작되었습니다.

1. 모집

- 어떤 채널을 이용할 것인가와 홍보방법을 결정한다.
- 채용공고, 앱푸시, 추천 의뢰 등 다양한 방법을 동원해 후보자를 확보한다.

2. 서류전형

- 누가 평가할 것인가를 정해야 한다. 평가항목별로 최적의 평가위원을 선임한다.
- 평가 기준은 무엇인가를 명확하게 정리해야 한다. (역량과 행동지표)

3. 필기시험

- 어디에서: 온라인/오프라인 선택, 학교 등 시험장소 대관
- 시험시간: 1문항당 1분 원칙, 인성검사는 정해진 대로
- 감독 방법: 감독관, 온라인 모니터 감독관, 감독관 교육이 중요하다.

4. 면접전형

- 면접 방식: 질의응답식 면접, 발표/토론/In-Basket 등
- 평가위원: 면접관 육성 및 면접관 풀관리, 면접관 선정, 외부면접관 등
- 평가 기준: 평가항목인 역량과 행동지표를 명확하게 제시해야 한다.

5. 채용일정

- 지원자가 기다리지 않게 해야 한다.

- 회사가 적극적으로 인재를 영입하겠다는 의지를 보여야 한다.

- 적극적인 안내와 소통으로 중간 이탈이 없도록 관리해야 한다.

TO DO

1. 채용의 체계적이고 친절한 진행으로 고용브랜드를 높여야 한다.

2. 모든 전형에 평가의 기준과 평가자를 명확하게 하고 지원자를 배

   려한 일정을 수립하자.

제 4 장 공공기관의 채용

공공기관 채용의 가장 큰 특징은 공정성에 있다. 공정성이란 사전에 정해진 기준을 준수하여 투명하고 공평하게 평가한다는 것이다. 공공부문의 채용에는 추천채용이 없다. 지원 기회는 모두에게 공개되어 있어야 하며 모든 지원자는 정해진 기준에 따라 평가되어야 한다. 그 절차는 투명하게 운영되고 결과는 공정해야 한다. 공공기관 채용의 모든 과정은 정보 공개를 요구받을 경우 반드시 응해야 한다. 내·외부 감사를 통해 철저하게 감독받고 있을 뿐만 아니라 지원자들에 의해서도 평가받는다. 의심스럽지도 않아야 한다.

공공기관의 채용이 공정할 수 있도록 다양한 제도적·절차적인 기준이 마련되어 있다. NCS와 블라인드가 있고 공정채용가이드가 있다. 공공기관의 채용을 이해할 수 있도록 하나씩 짚어보자.

1 NCS채용

공공기관의 채용을 한마디로 정리하면 'NCS채용'이다. NCS는 National Competency Standard(국가직무능력표준)의 약자이다. 이후 블라인드채용이 도입되었지만 NCS채용이 달라진 것이 아니라 강화된 것이라고 볼 수 있다.

NCS는 무엇일까? ─────────────────

NCS가 도입된 시점은 1998년까지 거슬러 가야 한다. 당시 고교생 채용을 활성화하려 했을 때 맞닥뜨린 난관이 있었다. 직무능력이 부족하다는 것이다. 도대체 직무능력이란 무엇이며, 왜 부족하다고 판단했을까? 어디에도 필요한 직무능력이 정리된 것이 없었다. 산업 현장에서는 학교 교육이 실무와 동떨어져 있다는 비판이 지속적으로 제기되었다. 이를 해결하기 위해 국가 차원의 표준화 작업이 시작되었고 수백억 원의 예산을 투입하여 NCS를 개발하였다.

그래서 처음 NCS를 추진했던 부처는 교육부였다. 지금도 운영되는 틴업 사이트^{teenup.or.kr}에 방문하면 NCS직업기초능력검사의 기반이 되었던 직업기초능력평가가 있다. 멀티미디어를 활용하여 직업 상황을 잘 구현해 놓았다.

NCS는 직무능력표준이다. 직무에 필요한 능력을 규정하려면 직무가 무엇인지 정리하는 것이 먼저다. 대·중·소 분류를 통해 직무를 나누고 능력단위와 능력단위요소를 통해 세부적인 직무 내용을 정리해 놓았다. 쉽게 말하면 업무분장내역과 각 분장내역에서 하는 일을 정리한 것이다. 여기서 한 걸음 더 나아가 수행준거를 통해 각각의 일들이 어떻게 수행되는 것을 말하는지 구체적인 사례를 보여준다.

ncs 능력 단위 리포트

분류번호 :	0202020103_23v4
능력단위 명칭 :	인력채용
능력단위 정의 :	인력채용이란 조직에 적합한 인재를 확보하기 위하여 계획수립, 모집, 선발, 채용 후 사후관리를 수행하는 능력이다.

능력단위요소	수행준거
0202020103_23v4.1 채용계획 수립하기	1.1 조직의 중장기 사업전략과 사업계획, 사업환경 변화에 따른 인력수요를 파악할 수 있다. 1.2 조직구성원의 퇴직, 이동, 승진 등을 고려하여 조직내부에서 충원 가능한인력을 분석할 수 있다. 1.3 파악된 수요인력과 공급인력을 분석하여 채용규모를 계획할 수 있다. 1.4 필요분야, 채용규모, 채용방법, 충원시기를 고려하여 채용계획을 수립할 수 있다. 【지식】 • 노동법 • 채용요건 설정을 위한 직무분석법 • 구인구직 환경변화와 채용트렌드 • 선발평가기법 【기술】 • 채용프로세스와 일정 등 채용계획서 작성기술 • 채용솔루션 활용기술 • 인력운영계획 수립능력 【태도】 • 필요한 인재를 정확하게 정의하고자 하는 의지 • 필요한 인재채용을 위해 최선의 실행방안을 찾는 자세 • 기존의 시도를 분석하고 개선하려는 자세

(출처: ncs.go.kr)

일을 안다는 것은 세부적인 구성을 안다는 것이다. 인사가 사람관리가 아니라 채용, 배치, 평가, 보상, 퇴사로 나누어지고, 채용은 정원 산정, 모집공고, 서류전형 등으로 구성되는 것을 안다는 것이다. 이렇게 세부적인 일의 내용을 정리하고 나면 어떤 능력들이 필요한지 지식과 기술과 태도(Knowledge Skill Attitude: KSA)로 나누어 설명하고 있다.

이렇게 필요한 능력이 구성되고 나면 이런 능력을 어떻게 평가해야 하는지 평가 방법도 제시되고, 커리어 성장을 위한 로드맵도 제시된다. 이렇게 직무를 세분화하여 설명하고 필요한 능력과 평가방법 그리고 커리어맵을 정리한 것이 NCS이다.

2 공공기관 채용의 과거와 현재

공공기관의 채용은 2015년 3월 도입된 NCS채용 이전과 이후로 구분해 볼 수 있다.

NCS 이전의 공공채용

좀 무리한 표현일 수 있지만, 한마디로 학벌이 좋고 전공필기 성적이 우수하면 합격 가능성이 매우 높았던 시대로 정리할 수 있다. 2014년까지 공공기관의 채용에는 대학별 점수가 있었다. 예를 들면, SKY와 포스텍, 과기대는 5점, 지방국립대와 서울의 10대 대학은 4점, 이런 식으로 학벌에 대한 점수도 존재했다. 학점도 구간별 점수가 있었으니 학벌이 좋아야 서류전형을 통과하기 쉬웠다.

엄청난 경쟁률의 필기시험을 통과하면 면접전형이 진행된다. 면접관에게는 필기시험 점수뿐만 아니라 학교와 학점이 표시된 입사지원서도 함께 제공되었다. 당시 기관장들은 이번에 명문대 출신이 몇 명이나 입사하느냐가 관심사였다. 내심 견제의 대상이 되는 타 기관보다 명문대 출신이 많을수록 좋아했다.

게다가 뿌리깊은 지역감정도 그대로 드러났다. 특정 지역 출신에 대한 불신이 있다면 해당 지역 출신들은 그 기관에 취업하기 힘들었다.

　일하는 방식이 매뉴얼을 기반으로 하므로, 기본적인 학습 능력을 증명하는 학벌이 유효한 지표로 작동하던 시대였다. 순환보직으로 새롭게 자리를 옮기면 매뉴얼을 빠르게 학습하여 정해진 대로 일하면 일 잘하는 것이었다. 교과서 학습능력과 매뉴얼 학습능력은 직관적으로 연결된다. 학벌이 의미가 있다고 주장할 수 있는 이유이기도 했다.

NCS 이후의 공공채용

NCS가 도입되고 난 후 만났던 공공기관 임원들의 불만은 이전보다 명문대 출신이 줄었다는 것이었다. NCS의 도입 이후 달라진 첫 번째가 학교 이름을 쓸 수 없다는 것이었다. 거주지 정보나 출신 지역도 알 수 없다. 그야말로 직무능력(민간회사에서는 역량이라 부른다. 공공은 직무능력이 공식적인 용어이다) 중심의 채용을 제도적인 장치로 마련했고 공공기관은 따를 수밖에 없었다.

　직무능력을 중심으로 진행하게 되니 직무능력에 대한 정리가 필요했다. 국가가 표준으로 제시한 직무능력이 NCS이다. NCS채용에는 새로운 필기시험인 '직업기초능력'시험이 추가되었다. 면접전형도 이전의 방식인 얼굴 보고 대화 나누는 수준에서 격변에 가까운 변화가 생겨났다. 이른바 구조화된 면접이 도입되었다. 발표면접, 토론면접이 흔하게 되었다. 취준생들 입장에서는 넘어야 할 난관이 한 번에 두 가지나 늘어난 셈이다. NCS직업기초능력 시험이라는 생소한 시험에 대한 공부도 해야 하고, 발표면접, 토론면접과 같은 새로운 면접 방식에 대한 대비도 새롭게 해야 했다.

이후 2017년 5월 '블라인드 채용'이 도입되었다. 블라인드 채용이란 평가에 편견을 줄 수 있는 학력, 지역, 가족사항 등 개인정보를 가리라는 의미로 간단하게 정리할 수 있다. 공공기관은 이미 NCS로 시행 중이었던 상황이라 별반 달라질 것은 없었다.

2020년 전세계가 코로나라는 엄청난 재앙을 만났다. 코로나 첫해에는 비대면만이 살길이었다. 당시 AI면접이나 화상면접이 크게 확산되었고 일부 공공기관은 필기시험도 온라인으로 진행했다. 코로나는 거리두기가 일상화되면서 방역지침 준수로 완화되었다. 마스크 잘 쓰고 체온 체크 잘 하면 오프라인으로 시험 진행이 가능해졌다. AI와 화상면접은 등장 속도만큼 빠르게 사라졌다.

2023년 이후로는 채용부서의 고민은 MZ세대로 옮겨갔다. 특히 코로나 시기 대학시절을 보냈던 신입들의 관계역량에 불만이 많았다. 대학생활을 하며 주도적으로 관계에 섞여들 수 있었던 기회가 코로나 때문에 사라져 버렸기 때문이다. 책임감이나 소속감이 자꾸만 문제가 되자 공공기관들이 다시 인성검사를 찾기 시작했고 해당기관 맞춤형으로 개발해 달라는 요구도 점점 더 많아졌다.

2025년 현재의 공공채용은 두 가지 어려움에 처해 있다. 첫 번째는 신규 채용한 인력의 조기 이탈이고, 두 번째는 지원자가 자꾸만 감소한다는 것이다. 지원자가 항상 넉넉할 것 같았고 장기근속이 당연한 줄 알았던 공공기관도 채용의 문제가 계속 고민이다.

NCS채용의 도입 과정

2015년 1월 기재부장관의 발표로 모든 공공기관이 NCS채용을 적용하게 되었다. 고용부가 2014년 진행했던 '직무역량 중심 채용지원사업'의 성과가 NCS채용으로 이어졌다는 후문을 들은 적이 있다. 어쨌거나 직무능력 중심의 채용은 조금은 갑작스럽게 시작되었다.

어디서부터 시작해야 할지 모르는 공공기관에게 산업인력공단이 NCS채용설명회를 개최한 것이 2015년 3월이다. 이때의 주된 내용은 '컨설팅을 먼저 받아라'였다. 그리고 컨설팅기관이 선정된 것이 같은 해 5월이다. 경험과 이해가 부족했던 컨설팅기관들이 갑작스럽게 선정되어 첫해 대상이었던 대규모 공공기관 100여 개 회사의 컨설팅을 진행했고 바로 이어서 채용을 시행해야 했다. 미안한 말이지만 허술하게 진행된 컨설팅 사례도 꽤 있었다. 이때 급하게 도입된 NCS채용의 탓으로 10년이 지난 2025년 현재까지 급조된 평가 기준들이 아직까지 남아있는 것은 참으로 안타까운 현실이다.

3   공공기관의 채용시험

NCS직업기초능력검사

NCS직업기초능력은 2015년 3월 공공기관의 채용에 NCS가 도입되면서 확산되었다고 알려져 있다. 대부분은 잘 모르고 있지만, 직업기초능력에 대한 시험은 그보다 훨씬 이전에 시행되고 있었다. 앞서 소개한 바와 같이 교육부가 주관하여 만들어진 틴업의 직업기초능력 시험이 그것이다.

기존의 인·적성검사와는 달리 직무 상황을 기초로 실제 발휘되어야 하는 직업능력을 테스트한다. 인성검사의 영역은 직업윤리에서 약간 다루어질 뿐 인·적성검사와는 아예 결이 다르다. 오히려 GSAT 등 대기업의 인·적성검사에서 풀어보는 직무능력 문제와 유사하다.

NCS직업기초능력 10가지 요소를 대상으로 시험이 구성되는데 한 번에 10가지 요소를 모두 테스트하지는 않는다. 직부분석의 설과 필요로 하는 능력을 위주로 5가지 안팎의 요소를 평가한다. 흔히 취업학원가에서 '의·수·문·자'라고 불리우는 의사소통능력, 수리능력, 문제해결능력, 자원관리 영역에서 출제가 많이 이루어진다.

직무수행능력시험

직무수행능력시험은 거창한 이름과 달리 전공필기의 다른 말이라고 이해하는 게 빠르다. 기관에 따라 상황판단검사나 논술시험 형태로도 진행된다.

면접전형

NCS의 도입에 따라 구조화된 면접 방식이 많이 도입되었다. 문제는 제도는 달라졌지만 평가자는 그대로라는 점이다. 여전히 부적절한 발언을 하는 면접관이 일부 존재한다는 점은 공공기관이 경각심을 갖고 반드시 개선해야 할 부분이다.

4 채용대행

공공기관은 의무적으로 대행업체에 채용운영을 위탁해야 한다. 강원랜드, ㈜SR을 비롯하여 숱하게 쏟아져 나왔던 채용비리 이슈들이 있었다. 그 결과 내부 직원들이 직접적으로 평가와 운영을 진행하지 못하게 했다. 물론, 아직도 소규모의 공공기관들은 부족한 예산을 이유로 시스템이나 문제 출제 정도만 위탁하여 운영한다. 서류/면접 심사에서 절반 이상 외부전문가를 심사위원으로 위촉하여 운영한다. 하지만, 채용규모 자체가 큰 대규모 공공기관들은 수억 원에서부터 수십억 원의 예산을 들여 채용을 위탁 운영하고 불순한 의도의 접근을 철저하게 차단하고 있다.

국가권익위원회의 발표에 따르면 130여 개의 회사들이 채용대행 시장에서 경쟁하고 있다. 그중에는 사람인이나 인크루트, 스카우트와 같이 10년 이상 채용대행을 운영해 온 전문기업도 있지만, 일반용역회사나 컴퓨터학원 같은 비전문기업이 시장에 진입해 있는 경우도 발견된다. 채용 자체에 대한 이해가 부속한 회사들이 시키는 대로 일하는 용역처럼 일하고 있다. 채용에 대한 전문 지식이 부족한 회사가 대행을 맡을 경우, 채용의 공정성과 전문성을 담보하기 어렵다. 공공기관의 채용은 사회적 민감성이 매우 높다. 작은 오류나 실수도 언론에 보도가 될 수 있고 실수를 바로잡기 위해 많은 수고와 대가를 치러야 할 수도 있다. 전문성을 갖춘 든든한 대행사를 선택하는 것이 중요할 수밖에 없다.

채용대행을 진행하기 위해서 업무를 위탁하는 절차와 선정 기준 그리고 효율적으로 대행업체를 활용하기 위한 노하우를 알아야 한다.

채용대행 위탁 절차

채용대행을 위탁하기 위해서 가장 먼저 할 일은 예산을 책정하는 것이다. 예산을 책정하려면 채용이 진행되는 규모를 사전에 정해야 한다. 확정해야 할 예산 항목들은 다음의 표와 같다.

채용대행 예산 항목(예시)

구분		고려사항	추가사항
채용공고		포털배너광고, 신문, 채용설명회	
채용시스템		사용범위(접수-발표-Q&A게시판-설문조사)	
서류 전형	평가시스템	온라인 원격평가 시행 여부	
	평가위원	선임 자격, 투입 인력의 규모 등	AI 솔루션 사용
	장소임대료	평가위원회 운영 장소, wifi, 운영실 등	
	진행요원	보안요원, 진행요원, 보안설비 등	
	인쇄비 등	인쇄제본, 보안배송	

구분		고려사항	추가사항
필기 시험	문제출제	출제범위(전공과목, 문항수, 채점 방법)	객관식/논술
	시험장	응시인원, 시험실당 수용인원	
	감독관	투입 규모, 예비감독관, 방역간호사 등	
	진행요원	복도요원, 본부요원, 예비인력	사고대비 여유인력
	인쇄비	문제지, 답안지, 출석부, 고사장 안내	
	보안, 수송	운반비, 보안 폐기	
	간식 등	간식, 음료, 식사	
면접 전형 (실기 포함)	평가시스템	온라인 시스템 활용 여부	모니터링 가능
	평가도구	발표, 토론 등 면접용 과제, 질문지, 평가표	
	평가위원	선임 자격, 투입인력의 규모 등	
	장소임대료	응시인원, 대기실, 운영실	
	진행요원	안내·진행·보안요원	
	인쇄비	면접자료(과제, 자소서, 응시자 명부 등)	보안 수송 포함
기타	AI 솔루션	서류(표절률, 블라인드 위배 등), AI면접	
	화상면접	시스템 운영, 감독관 등	
	증빙 확인	제출 서류 진위 여부 확인	

　　예산이 확정되었다면, 제안요청서와 과업지시서 등을 작성하여 공개적으로 게시하여야 한다. 사전에 제안설명회를 개최하여 상세한 과업 내역과 추진방향을 설명하는 경우도 있다. 자사의 입찰시스템을 갖추고 있는 것이 아니라면, 나라장터에 올려야 한다. 그리고 마감기한까지 제출된 입찰견적과 제안서를 접수한다.

채용대행 업체 선정

대행업체를 심사하고 선정하는 과정은 서류심사 또는 제안발표를 시행하게 된다. 대부분은 제안발표회를 실시한다. 평가 기준은 입찰 가격의 저렴함을 묻는 가격평가 20점과 제안의 내용을 평가하는 기술평가 80점으로 구성한다.

그렇다면 대행업체는 어떤 기준으로 선정해야 할까?

첫 번째, 사업조직의 규모와 역량을 보아야 한다. 경기도나 부산시처럼 통합채용을 진행하는 경우는 더욱 그렇다. 베테랑이라 할 수 있는 경험 많은 PM(채용프로젝트 담당자)을 충분히 확보하고 있어야 한다. 많게는 20개 이상의 기관이 동시에 채용을 진행하는 통합채용은 각각의 기관을 따로 맡아줄 수 있는 PM이 있어야 한다. 기관마다 운영기준이 다르기 때문이다. 경험도 부족한데 여러 기관을 맡아서 진행하게 되면 오류와 실수가 생길 수밖에 없다. 단일 공공기관이라 하더라도 신입 공채와 함께 공무직, 별정직 등이 동시에 진행되는 경우가 많다. 각각의 채용을 따로 맡아 줄 수 있는 든든한 PM을 확보하는 것이 가장 중요하다.

두 번째, 채용시스템을 보유하고 있어야 한다. 공공기관의 채용은 다양한 변화들이 반영되게 된다. 사람인의 경우 10여 명의 개발자가 포함된 개발조직이 채용대행에 필요한 시스템을 지원하고 있다. 해당 공공기관의 채용 특성에 맞도록 채용시스템을 새롭게 구성하고 운영상황을 모니터링할 수 있어야 한다. 중소 채용대행사의 경우에는 시스템 개발 여력이 없는 경우가 많다. 이 경우 다른 회사의 범용 시스템을 빌려 써야 하는데 그때 그때 필요한 요건을 반영하지 못할뿐더러 자사 시스템이 아니니 기술 협상에서 구현이 가능한지의 여부도 확인해 주지 못한다. 진행 과정에서 답답함을 피할 수 없다.

세 번째, 풍부한 경험과 노하우가 있어야 한다. 공공기관의 채용담당자들은 대부분 2년 정도 근무하고 다시 타부서로 순환배치된다. 채용에 대한 경험과 이해가 부족할 수밖에 없다. 채용대행사가 이를 보완해 줄 수 있어야 한다. 사람인의 경우 13년 연속 업계 1위 실적과 더불어 10년 이상의 경력을 보유한 PM만 해도 13명 가까이 된다. 대행사는 한 해 동안에도 수백 건의 채용을 진행하며 다양한 경험과 해법을 축적할 수 있다. 이러한 노하우를 제공받을 수 있다면 채용담당자의 걱정은 그만큼 손쉽게 해결될 수 있다. 특히, 해당 공공기관의 채용을 담당할 PM이 충분한 경험을 보유한 베테랑인지 꼭 따져 보아야 한다.

네 번째, 공공기관의 채용에 대한 전문성을 보유하고 있어야 한다. 공공기관의 채용은 관련 법률뿐만 아니라 행안부의 공기업 인사 지침과 공정채용가이드와 같은 세부적인 기준을 따라야 한다. 또, 새로운 솔루션이나 평가기법의 도입에도 대응해 줄 수 있어야 한다. 채용제도를 진단하는 컨설팅을 통해 채용제도의 개선 방안을 제시해 줄 수 있으면 더 좋다. 우수사례를 만들어 수상할 수 있도록 해주면 금상첨화다. 나는 발전 공기업에 새로운 서비스를 제안하여 2년 연속으로 장관상과 대통령상을 안겨준 경험이 있다. 사람인의 아이디어뿐만 아니라 해당 기관의 제안을 시스템으로 구현하여 줄 수 있었기 때문에 좋은 성과를 만들 수 있었고 오랫동안 좋은 파트너로서 일할 수 있었다.

다섯 번째, 보안관리 능력이다. 공공기관의 채용은 보안이 생명이다. 출제된 문제가 사전에 유출되지 않아야 한다. 채용진행 과정에서 생성된 산출물은 철저하게 지켜져야 한다. 채용대행사는 보안이 확보된 보관 장소를 제공할 수 있어야 한다. 시험문제의 출제에서부터 인쇄하고 포장하고 배송되는 모든 과정에서 철통같은 보안을 실현할 수 있어야 한다.

보안은 시스템에도 중요하다. 최근에도 모 채용포털에서 개인정보가 유출되는 사고가 언론을 통해 보도되었다. 입사지원정보는 개인의 인생이 고스란히 담겨있는 매우 민감한 정보이다. 방화벽, 다중경로, 분산접속, 문서보안시스템, 해킹방지 등 보안에 필요한 장비들이 강력하게 구축되어 있어야 한다. 또 회사의 운영시스템에서도 보안을 지키기 위한 제도적·실행적 장치들이 철저하게 실행되고 있어야 한다.

여섯 번째, 재무건전성이다. 2024년 놀라운 성장 속도를 보이던 신흥 경쟁사가 자금유동성으로 곤란에 빠졌다는 소식을 들었다.

채용 과정에는 수많은 전문가들이 참여한다. 채용이 진행되는 동안 인건비와 수수료를 제때 지급할 수 있어야 한다. 지급이 늦어지면 업계의 우수 자원들을 활용할 수가 없게 되고 제대로 된 서비스 제공에 차질을 빚을 수 있다.

제안평가시 주의사항

얼마전 입찰경쟁에서 경쟁사가 터무니없는 낮은 가격으로 입찰하여 오랜 고객을 빼앗긴 적이 있다. 나중에 알고 보니 AI 솔루션 같은 원가성 경비를 아예 누락시키고 입찰에 참여한 것이다. 어쨌거나 결과는 덤핑업체가 선정되었다. 비현실적인 견적을 제시한 회사에게 까다로운 공공기관의 채용 절차를 세밀하게 관리하고 운영해 줄 것을 기대하는 것은 처음부터 무리였다. 종전 대행사의 입장이 된 사람인은 더 이상 계약 관계가 아님에도 고객사의 담당자는 수시로 문의전화를 걸어왔다. 고객사가 얼마나 답답하면 종전 업체에게 문의를 하겠는가. 견적가만으로 결정되어서는 안 된다는 말이다. 충분한 실력을 갖추고 있을 때 견적가가 고려되어야 한다. 실력에 대한 평가 변별력이 높게 반영될 수 있도록 평가점수의 차등폭을 크게 해야 한다. 그래야 기술점수의 차이가 반영될 수 있다. 심의위원들이 기술평가를 1~2점 차이로 정리해 버리면, 결국 싼 견적을 제시한 실력없는 대행사를 만나게 된다. 공공기관의 채용담당자만 고

생문이 열리게 된다.

참고로 기술평가 항목과 배점이 표시된 제안평가배점표 예시를 살펴보자(특정기관 아님, 일반기준으로 수정된 자료임).

제안서 평가 배점표 (예시)

평가분야	평가항목	평가요소	배점(점)
		계	100
기술 능력 평가 (80점)	수행 실적	▶ (계량지표)직무능력(NCS) 기반 채용대행수행 실적	10
	과제에 대한 이해(A)	▶ 용역사업의 목적에 대한 이해도 ▶ 채용 절차 등 과정 및 선발 도구에 대한 이해도 ▶ 채용 관련 요구사항에 대한 이해도	10
	인력 · 조직	▶ 업체규모 및 투입 인력(연구진 등)의 전문성 ▶ 채용규모에 맞는 투입 인력규모의 적정성	10
	홍보	▶ 홍보 채널의 다양성 및 유효성 ▶ 홍보 방법의 적절성 및 일정의 적정성	5
	과제수행 계획 및 방법	▶ 단계별 전형 계획 및 일정의 적정성 ▶ 단계별 과제 수행 · 점검 방법의 구체성 ▶ 단계별 비상상황 대처 능력	10
	채용 시스템 (B)	▶ 온라인 채용 솔루션 구비 여부 ▶ 채용공고의 접근, 지원접수, 전형 운영 편리성 ▶ 평가, 설문조사 지원 ▶ 시스템 보안 수준	10
	면접전형 (C)	▶ 직무능력 기반 면접 문항 및 평가표 개발 ▶ 전문 면접위원 섭외 및 면접위원 교육의 적정성 ▶ 면접전형 운영 및 일정 관리의 적정성	10
	사고 발생 시 대응방안	▶ 과업수행 시의 보안관리방안의 적정성 ▶ 사고 발생 시 대응 프로세스의 체계성	10
입찰가격 평가 (20점)		▶ 기획재정부 계약 예규 「협상에 의한 계약체결기준」의 입찰가격 평점산식을 따름	20

5 채용대행 활용을 위한 조언

일을 하다 보면 대행사를 참 잘 써먹는 공공기관이 있고, 일만 힘들게 하는 기관이 있다. 대행사를 잘 활용하는 공공기관은 아무리 힘들게 일을 시켜도 사실 할 만하다. 입장을 바꿔서 대행기관을 잘 활용하면 담당자도 대행사가 관리의 대상이 아니라 도움을 주는 파트너가 될 수 있다. 대행사를 잘 활용한다는 말은 오류 없이 순조롭게 채용이 진행될 수 있도록 한다는 말이다. 대행사를 잘 활용하려면 어떻게 해야 할까?

첫째, 사전의 원칙을 잘 지키는 것이다.
둘째, 운영을 여유롭게 하는 것이다.
셋째, 의견을 수렴할 줄 알아야 한다.

첫째, 사전에 세워진 원칙을 잘 지키려면 먼저 원칙 자체가 좋아야 한다. 충분한 사전 검토와 시뮬레이션 점검을 통해 '이렇게 해 주세요'를 명확하게 정리해 두어야 한다. 그리고 사전에 충분히 알아들을 수 있도록 명확한 소통을 통해 대행사에게 제시해야 한다. 전화보다는 메일이나 문자와 같이 명확한 것이 좋다.

또 원칙을 잘 지키려면 갈팡질팡하지 말아야 한다. 처음에 제시했던 기준을 자꾸 바꾸게 되면 나중에는 기준이 무엇이었는지 헷갈리게 된다. 작성된 결과물들을 보면서 최종본이 무엇인지 알아보지 못하는 실수를 만들 수 있다.

예전에 한 공공기관의 채용을 진행했을 때의 겪은 일이다. 고객사의 채용담당자가 두루뭉술 대충의 방향만을 이야기해 주니 PM이 알아서 일반적인 경험을 바탕으로 준비했다.

서류전형도 그랬다. 다른 기관이 하듯이 평가위원들을 소집해서 평가자료를 제공했다. 그런데 당일 아침 담당자가 뜬금없는 말을 한다. 서류평가를 명확한 기준에 따라 사전에 정리하고 이슈가 될 부분만 따로 빼내어 평가위원들이 의결하도록 하라는 것이다. 발등에 불이 떨어졌고 PM뿐만 아니라 회사 내의 컨설턴트들과 검수요원들까지 동원되어 밤샘 작업을 진행해야만 했다. 사전 정리도 급하게 보완했으니 제대로 된 검수까지 기대하기도 힘든 상태라 평가위원회를 진행하면서 동시에 다수의 검수 인원을 투입하여 병행하도록 해야 했다.

필기시험도 시험 전날 시험장을 모두 세팅해 놓았는데 시험 직전 책상에 수험번호를 부착하라 했다. 매사가 전쟁터를 방불케 한다. 점검하고 확인하고 여유있게 준비해야 할 당일 아침에 발바닥에 불이났다.

채용과업을 다 마칠 때쯤 다음 번 채용 과업에 다시 참여해 달라는 부탁을 들었다. 대행사가 매번 바뀌어 힘들단다. 결국 우리 회사도 해당 기관의 입찰에는 더 이상 참여하지 않기로 결정했다. 일관성 없는 프로세스 하에서는 양질의 서비스를 제공하기 어렵기 때문이다. 또, 내 입장에서는 과도한 업무 부담으로부터 직원들을 지켜야 하는 이유도 있었다.

두 번째, 운영을 여유롭게 할 수 있도록 채용 일정을 넉넉하게 수립해야 한다. 공공기관들의 급한 사정이야 이해한다. 채용 일정은 이미 승인받아 두었는데 상세계획에 대한 내부의사결정이 늦어지는 경우라면 고객사의 담당자들도 어쩔 수 없긴 하다. 하지만 서류전형이 수요일에 끝나는데 그 주 토요일이 필기시험이라면 준비할 시간이 너무 촉박하다. 서두르다 보면 실수할 수 있다. 아무리 베테랑 PM이라도 힘들다. 게다가 시험 규모가 크면 PM 혼자 일하는 게 아니다. 투입되는 인력들을 지휘하고 확인해야 하는데 그야말로 현장은 통제불능의 혼란스러운 상황이 된다. 사람인이 오랫동안 채용을 대행해 온 에너지 분야 공공기관은 각 전형단계의 시행 일정에 3주 이상의 여유를 두고 있다. 합격자 발표를 하기 전에 한 번 더 검수하고 확인할 여유가 충분하다. 여유가 있는 만큼 꼼꼼하게 준비할 수 있었고 그만큼 오류 한 번 없이 좋은 파트너로서 채용을 진행할 수 있었다.

셋째, 채용대행사의 의견을 참고하면 좋겠다. 앞에서도 언급했듯이 업력이 높은 대행사는 풍부한 경험과 노하우를 보유하고 있다. 그만큼 다양한 케이스를 알고 있다. 무엇이 어렵고, 무엇을 기대할 수 있는지 쌓여있는 정보가 많다. 고객사 내부에서 의사결정을 미리 내려놓고 무조건 따르라고 고집하는 것보다 훨씬 더 좋은 방안을 얻을 수 있다. 내부 의사결정을 내리기 전에 참고할 만한 자료와 의견을 달라고 요청하면 된다. 대행사는 절대 거부하지도 않을뿐더러 오히려 좋아한다. 알고 있는 내용을 하나라도 더 알려주려고 노력할 것이다. 고객사의 경영평가에 도움이 될 만한 아이디어를 제공해 드린 경험도 많다.

어느 정도 규모 이상의 공공기관 채용은 채용대행을 이용하여야 한다. 제대로 된 대행사를 선정하고 잘 활용해서 오류 없고 사고 없는 채용을 통해 좋은 인재를 영입하기를 바란다. 대행사는 다음 채용과업을 수주하기 위해서라도 고객이 좋은 인재를 얻을 수 있도록 최선을 다해 협력할 것이다.

이 그림은 Gemini Pro를 이용해 제작되었습니다.

1. **NCS채용**

   - NCS란 국가직무능력표준이다.
   - 24개의 대분류로부터 각각의 직무와 능력단위/능력단위요소로 구성된다.
   - 각 능력단위요소에는 어떤 일인가를 설명하는 수행준거와 직무 수행에 필요한 지식, 기술, 태도 요소가 정리되어 있다.

2. **공공기관 채용의 과거와 현재**

   - NCS 이전에는 학벌과 전공필기점수가 중요했다.
   - NCS가 도입되며 학벌, 출신지역 등 개인정보는 평가에서 제외되었다.
   - NCS 이후 구조화된 면접전형이 강화되고, NCS직업기초능력 검사가 도입되었다.
   - BLIND 채용이 도입되며 지방의 출자·출연기관까지 직무능력 중심 채용이 확대되었다.
   - 코로나 시기 AI면접 등 디지털·온라인 전형이 확산되었으나 코로나 이후 오프라인시험으로 회귀하였다.
   - 2023년 이후 MZ세대의 관계역량과 책임감 문제가 제기되며 인성검사를 다시 찾는다.

3. **공공기관의 채용 시험**

   - NCS직업기초능력검사
   - 직무수행능력시험(전공필기)

- 면접전형(구조화된 면접, 시뮬레이션 면접-발표·토론 등이 많이 시행됨)

4. 채용대행

1) 업체 선정 기준

- 사업조직의 규모와 역량 특히 베테랑 PM 확보가 중요하다.
- 자체 개발 채용시스템을 보유해야 공공기관의 니즈에 유연하게 대응할 수 있다.
- 풍부한 경험과 노하우가 필요하다. 내부 담당자의 짧은 경험을 보완해 준다.
- 공공채용을 설계하고 개선방안을 제시할 수 있는 전문성이 필요하다.
- 보안관리능력은 필수. 문제유출, 개인정보유출로부터 안전해야 한다.

2) 제안평가 시 주의사항

- 저가 덤핑 제안 업체는 불안하다. 기술점수의 격차를 크게 배정해야 한다.
- 평가위원들의 사전교육이 필요하다. 과업의 범위와 평가 기준을 이해해야 한다.

3) 채용대행 활용을 위한 조언

- 사전의 원칙을 세밀하게 세우고 이를 잘 지켜야 한다.
- 운영을 여유롭게 해야 한 번 더 점검하고 사고를 피한다.
- 전문업체에게 의견을 묻고 수용할 수 있다면 채용이 원활해진다.

1. 공공기관은 공정채용을 실현하기 위해 기준을 정확하게 알아야 한다.
2. 채용대행사를 잘 선택하고 잘 활용하면 채용이 사고없이 원활해진다.
3. 전문업체의 조언을 구하고 적용하여 채용을 개선하자.

제5장
채용전형의
운영

5장에서는 채용전형의 각 단계에 대해 좀더 실무적으로 정리해보려고 한다. 아무래도 한두 명을 채용하는 실무는 회사마다 정해진 단순한 프로세스가 있을 것이다. 상세한 내용을 다루려면 대규모 채용의 경우를 다루지 않을 수 없다. 시험장은 어떻게 찾고 예약할 것인가와 같은 내용은 수시채용에 맞지 않으니 앞으로 정리할 상세한 내용들이 실무적으로는 도움이 되지 않을 수도 있다. 독자들께서는 5장의 내용은 필요할 때 찾아보는 참고서처럼 활용하시거나, 채용 규모가 커졌을 때를 대비한 선행 학습으로 가볍게 읽어보시기를 권한다.

1 서류전형

must have와 never

어떤 사람을 채용할 것인가를 정리할 때 꼭 필요한 역량과 절내 피하고 싶은 조건을 언급한 바 있다. 적어도 must have와 never의 조건들은 합격과 불합격을 명확하게 나누는 기준이 되어야 한다.

사람인의 경우 인성검사에서 never의 조건을 설정한 적이 있다. 당시 우수인재의 특성을 분석하여 6가지 성격요소를 찾아내었을 때 끝이 좋지 않았던 직원들에 대해서도 추가로 조사하였다. 응답 신뢰성, 허구도에 문제가 있는 경우와 주도성이 현저히 낮은 경우 등이 밀접한 연관성을 보였다. 아무리 사람 찾기가 힘든 희소 직무라 하더라도 이 조건에 걸리면 절대 불가였다. 그 외에도 사람인과 문화적 특성이 완전 다른 특정한 회사의 출신들도 꺼리는 대상이었다. 철저하게 레퍼런스 체크까지 거쳐야 채용을 검토할 수 있었다.

상대적으로 must have의 조건은 찾기 쉬운 편이다. 안전관리직무와 같이 법정 자격증이 반드시 있어야 하는 경우도 있다. S/W 개발자의 경우에도 개발언어나 프레임웍, 보안 솔루션 등 회사의 시스템 인프라에 대한 이해나 적응이 가능해야 한다. 인사의 경우라면 필요한 실무경험을 갖추어야 하고 팀장 이상이면 인사철학도 회사의 경영철학과 맞아야 한다.

내가 인사실장이던 시절 L모 그룹 출신의 스펙 좋은 인물이 인사팀장 포지션에 지원한 적이 있다. 학벌 등의 스펙이 아니라 경력기술서 상의 성과 사례들이 워낙에 좋았다는 의미이다. 마침 해당 그룹의 HR시니어를 잘 알고 있던 나는 레퍼런스 체크에 들어갔다. "일은 잘하는데… 사람에 대한 애정이 없다"라며 인사에는 적합하지 못하다는 의견을 들었다. 사람을 소중하게 하는 것은 내가 가장 중요하게 생각하는 인사철학 중 하나이기도 했다. 나는 좋은 스펙에도 불구하고 채용을 포기하였다.

일반적으로 떠올릴 수 있는 must have의 조건들을 정리해 보자.

위생 보건의 경우 간호사나 위생사의 자격증이 필요하다. 환경 관련 직무의 경우 대기/수질 환경기사 자격증이 필요하다. 안전관리자를 선임해야 하는 사업장이라면 산업안전기사 자격증을 보유하고 있어야 한다. 이러한 자격증은 회사가 해당하는 전문가를 채용해야 하는 법적 요건을 충족하기 위해 꼭 필요한 자격증들이다.

must have처럼 인식되긴 하지만 그냥 있으면 좋은 수준의 자격들도 있다. 전산회계 1급/2급, 정보처리기사, 사회조사분석사, 검색광고마케터 자격, 구글 Analytics/Ads 자격 등은 있으면 좋지만 없어도 실무 역량만 있다면 아무 문제 없다. 이렇게 있으면 좋은 자격요건은 우대사항 정도로 두고 비교 대상이 존재할 때 감안하면 된다.

정량평가

입사지원서에 명확한 명칭이나 숫자로 표시될 수 있는 것들이 정량평가의 대상이 된다. 사람인과 같은 채용포털에서 제공되는 필터링 서비스로 간단한 조건들은 손쉽게 분류할 수 있다.

공공기관들은 학력 사항에 대해 철저하게 블라인드 채용을 실시하고 있지만 민간의 회사들은 학력도 볼 수 있다. 물론 학점도 볼 수 있다. 사는 곳이 어디인지도 볼 수 있다. 한 콜센터에서 퇴사자 데이터를 분석해 보니 출근 시간이 30분을 넘어가면 퇴사율이 두 배까지 높아졌다고 한다. 이직률이 높은 조직이라면 출퇴근 거리를 감안하는 것도 해볼 만한 일이다.

중요한 것은 단순히 일반적인 선입견을 평가조건으로 설정해서는 안 된다는 것이다. 철저하게 회사에서 일 잘하는 사람을 기준으로 통계적으로 의미있는 기준을 설정해야 한다. 다시 말하지만, 채용은 확률을 높여가는 게임이다. 확률적으로 회사에서 필요로 하는 인재일 가능성이 높을 수 있는 명시적인 조건, 그것이 정량평가의 기준이다.

정량평가는 지원자의 데이터만 정리되면 엑셀같은 스프레드시트로 간단하게 산출할 수 있다. 대부분의 평가 기준은 그렇다. 경력 산정의 경우와 같이 인정의 여부나 비율이 적용될 경우에는 심사과정을 거쳐야 한다. 복수의 심사위원을 두고 합의 과정을 통해 평점을 할 수도 있다.

대규모 공개채용을 진행하는 공공기관의 경우에는 명시적 조건에 대한 기계적 평가(자격증 보유 여부와 같이 명확한 판정이 가능한 경우)만 진행하기도 한다. 여기에 자기소개서 평가가 포함되면 이야기가 달라진다. 적어도 3명 이상의 평가위원들을 두고 위원 간 이견이 있을 경우 평가조정을 통해 의견의 일치를 보아야 한다. 객관성을 확보하여 공정하게 진행하기 위한 조치이다.

자기소개서 평가

우선 자기소개서의 작성 항목들을 살펴보자. 자기소개, 지원동기, 직무 관련 장점, 직무 연관 성장 과정과 교훈, 직무 관련 성장 계획, 자기개발 노력 등이 있다. 그중에서도 지원동기와 직무 관련 장점, 자기개발 노력 세 가지는 매우 흔하게 눈에 띄는 항목이다.

그렇다면 이 세 가지 항목의 평가 기준은 무엇일까?

지원동기

지원동기를 작성하라는 항목에서 가장 흔하게 보게 되는 내용은 우리 회사의 비전, 미션, 가치관, 사회봉사활동 등에 감동했고 공감하고 있다는 이야기들이다. 관련된 사례들까지 꼼꼼하게 기술되어 있다. 상당수의 지원자가 취업 컨설팅 등을 통해 획일화된 답변을 준비해 온다는 점을 채용담당자는 인지하고 있어야 한다. 이런 흔한 내용들은 좋은 평가를 줄 수 없다. 채용을 진행하는 회사에서 지원동기를 평가할 기준은 말 그대로 지원동기 그 자체이다.

지원동기란 무엇인가? 회사 또는 일에 함께 하고 싶은 이유이다. 현란한 글재주에 속으면 안 된다. 적어도 네 가지 기준에서 지원동기의 진정성을 파악하고 평가해야 한다.

첫째, **관심을 갖게된 계기**이다. 아무런 계기 없이 동기가 발동할 수는 없다. 회사의 서비스나 상품을 통해 행복감을 느끼게 된 직·

간접적인 경험이 있을 수 있다. 지원자가 하고 싶던 일을 가장 잘할 수 있게 해줄 직장으로 회사를 선택했어야 한다. 한마디로 지원하게 된 계기가 긍정적으로 공감할 수 있어야 한다.

둘째, **지원을 위한 노력**이다. 관심을 가지게 되었다면 그때부터 지금까지 아무것도 안 하고 막연하게 기다리기만 하지는 않았을 것이다. 회사나 일에 대한 기회를 자기 것으로 가져오기 위해 준비하고 노력하는 과정과 결과가 있었을 것이다. 지원동기가 얼마되지 않았다면 구체적으로 실행하려는 계획이라도 있었을 것이다. 그 내용을 들여다보고 확인해야 한다.

셋째, **미래에 대한 기대**이다. 준비하는 과정이 힘들고 고되더라도 이기고 지속하게 해주는 힘은 미래에 대한 기대에서 나온다. 단순히 회사에서 임원이 되어야겠다는 막연한 욕심이 아니다. 회사에서 또는 일에서 어떠한 모습으로 성장하고 싶은지 미래상을 말하는 것이다. 어떤 역할을 해내는 사람이고 싶다, 어떤 성과로 사회에 기여하고 싶다, 꿈꾸던 아이디어를 실현하겠다 등이 미래에 대한 기대이다. 과거에는 이러한 내용을 '입사후 포부'라고 불렀다.

넷째, **처음 맡게 될 일에 대한 각오**가 있다. 입사를 꿈꾸었다면 입사하여 어떤 일을 하게 될지 그려 볼 것이다. 진심인 만큼 진지하게 그려보는 것이 당연하다. 누구와 어떤 일을 하게 될지 바라는 것도 있을 것이다. 힘든 부분도 상상하고 각오하게 되는 부분도 있을 것이다.

지원동기 평가요소

지원동기 평가요소	평가할 내용
관심 갖게 된 계기	일이나 회사에 대해 관심을 갖게 된 지원자의 직·간접 경험
지원을 위한 노력	입사를 위한 준비 과정에서 남다른 노력과 결과
미래에 대한 기대	역할과 성과에 대한 지원자의 비전이나 꿈, 미래상
첫 일에 대한 각오	하게 될 일에 대한 기대와 각오

앞으로는 '지원동기가 무엇인가?' 이렇게 단순하게 묻지 말자. 관심을 갖게된 계기, 지원을 위한 노력, 미래에 대한 기대, 처음 맡을 일에 대한 각오를 나누어 묻는 것이 지원동기를 확인하는 더 확실한 방법이 될 것이다.

직무관련 강점

직무관련 강점을 묻는 자소서 항목은 한 번에 두 가지 역량을 확인할 수 있다.

첫째는 **직무를 알고 있는가** 하는 것이다. 인사가 사람을 관리하는 것 정도로 이해하고 있다면 강점이라고 적을 수 있는 것이 '사람을 좋아한다' 정도에 불과할 것이다. 사람을 좋아하는 성향은 식무상 필요한 장점이 아니다. 인사가 무슨 일을 하는지 몰라서 막연하게 둘러대는 대꾸에 불과하다. 인사가 채용, 평가, 보상, 교육, 상/벌 등과 같은 세부 역할이 있고 각각의 역할들은 어떠한 프로세스로 진행되는지 알아야 어떠한 강점이 필요한지 추론할 수 있다. 예를 들어 인사기획직무라면 분석적 사고와 설득력이 필요하다고 답할 수 있어야 한다.

두 번째는 **자신의 강점을 제대로 알고 있는가** 하는 것이다. 채용 현장에서 만나는 지원자들이 답하는 가장 흔한 강점은 소통능력이다. 그래서 소통능력이 남보다 뛰어나다고 자신하느냐고 다시 확인하면 말문이 막히곤 한다. 단순히 사회생활에 필요한 덕목을 면접관 듣기 좋게 설명한 것에 불과하다. 자신의 강점을 제대로 알고 있다면 뻔하고 흔한 답변은 하지 않을 것이다.

지원자가 일에 대해 제대로 이해했다면 일에 필요한 장점들을 알고 그 장점들 중 자신이 보유한 장점을 어필해야 한다. 다시 말해, 평가자는 지원자가 작성한 내용이 과연 직무에 필요한 강점인지, 해당하는 강점을 보유한 수준이 어느 정도인지를 평가해야 한다.

자기개발 노력

서류평가자들이 쉽게 빠지기 쉬운 함정이 자기개발노력에서 무슨무슨 자격증을 취득했다는 것에 지나치게 집착하는 것이다. 직무를 위한 자기개발 노력이 반드시 자격증 취득에만 국한되는 것은 아니다. 인사직무라면 과연 어떤 자격증을 따야 하나? 인사엔 딱 맞는 자격증이 없다. 굳이 유사한 것을 찾으려 해도 노무사 정도이다. 노무사는 엄밀히 말해 인사라기보다는 노무직무에 가깝다. 그럼에도 불구하고 자격증을 취득한 노력만 인정해 주려 하는 것은 평가기준의 명확성 때문일 것이다.

서류평가자들은 조금 더 신중하게 생각해 보아야 한다. 자기개발을 위한 노력은 직무와 관련된 경험을 쌓아가는 것도 중요하다. 단순히 인턴으로 일해본 체험이 있는 것이 아니라 일을 해본 경험을 가지고 있다면 실무능력 수준으로 평가해 볼 수 있다.

얼마전 강연에서 만난 강연자가 자신의 사례를 취준생들에게 밝혔다. 조직심리 전공자로서 학부생일 때부터 좋은 논문을 찾게 되면 저자의 페이스북을 찾아내서 좋아요를 달고 배우고 싶다고 연락을 했다 한다. 저자가 연구실을 운영하거나 회사에서 근무한다면 무보수를 자처하면서까지 찾아가 일할 경험을 구했었다. 그 결과 현재는 강연자로 초빙될 만큼 전문가가 되었다. 어린 나이에도 경륜이 풍성했던 이유가 있었다.

흔한 어학 성적이나 해외연수에 흔들리지 말아야 한다. 회사는 일 잘할 사람을 찾고 있고 필요한 요건을 정리하였다. 이제 그 기준대로 평가하는 것이다. 글솜씨는 모른 척하고 의미있는 경험을 쌓아온 것에 주목하자. 자격증도 그 경험 중의 하나일 뿐이다.

역량기반 자소서의 평가

역량기반 자소서는 일반 자소서와 무엇이 다를까? 우선 작성 항목의 지문이 다르다. 역량을 묻는 질문은 행동지표 관련 경험을 끌어내기 위해 좀더 상세한 작성 기준을 명시한다. 예를 들면 도전정신이라는 역량에 대한 지문은 "누구나 어렵게 생각하는 일에 용기를 내어 도전한 적이 있다면 도전한 이유와 성공을 위해 노력했던 과정을 포함하여 기술하시오"와 같이 지문이 제시된다. 대기업이나 공공기관들의 경우 이러한 지문을 분할하여 제시하기도 한다.

자소서 항목 작성 지문(분할형) 예시

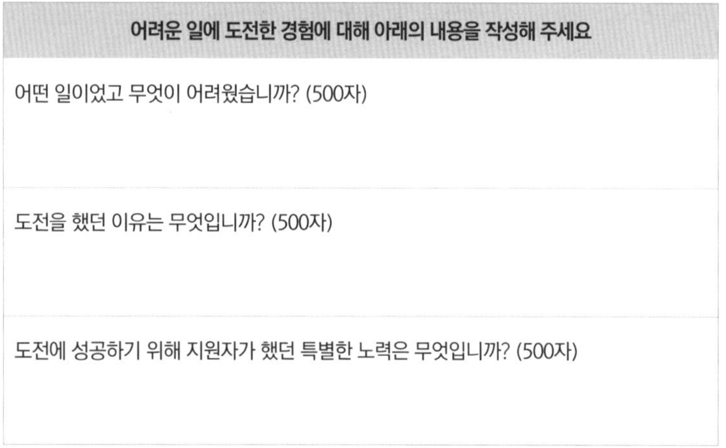

어려운 일에 도전한 경험에 대해 아래의 내용을 작성해 주세요
어떤 일이었고 무엇이 어려웠습니까? (500자)
도전을 했던 이유는 무엇입니까? (500자)
도전에 성공하기 위해 지원자가 했던 특별한 노력은 무엇입니까? (500자)

위의 예시와 같이 하나의 지문이 아니라 메인질문과 하위질문으로 엮어서 그룹화된 질문을 하기도 한다. 역시 평가 기준인 행동지표와 관련된 구체적인 행동 사례를 기술하도록 하기 위함이다.

위의 지문에서 제시했던 세 가지 요소는 도전 역량을 구성하는 세부요소이다. 지문에 '누구나 어렵게 생각하는 일', '도전의 이유', '노력했던 과정' 이 세 가지 요소를 굳이 명확하게 표현하는 이유는 정확한 평가를 위해 도전정신의 3가지 행동요소에 해당하는 행동들을 정확하게 관찰하겠다는 뜻이다. 이를 다시 평가자의 입장에서 보면 역량 기반 자기소개서를 평가하는 기준이 된다. 지문에 제시된 역량을 구성하는 요소들이 무엇인지 찾는 것이 먼저라는 말이다. 구성요소들을 정리하고 각 요소별로 좋은 행동과 부족한 행동을 정리하여 가/감의 기준으로 삼아야 제대로 된 객관적인 평가를 할 수 있다. 글재주에 흔들리지 않는 비결이 된다.

그래서 역량 기반 자소서의 평가를 진행할 때는 평가자들에게 명확한 평가 기준을 제시해 주어야 한다. 그래야 누구나 같은 수준의 평가를 수행할 수 있다. 평가해야 할 요소들은 어떤 것들이고 각각의 요소에 해당하는 가점 행동과, 감점 행동은 이런 것이라고 설정을 제시해 주는 것이 제대로 된 평가를 진행하는 요령이다.

공채 서류평가 위원회

사람인도 공채를 진행한 적이 있다. 거의 10년 전 6,000명 가까운 지원자가 들어왔다. 서류평가를 하면서 인사팀 10여 명이 모두 달라붙어서 며칠 동안 두눈이 빨갛게 충혈되도록 한 글자 한 글자 읽어가며 서류를 평가했다. 대기업 그룹사의 공채에서도 각 계열사의 인사팀을 소집하여 비슷한 방식으로 진행했었다. 요새는 좀 다를까? 그룹사 공채가 사라져 버려서 알 수 없지만, 공공기관의 경우를 보면 1차 자격요건 검증은 인사팀과 대행기관에서 진행하고, 2차 정성평가는 서류평가위원회를 거치게 된다. 서류평가위원회는 3인 1조로 구성하여 지원자의 인원에 따라 여러 개의 조로 나누어 진행한다. 3인 1조로 진행하는 이유는 위원들 간 이견이 있을 경우 다수결이 가능하다는 장점도 포함된다.

서류평가를 진행하는 방식은 지원자 한 사람 한 사람의 서류를 차근차근 평가하는 방법이 있고, 평가항목별로 배정하여 평가위원 한 사람은 하나의 평가항목만 보게 하는 방식이 있다. 나는 평가항목당 한 조의 평가위원을 두는 방식이 좋다고 생각한다. 평가항목을 하나만 보기 때문에 전체 지원자에 대해 일관적인 기준을 적용하기 쉽고 또 주의가 분산되지 않는다는 장점이 있다. 대신 탈락 사유가 발견된 지원자에 대한 평가가 생략되지 못하는 비효율 문제가 남기는 한다.

요즘은 시스템으로 진행하는 경우가 대부분이다. 보기도 편하고 평가가 쉬울 뿐 아니라 AI와 같은 첨단 솔루션들이 평가자들을 도와주기 때문에 실수나 오류가 현격히 줄어든다. 게다가 진행 상황을 모니터링하고 집계 결과를 즉시 확인할 수도 있다. 평가자 간의 이견이 있는 것도 즉각적인 알람기능으로 바로바로 해결할 수도 있다.

국책은행인 S은행의 사례처럼 보안을 최우선으로 고려한 독특한 방식도 있다. 평가 당일에 USB에 자기소개서를 PDF 파일로 담아서 온다. 평가자들은 PDF 파일을 보는 노트북과 평가용 노트북 두 개를 펼치고 불편을 감수해야 할뿐더러 AI와 같은 첨단 솔루션의 도움을 전혀 받을 수 없다. 대신 PDF 파일로 가져오는 방식은 보안관리에선 최고다. 시스템 오류에 대한 걱정도 없다는 것이 해당 은행이 기존방식을 고수하는 이유이다.

AI시대 서류평가 개선 제안

앞서 언급했던 바와 같이 AI의 등장 이후 서류평가의 신뢰도는 새로운 도전에 직면하였다. AI가 작성해 주는 잘 쓴 자소서들 때문에 제대로 된 평가를 할 수 없다. 서류평가를 대체할 다른 방안을 강구해야 한다.

이같은 입장에서 공공기관들은 서류평가를 축소하거나 필기시험 다음으로 미루고 있다. 민간의 회사들은 어떻게 해야 할까? 비용과 시간의 부담 없이 1차 필터링을 진행할 새로운 방안을 모색하여야 한다. 요약형 인성검사나 시간 제한이 있는 온라인 에세이 형태의 자소서 대체 솔루션은 어떨까? 예상치 못한 문제에 즉시 반응해야 하니 AI나 컨설턴트의 도움이 없는 진솔한 답변을 기대할 수 있다. 게다가 남이 써줄 경우 면접에서 대답하기도 힘들 것이니 대리시험에 대한 걱정도 없을 것이다.

이 그림은 Gemini Pro를 이용해 제작되었습니다.

1. **must have와 never 조건**
   - must have와 never는 합격과 불합격을 명확하게 나누는 기준이 되어야 한다.

2. **정량평가**
   - 입사지원서에 명확한 명칭이나 숫자로 표시되는 정보들은 필터링의 조건이 된다.
   - 확률적으로 회사에서 필요로하는 인재일 가능성이 높을 수 있는 명시적인 조건

3. **자기소개서 평가**
   1) 지원동기 평가 기준
      - 관심 계기: 회사나 일에 대해 관심을 갖게 된 개인의 경험
      - 준비 노력: 취업을 위해 그동안 취했던 남다른 노력과 성취
      - 미래 기대: 어떤 역할을 하고 싶은지, 어떠한 성과로 기여하고 싶은지
      - 첫일 각오: 처음 맡게 될 일에 대한 계획과 각오
   2) 직무 관련 장점 평가 기준
      - 직무이해. 직무에 디헤 얼마나 구체적으로 알고 있는가
      - 자기장점: 직무와 관련된 자신의 장점을 알고 있는가
   3) 자기개발 노력
      - 자격증, 해외어학연수 등 흔한 노력은 중요하지 않다.
      - 직무경험을 쌓기 위한 적극적이고 남다른 노력을 확인한다.

4. **역량기반 자소서 평가**

- 지문에 명시된 조건들(행동지표)를 기준으로 평가한다.
- 예) 도전정신: 어려운 일이었지만 어떤 목적을 가지고 노력하여 성과를 얻은 사례
- 글솜씨가 아닌 구체적인 행동을 관찰하여 그 수준을 평가해야 한다.

5. **서류평가 위원회**

- 공정하고 객관적인 평가를 위해 복수의 평가위원으로 평가위원회 구성
- 중간 중간 평정회의를 통해 평가 기준을 확립하고 평가자의 눈높이를 맞추어야 한다.

TO DO

1. 정량평가는 명백한 용어와 숫자를 합격 기준으로 제시한다.
2. 정성평가에서 글솜씨에 속지 않으려면 명확한 평가 기준이 행동지표로 확립되어야 한다.

2 필기시험

필기시험의 경우 민간회사는 대부분 시행하지 않는다. 여기서는 금융권이나 공공기관에서 시행하는 대규모 필기시험을 기준으로 실무적으로 풀어내 보려 한다.

문제 출제

출제는 주로 대학의 교수들에게 의뢰한다. 직접 의뢰를 하기도 하고 대행기관을 활용하기도 한다. 기관에 따라 사내의 전문가들을 소집하여 직접 출제를 하기도 한다. 사내 전문가를 활용할 때는 보안이 문제다. 연수원에 소집하여 외부와 철저하게 격리된 상태로 며칠 동안 문제를 출제한다. 비밀 유지를 위해 시험 당일까지 연수원을 나올 수도 없고 핸드폰도 사용할 수 없다. 이렇게 관리한다 해도 출제범위에 대한 출제자 개인의 의견이 사전에 누출될 우려는 여전히 존재한다. 대행업체에 문제 출제를 맡기는 이유가 이것이다. 대행업체는 어느 기관이 언제 사용할 문제인지 철저하게 숨기고 출제를 의뢰한다. 비밀유지각서와 법적인 책임까지 물을 수 있도록 사전계약까지 챙긴다. 적어도 문제가 사전에 새어나가는 일이 없도록 철저하게 관리한다.

문제 출제에서 가장 중요한 것은 기출문제가 아니어야 한다는 것이다. 경기도의 한 시험에서 7년 전 공무원 시험과 유사한 문제라는 민원이 제기된 적이 있다. 아무리 세밀하게 검수를 해도 매년 쏟아지는 문제집과 수십 년의 기출문제를 모두 확인해 볼 방법이 없다. 시중의 문제집이야 발간되는 즉시 구매하여 내부 시스템에 학습시킬 수 있다 해도 공개되지 않는 공공기관의 기출문제들은 확인해 볼 방법이 없다.

기출문제가 허용되지 않는 것은 누구라도 먼저 그 문제를 접한 경험이 있다면 상대적으로 유리해지기 때문이다. 출제자로부터 출제범위라도 먼저 알게 된다면 그것도 상대적으로 유리해질 수 있다. 누구도 유리하거나 불리하면 안 된다. 공정성이 훼손되기 때문이다. 공정하지 못했던 채용은 사회적으로 심각한 문제가 된다.

문제를 출제할 때 또 다른 어려운 점은 난이도를 맞추는 것이다. "대졸 일반 수준으로 해주세요." "좀 어렵게 해주세요." 난이도에 대한 요구조건은 쉽게 말할 수 있다. 대졸 일반 수준은 일반기계기사 1급 정도의 수준을 의미한다. 출제를 관리하는 입장에서 난이도 조정은 생각보다 쉽지 않다. 사람인이 직무능력검사 문제를 출제할 당시 이 정도면 난이도 하 수준이라고 생각하고 개발한 문제가 있다. 통계검증 결과 생각한 대로 '하' 수준이 나왔다. 해당 문제를 숫자만 조금 바꿔서 문제 케이스를 다양하게 구성한다. 숫자만 조금 바꿨는데 결과적으로 틀린 사람이 많이 나오는 난이도 '상'

의 문제가 되었다. 출제자에게는 당혹스러운 결과지만, 실무에서는 빈번하게 발생되는 일이다. 난이도에 대한 예측은 장담할 수가 없다. 출제자가 생각하는 난이도와 응시생들이 반응하는 난이도가 달라지는 경우가 많다는 말이다. 게다가 문제 유출은 절대로 안 되는 일이라 사전에 통계 검증을 위한 모의테스트가 불가능하다. 출제 경험에 의존할 수밖에 없다.

출제하는 교수들을 섭외하는 것도 어렵지만, 교수들이 만들어 내는 문제의 형식과 내용도 문제가 된다. 출제 의뢰를 하면서 제시해 주는 표준모델을 참고하면 좋을 텐데 자부심 있는 교수들은 자신의 세계관이 확실하다. 출제된 문제를 못 쓰고 버려야 하는 경우도 있다.

시험장 섭외

시험일정은 채용 계획 단계에서 이미 확정된다. 채용공고에 명시해야 하기 때문이다. 계획이 확정되면 시험장을 예약해야 한다. 시험 장소는 중·고등학교를 선호한다. 100명 규모의 시험이라면 회사 내의 큰 강의장을 이용할 수도 있겠지만 대부분의 공채시험은 수용해야 할 인원이 많다. 시험장소는 관리가 용이한 복도식 구조가 좋다. 중·고등학교는 시험감독도 유리할 뿐만 아니라 방송 안내가 가능하여 시험 운영에 장점이 많다. 중·고등학교가 아닌 경우는 대학교나 COEX와 같이 넓은 전시 공간을 대여하여 사용할 수 있다. 대학교나 전시 공간은 일반 방문자가 있기 때문에 수험 환경을 조성하기가 곤란하다는 점과 방송 안내가 곤란하다는 단점이 있다.

채용시험은 시즌이 존재하기 때문에 조금이라도 늦어지면 수험 환경이 좋은 학교를 예약할 수가 없다. 대충의 기간이 예상되면 일단 가예약을 해두어야 한다. 시장 점유율이 높은 대형 대행사의 경우 시험장을 미리 선점하여 안정적으로 운영할 수 있지만, 중소 대행사는 시험장 확보에 어려움을 겪는 경우가 많다.

시험장을 섭외할 때는 학교 선생님들을 감독관으로 활용할 수 있도록 사전에 협의를 해두어야 한다. 주차장 사용 여부, 방송실, 냉난방설비, 쓰레기 처리 등 시험기간에 필요한 부분을 사전에 확정해 두어야 한다. 학교 측과 긴밀하게 협조할 수 있도록 행정담당 선생님께 시작부터 끝까지 예의를 다해야 한다.

감독관 교육

시험을 감독하는 감독관들에겐 사전 교육이 필요하다. 우선 시험이 어떻게 구성되는지 일정과 행동요령에 대해 알아야 한다. 모두가 똑같이 정해진 행동요령을 지켜야만 한다. 방송으로 진행하는 경우 방송의 내용을 철저히 따라야 한다. 뭘 해야 할지 알고 있다고 혼자 먼저 하는 것도 안 된다. 모든 것이 공정성을 위해서다.

시험 운영

정해진 스케줄에 맞춰서 시험지와 답안지를 배포해야 한다. 시험지를 배포하는 시간은 전체 시험장이 동일해야 한다. 어느 한 시험장이라도 문제 내용을 먼저 보면 안 된다. 누구에게도 유리하면 안 된다. 모두가 똑같은 입장이어야 하는 게 공정성이다.

각 시험시간마다 응시생명부를 통해 응시 여부를 확인한다. 정답을 기록하는 답안지에 확인 서명도 해야 한다. 감독관이 확인 서명을 할 때에는 응시자의 개인정보가 기록되어 있는지도 확인한다.

수정테이프를 사용하는 것은 안 된다. 나중에 응시생이 자신이 수정한 것이 아니라고 주장할 경우 검증할 방법이 없다. 합격자 여부가 달라질 수 있으니 민원이 될 뿐만 아니라 심하면 고발될 수도 있다.

화장실 가는 것을 막을 수는 없다. 요즘은 응시생에 대한 가혹행위로 비쳐질 수 있다. 대신 화장실이 급해 시험장을 이탈하면 다시 들어올 수는 없다. 화장실에 휴대전화를 미리 숨겨두고 몰래 정보를 검색한 뒤 재입실하여 문제를 풀었던 부정행위 사례가 실제로 존재하기 때문이다.

주의 사항들도 많다. 감독관이 지루하고 몸이 뻐근하다는 이유로 팔을 흔들고 체조를 한 것도 시험에 방해되었다는 민원이 있었다. 시험에 방해가 되지 않도록 최대한 차분하고 조용히 감독해야 한다. 어떠한 질문에도 섣불리 대답하지 않는다. 모든 상황은 시험을 운영하는 본부에서 판단하고 모든 시험장에 동일하게 조치되어야 한다.

가장 중요한 것은 부정행위를 방지하는 것이다. 많은 인력과 비용을 투입하면서라도 굳이 시험장에서 시험을 치르는 목적이 부정행위 방지이다. 의심되는 응시생이 있으면 급하게 지적하지 말고 옆으로 가서 가만히 서 있으면 된다. 현장에서 지적하고 제재하면 자칫 물리적인 마찰이나 소란으로 번질 수도 있다. 소란 자체보다 그 소란으로 인해 시험을 제대로 못 치르는 경우가 더 문제다. 특정 시험실의 응시생들만 불리하게 되어 공정성이 훼손되기 때문이다.

부정행위가 발견되면 시험이 끝난 후 사실을 통보하고 시험을 운영하는 본부로 데려간다. 그러면 본부에서 알아서 처리한다. 참고로, 소매치기는 경찰관이 현장에서 검거한다. 범행 현장에서 잡았다면 증거 여부를 따지지 않고 체포가 가능하다. 감독관은 시험 현장의 경찰관이다. 부정행위를 발견했다면 고지하고 정해진 대로 조치하면 된다. 극구 부인하고 문제를 일으키는 응시생이 있었다. 경찰을 불러 업무방해죄로 고발한다고 하면 대부분 조용히 수긍한다. 그래도 안 되면 공권력에 수사 의뢰를 하는 수밖에 없다.

시험 운영을 잘하는 법

준비부터 마무리까지 세세한 시나리오를 바탕으로 진행하는 것, 정확한 안내와 통제로 일사불란하게 진행하는 것, 다양한 돌발상황에 대처하는 것 등등 시험 운영을 잘하기 위한 조건들이 있다. 실제 시험 운영을 잘하려면 시뮬레이션을 통해 수험생과 감독관 그리고 시험본부의 입장에서 입체적으로 점검하고 사전에 대비하는 것이 중요하다. 소통에 혼돈이 없도록 정확한 메시지를 준비하고, 진행에 필요한 기준과 안내들이 눈에 자주 띄도록 곳곳에 배치하는 것도 중요하다.

경험이 많을수록 더 많은 경우를 생각할 수 있을 것이다. 함께 준비하는 사람들의 경험과 의견을 모아서 철저하게 준비하는 것이 문제없는 시험을 진행할 수 있는 유일한 방법이다.

이 그림은 Gemini Pro를 이용해 제작되었습니다.

1. **문제 출제**

   - 출제는 사내 전문가 출제, 대학교수 직접 의뢰 또는 대행기관 의뢰의 방법이 있다.

   - 문제 출제는 보안 유지가 가장 중요하다. 기출문제가 활용되어서도 안 된다.

   - 누구라도 먼저 문제를 접하게 되면 공정성에 심각한 문제가 된다.

2. **시험장 섭외**

   - 대규모 시험의 경우 시험장은 중·고등학교나 COEX와 같은 전시장을 이용한다.

   - 채용시험은 시즌이 존재하기 때문에 시험장소를 미리 확보해 두어야 한다.

   - 감독관은 학교 선생님들께 부탁할 수 있다. 학교 선생님들은 각종 공공시험의 경험이 많다.

   - 감독관들에겐 시험일정과 행동요령에 대한 상세한 사전 교육이 필요하다.

3. **시험 운영**

   1) 동일한 시작과 끝

      - 모든 시험장은 같은 시간에 시험지와 답안지를 배포하고 시험을 시작하는 시간이 통일되어야 한다

      - 화장실 이용, 시험 포기자 등 시험 장소를 이탈하는 경우에도 문제가 생기지 않도록 끝까지 동선을 관리한다.

2) 부정행위 방지

- 부정행위 의심자가 있을 때는 가만히 옆에 서있으면 경고가 된다.
- 부정행위가 발견되면 시험이 끝난 후 적발 사실을 알리고 시험 본부로 인계한다.

TO DO

1. 세세한 시나리오를 바탕으로 수험생, 감독관, 운영자의 입장에서 입체적으로 점검한다.
2. 일사불란하게 진행하고 돌발상황에 대처할 수 있도록 경험과 의견을 모아야 한다.

3 실기시험

현장에서 발휘되어야 할 기술적인 스킬은 실기를 통해 확인해야 한다. 실기시험은 코딩 테스트, 체력 검정, 전기배선 실기 등 실제 직무상황에 해당하는 기술적인 능력을 평가한다. 지원자에게 직접 일을 맡겨보는 것만큼 직무 역량을 확실하게 검증하는 방법은 없다.

코딩 테스트

가장 흔하게 만나는 실기 테스트이다. 기술도구적 환경을 다루면서 밝힌 바와 같이 AI를 활용하는 것이 코딩 능력보다 먼저인 시대에 접어들었다. AI와의 협업이 필수가 된 시대인 만큼, 전통적인 코딩 테스트의 유효성에 대한 고민과 변화가 필요한 시점이다.

체력 검증

공공기관의 공무직 채용에서 흔히 적용된다. 체육관을 빌리고 체력 테스트에 필요한 물품을 준비한다. 진행요원과 검증위원을 섭외하여 배치한다. 명확한 기준을 넘어서는 행동만 카운트해야 한다. 윗몸일으키기는 팔꿈치가 다리에 닿아야 한다. 또한 물건 들어올리기도 기준 높이를 넘어야 한다. 명확하게 측정하기 위해 체력 테스트를 진행하는 전문 회사들을 이용한다. 필요한 물품부터 진행요원 검증위원까지 경험 많은 전문업체를 활용할 수 있다.

전기배선 테스트

한 공공기관의 경우 현장에 투입할 전기직의 채용에서 배선 테스트를 진행한다. 현장에서 접하게 될 과업의 모형을 주고 제대로 해내는지 보는 것이다. 응시자들이 전기배선에 대한 상당한 수준을 보유하고 있어야 그 과제를 해결할 방법을 찾을 수 있다. 뿐만 아니라 배선설계를 실제로 구현해내야 한다. 과제를 해결하는 과정과 결과를 통해 얼마나 주어지는 일을 잘할 수 있는지 쉽게 관찰할 수 있고 정확하게 판정할 수도 있다.

H사의 실기 테스트 사례

실기 테스트를 하나 하나 설명하는 것보다 우수한 사례를 소개하는 것이 좋겠다. H사의 사례 중 배송직과 연구직 두 가지 직무만 간단하게 소개하겠다.

H사는 검사진단을 개발하여 각급 학교와 기업에 공급하는 전문기업이다. 검사진단에 필요한 진단지와 답안지 그리고 시험진행

물품을 고객사에 송부하는 것이 배송직의 직무이다. H사는 일반적인 면접 대신에 3일간 단기 근무(아르바이트)를 통해 실무 평가를 진행한다. 실제 일을 수행하도록 하고 실수 없이 잘 하는지 일을 효율적으로 수행하는 요령을 찾는지 관찰하여 채용 여부를 결정한다. 이러한 실기테스트를 진행한 이후로 채용에 실패하는 경우가 극히 적어졌다.

또 한 가지 직무는 진단지를 개발하는 연구직이다. 현재 개발 중에 있거나. 최근 개발한 과제를 주고 해야 할 일을 명확히 제시한다. 며칠 동안 해당하는 일을 수행한 결과를 받아서 근거와 이유를 묻고 채용 여부를 결정한다. 전문성과 창의력, 논리력을 한 번에 볼 수 있고 상사와의 소통능력도 볼 수 있다. 이 정도로 검증되면 고객사 미팅에도 바로 동행할 수 있다. 지원자 입장에서도 하게 될 일을 먼저 경험할 수 있으니 입사 여부를 명확하게 선택할 수 있고 자신의 선택에 확신을 갖고 장기 근속할 가능성이 높아진다.

실기 테스트 설계

실기 테스트를 도입하려 할 때 점검하고 확인할 것들이 있다. 지원자가 부담할 시간은 적절한지, 실제 업무에 투입한다면 적절한 보상을 지급하는지 등을 확인해야 한다. 아래의 점검항목표를 참고하기 바란다.

체크 항목	점검할 내용
직무 연관성 (Relevance)	테스트 내용이 실제 업무와 80% 이상 유사한가?
평가 기준 명확성 (Criteria)	결과물의 좋고 나쁨을 가르는 객관적인 기준(채점표)이 있는가?
소요시간 적절성 (Time)	지원자의 부담을 고려하여 1~3일 이내, 혹은 2~3시간 이내에 수행 가능한가?
보상의 유무 (Reward)	노동에 대한 정당한 대가(실습비, 아르바이트비)를 지급하는가?

실기테스트의 가장 일반적이고도 효과적인 방법은 사실 인턴 채용이다. 실제로 일을 맡겨보는 것이다. 함께 지내보는 것이다. 비용과 시간이 문제일 뿐 가장 확실한 채용평가는 실기 테스트가 맞다.

이 그림은 Gemini Pro를 이용해 제작되었습니다.

제6장 면접전형

민간회사의 경우 실질적인 채용 평가는 면접전형이 전부인 경우가 많다. 전형이 많은 경우라 해도 결국 최종 선택은 면접을 통해 이루어진다. 함께 일할 사람을 선정하는 가장 중요한 전형이 면접이다.

학벌이 일 잘하는 능력이 아니라는 의심이 증가하던 2010년 이후 면접전형의 중요성은 날로 높아져 왔다. 면접을 잘하기 위한 방법들이 검토되고 또 새롭게 도입되었으며 대기업을 중심으로 면접관들을 교육하기 시작했다.

1 구조화된 면접

다시 말하지만, 면접은 누가 언제 면접관으로 참가하더라도 결과가 같아야 한다. 좋은 인재는 좋은 평가를 받아야 하고 부족한 인재는 선별되어야 한다. 면접관의 기분이 좋든 나쁘든, 인자한 면접관이건 까다로운 면접관이건 결과가 같게 하는 면접 방식을 '구소화된 면접'이라고 한다.

구조화된 면접의 가장 큰 특징은 과거의 경험을 묻는다는 것이다. 10여 년 전 사람인에는 SK 출신 부서장들이 꽤 많았었다. SK 출신들이 면접에서 항상 경험을 묻는 것을 보면서 참 훈련이 잘 되어 있다는 생각이 들었었다.

면접에서 경험을 물어야 하는 이유는 무엇일까?

면접에서 지원자의 성실성을 평가해야 한다. 흔히 들었던 몇 가지 질문들을 떠올려 보자. "당신은 성실하십니까?"라고 물으면 당연히 "네"라고 대답할 것이다. "성실성에 대해서 말씀해 주세요"라고 묻는 경우도 있다. 성실성이 무엇인지 알고 있다고 그 사람의 성실성을 인정할 수는 없다. 평가를 할 수 없는 질문은 평가를 해야 하는 면접에서 의미가 없다. 성실성의 계획을 묻는 질문은 또 어떤가. "앞으로 어떻게 성실하게 살 계획이냐?"라고 묻는다면 어떤 대답을 듣게 될까? 아마도 그럴듯한 계획을 듣게 될 것이다. 그럼 그 계획에 몇 점을 주어야 할까? 점수를 줄 수 없다. 점수를 낮게 준다는 의미가 아니라, 객관적인 채점 자체가 불가능하다는 말이다.

그리고 또 하나 알아야 할 것은 지원자들은 질문을 들을 때 면접관이 원하는 답이 무엇일지 정답을 먼저 고민한다는 것이다. 기억을 되새겨보면 나도 그랬고 독자 여러분도 그랬을 것이다. 맞춰서 하는 대답을 믿을 수는 없다. 오직 믿고 평가할 것은 과거의 경험행동이다.

중학교 2학년 남학생이 있다. 성실성을 이야기하던 아빠가 "그래, 너는 앞으로 주말을 어떻게 지낼 계획이냐?"라고 묻는다. 아들은 "아침 일찍 일어나 계획한 공부를 열심히 하고, 친구들과 약속 시간에 만나서 신나게 놀고, 저녁에 들어와 밥 먹고 하루를 정리하며 일기를 쓰겠다"고 말한다. 이 남학생은 얼마나 성실하다고 판단할 수 있나? 다시 말하지만 미래에 대한 계획이나 의지는 평가를 할 수 없다. 믿을 수 없다는 말이다. 결국 그 학생의 성실성을 평가할 수 있었던 것은 토요일 2시까지 늦잠을 자다가 엄마의 호통에 억지로 일어나 투덜대면서 밥 말아 먹고 자기 방에 들어가 핸드폰으로 게임을 하는 행동을 통해 평가된다.

'어떻게 행동했는지'가 평가의 기준이다. 어떻게 할 것인지 미래의지는 들어야 할 답이 아닌 것이다. 그래서 과거의 행동을 묻는 것이다.

경험을 묻는 이유는 또 있다. 우리 회사에 입사해서 일을 하게 되면 자주 겪을 수밖에 없는 비슷한 상황이 있다. 그래서 묻는다. 그런 상황에서 어떻게 했었는지. 지원자의 답변을 듣고 알 수 있다. 그 상황에 그렇게 행동했다면 우리 회사에 와서 마주하게 될 상황에서도 그렇게 하겠구나 하고 예상 행동을 가늠해볼 수 있다. 행동을 보았으니 관찰된 대로 평가할 수 있다. 관찰된 행농을 우수하나거나 부족하다고 평가할 수 있다. 그래서 경험을 묻는 것이다. 이렇게 경험을 묻는 면접 방식을 BEI Behavioral Event Interview (행동경험면접)라고 한다.

이 그림은 Gemini Pro를 이용해 제작되었습니다.

구조화된 면접의 유형

구조화된 면접의 유형에는 앞에 설명한 BEI면접 외에도 다양한 면접의 방식들이 있다. 구조화된 면접의 유형과 평가해야 하는 역량은 다음 표와 같다.

유형	면접 방식		개요	평가대상역량(예)
질의응답형 (듣고 평가)	SI (상황면접)		가정된 상황을 면접 전에 제공 "당신은 어떻게 할 것인가?"	All you want
	BEI (경험면접)		과거 유사한 경험 사례 "그땐 어떻게 했나?"	All you want
시뮬레이션 (보고 평가)	개인 과제	문서작성	제공 자료를 검토하여 요약보고서, 전략기획서 작성	분석력, 기획력
		IB (인바스킷)	복합적인 문제상황 제시 선택/판단과제 수행	상황 판단, 문제 해결
	대인 과제	P.T (발표면접)	과제를 통해 주장의 내용과 발표하는 능력을 평가	논리적 분석, 기획력, 표현력
		R.P (롤플레잉)	가정된 상황/역할에서 대응하는 모습 관찰	임기응변, 순발력, 대처능력
	집단 과제	GD (토론면접)	과제 관련 소통과 협업을 통해 집단지성 발휘역량평가	과제 이해, 열린 사고, 협업 소통
		팀 과제	팀 단위 과제 수행 과정과 결과 관찰, 역할분담·협업·기획 능력 평가	분석, 기획, 협업

SI면접은 상황면접이다. 지원자에게 가상의 상황을 제공해 준

다. 지원자는 역할과 상황 그리고 목표에 대한 내용을 충분히 숙지
한 후 면접에 들어온다.

> "상황은 이해하셨죠? 그 상황에서 가장 먼저 할 일은 무엇인가요?"
>
> "왜 가장 먼저 해야 하나요?"
>
> "앞으로 해야 할 일들 중 가장 중요한 일은 무엇인가요?
>   왜 가장 중요한 일인가요?"
>
> "그 일을 잘하려면 어떻게 해야 할까요?"

등등의 질문을 통해 지원자가 제시된 상황에서 어떻게 일을 할 것
인지 듣고 사고방식과 행동방식을 관찰할 수 있다. 입사 후 맞게 될
상황에서 어떻게 일할 것인지 기대하는 바를 관찰하여 평가하는 방
식이 바로 상황면접이다.

시뮬레이션 면접 기법

BEI면접과 상황면접은 둘 다 질문을 통해 답변을 듣고 평가하는 질
의응답형 면접 방식이다. 거의 모든 역량을 질문을 통해 평가할 수
있다. 그렇다면 분석력을 평가하려면 어떻게 해야 할까? 질문을 통
해 분석력을 평가하려면 지원자가 보유한 관련 지식과 정보를 모두
알아내야 한다. 그다음 분석의 과정을 단계별로 확인해내야 분석력

을 평가할 수 있다. 가능한 일이기는 하지만 정말로 어려운 일이다. 고도로 훈련받은 전문면접관이라 할지라도 몹시 어렵고 시간도 오래 걸린다. 이렇게 질문으로 확인하기 힘든 역량을 평가하는 가장 좋은 방법은 시켜보고 관찰하는 것이다. 시켜보고 관찰하는 방식의 면접을 '시뮬레이션 면접'이라고 한다.

시뮬레이션 면접에서 가장 많이 쓰이는 방법이 발표면접과 토론면접이다. 그리고 롤플레이와 인바스켓과 같은 면접 방식이 쓰인다. 면접 방식 중 문서작성, 발표, 롤플레이, 인바스켓은 개인과제 형태이다. 단체 과제의 대표적인 형태가 토론면접이다. 토론면접 외에 문서작성면접을 팀을 대상으로 진행하기도 한다. 가장 흔하게 쓰이는 발표면접부터 토론면접, 인바스켓, 롤플레이 면접 네 가지를 차례대로 알아보자.

발표면접

발표면접은 주어진 자료를 이해하고 과제를 해결한 후 면접관에게 발표하는 면접이다. 30분 내외의 자료 준비 시간이 주어진다. 지원자는 과제에 있는 문제점과 중요한 요소들을 파악한다. 이러한 요소들이 이렇게 엮여 있다면 '결론은 이렇게 되겠구나' 또는 '이렇게 해야겠구나'를 정리한다. 그다음 설득력 있게 발표의 내용을 구성하여 이해하기 쉽게 잘 전달하는 것이다.

이 과정에서 면접관들은 과제에 대한 이해력인 정보처리능력과 함께 논리적인 분석력을 살펴볼 수 있다. 또 대안의 타당성을 검증하며 기획력을 확인한다. 마지막으로 발표하는 자세와 태도를 통해 소통능력을 파악할 수 있다. 발표면접에서의 소통은 일방소통이다. 듣는 능력이 아닌 말하는 능력만을 본다. 말을 잘한다는 것, 이해하기 쉽게 전달한다는 것은 이야기의 구조가 논리적이라는 말이다. 발표의 내용 구성이 기·승·전·결과 같은 구조를 갖추고 있어야 좋은 발표가 된다. 소통능력은 말로만 하는 것이 아니다. 문서로도 소통한다. 회사에서는 문서를 통한 소통이 더 빈번하기 때문에 구조를 갖추는 것은 중요하다.

발표면접을 진행하려면 발표에 적합한 과제자료를 준비해야 한다. 과제자료는 특정한 전공이나 경험을 보유한 자에게 유리해서는 안 된다. 일반적으로 대등한 수준의 이해를 갖추고 있는 분야에서 직무와 연관된 역량이 드러날 수 있어야 한다. 이렇게 공통과제를 개발하는 것이 너무 힘들다면 각 직무별로 과제를 개발할 수 있다. 비용이 문제가 되긴 하지만, 사실은 직무별로 과제자료를 개발하는 것이 일 잘할 사람을 찾는 채용의 본래의 목적에 더 잘 맞다.

발표면접을 평가하기 위해서는 관찰할 기준인 평가지표(행동지표)를 명확하게 해야 한다. 말솜씨에 속기 쉬운 면접이기 때문에 더더욱 정확한 기준이 중요하다. 어떠한 요소들이 확인되어야 하는지 정의하고 그러한 요소들이 드러나는 행동들을 평가지표로 정리하여야 한다. 발표면접에 쓰이는 평가표를 참고하기 바란다.

발표면접 평가표(예시)

평가 요소	평가 지표	관찰 내용	평가
논리력 분석력	1. 문제점과 개선해야 할과제를 정확하게 파악하고 정의한다. 2. 제공된 정보들 간의 연관성과 특징을 분석하고 새로운 정보를 발견한다. 3. 개선에 필요한 주요 원인 or 핵심요소를 찾아낸다. 4. 해결방안에 이르는 근거와 이유가 타당하고 일관적이다. ※ keypoint: 과제자료 활용		
기획력	1. 구체적이고 타당한 실현 방안을 제시한다. 2. 새로운 관점으로 신선한 아이디어를 제시한다. 3. 추진 과정 상의 애로사항, 제약요건이 고려되어 있다. 4. 제시된 문제에 대한 기대효과와 파급효과를 예측하고 고려한다. ※ keypoint: 결론, 대안 수립		
소통력	1. 산만하지 않고 집중력 있게 명확하게 전달한다. 2. 자신의 의견을 논리적으로 설득력 있게 제시한다. 3. 전체적인 발표의 내용을 체계적으로 구성한다. (예: 기승전결, 문제-원인-해결-관리 등의 구조)		

토론면접

토론면접은 발표면접과 같이 과제를 이해하고 대안을 구상한 지원자들이 상호토론을 진행한다. 이 과정을 관찰하며 협업소통과 열린 사고의 영역까지 평가하는 면접이다. 회사가 토론면접을 도입하는 이유는 뭘까? 토론형 인재가 필요하기 때문이다.

회사에 일이 생겼다. 가장 먼저 할 일은 관련된 사람을 모두 소집하는 일이다. 이제는 자신의 분야에만 전문적으로 일하는 상황이라 자기 분야밖에 모른다. 문제는 복잡하게 엮여 있으니 모여서 토론해야만 한다. 지금은 토론형 인재가 필요한 상황이라는 말이다. 토론을 통해 집단지성을 발휘하는 능력이 꼭 필요한 시대이다.

토론에서 관찰하는 협업소통과 열린사고는 무엇일까? 협업소통은 단순히 잘 듣고 잘 말하는 것뿐만 아니라 토론을 이끌어 가는 소통능력을 말한다 토론의 주제를 제시하고 관점을 전환하면서 집단지성을 끌어내는 것이 협업소통이다. 다른 사람을 토론에 참여시키는 것도 협업소통이다. 열린사고는 상대의 의견을 객관적으로 판단하여 수용하거나 활용하는 역량을 말한다.

토론면접의 평가지표를 참고할 수 있도록 덧붙인다.

토론면접 평가지표(예시)

평가요소	평가지표
정보처리 능력	• 자료의 정보들을 정확하게 파악하고 자신의 의견 제시에 적절히 활용한다. • 자료의 정보들을 통해 제시되어 있지 않은 의미를 도출해낸다. • 토론 과정에서 제시되는 정보와 의견들을 이해하고 활용한다.
문제 해결 능력	• 문제와 요인들 간의 관계성을 파악하고 문제의 근본원인을 도출해낸다. • 주어진 문제에 대하여 논리적인 접근방법을 세운다. • 적합한 기준에 따라 다양한 측면들을 고려하여 최적의 해결방안을 제시한다.
토론소통 능력	• 토론의 주제와 목적을 인식하고 적절한 질문이나 주제 제시를 통해 토론을 이끌어 간다. • 토론이 진행되는 동안 구성원들의 참여를 촉진시기고 적극적인 논의가 이루어질 수 있도록 분위기를 조성한다. • 상대방을 존중할 줄 알고 상대방의 의사를 경청하며, 입장, 주장, 의견 등을 정확히 파악한다. • 핵심적인 사항을 중심으로 간결하고 명료하게 자신의 의견을 제시한다.

토론면접에서 관찰하고 평가해야 하는 것은 정보처리 능력과 문제해결 능력, 그리고 토론소통 능력이다.

정보처리 능력은 제시된 과제를 정확하게 분석하고 이해하여 활용하는 능력과 더불어 토론 과정에서 얻어진 정보들을 잘 활용하는 능력을 포함한다. 문제해결 능력은 과제에 제시된 문제에 대한 타당하고 실현 가능한 대안을 제시하는 것과 반대의견에 대응하는 설득논리를 본다.

마지막으로 토론소통 능력은 토론면접을 실시하는 이유이기도 하다.

말 그대로 토론을 잘하는 능력이다. 자신의 의견을 설득력 있게 제시하고 타인의 의견을 경청하고 수용하는 기본적인 소통능력과 더불어 토론과정을 이끌어 가는 토론능력을 관찰하여야 한다. 토론을 이끌고 간다는 것은 주어진 과제를 해결할 수 있도록 논리적인 전개를 주도한다는 말이다. 문제를 점검하고 핵심요소들을 찾아내며 대안을 수립하여 선정하는 일련의 문제해결 과정을 토론의 프로세스로 이끌어야 한다. 그러기 위해서는 토론의 단계와 주제를 제시하는 것과 타인의 의견을 끌어내는 역량이 필요하다.

토론면접은 토론역량을 관찰하여 평가하는 것이다. 일방적으로 많은 의견을 제시한다고 좋은 인재일 수는 없다. 마찬가지로 토론을 진행하는 사회자의 역할을 맡는 것도 가산점의 대상이 되어서는 안 된다. 사회자를 맡은 지원자가 발표의 순서를 정해주는 정도는 토론역량에 해당하지 못한다. 토론을 진행하는 사람이란 주제를 제시하고 심화·반대·전환의 관점을 제시하는 진행자를 말한다. 토론을 이끌어 가는 자가 토론역량이 뛰어난 인재라는 것을 기억해야 한다.

발표/토론면접의 평가지표 이해

발표/토론면접의 평가지표에는 다양한 용어들이 사용된다. 평가지표를 일컫는 명칭이 다르다고 해서 평가해야 할 대상이 달라지는 것은 아니다. 왜냐하면 발표/토론면접을 실시하는 이유와 목적은 다르지 않기 때문이다.

발표면접과 토론면접은 **첫째, 직무에 대한 전문성이 드러난다.** 가상의 문제를 해결하는 과정을 지켜봄으로써 직무와 관련된 이해의 깊이가 드러난다. 금융기관의 경우 최근의 경제 이슈를 과제로 제시한다. '우크라이나 전쟁이 우리나라 금융시장에 미치는 영향에 대해 산업환경변화를 예시로 들어 제시하고, 우리 회사가 취해야 할 전략을 설명하시오'와 같은 주제를 제시한다. 지원자는 국제정세를 보는 금융인의 안목을 시험받게 되는 것이다. 좋은 주제와 과제자료가 제시된다면 질문을 통해 확인하는 것보다 훨씬 더 효과적으로 전문성을 확인할 수 있다.

둘째, 논리적 사고력을 볼 수 있다. 논리적으로 분석하고 대안을 수립하는 사고력을 보는 것이 가능하다. 까다롭고 복잡한 과제를 제시할수록 논리적 사고력에서 차별성이 드러나게 될 것이다.

셋째, 소통능력이다. 좋은 생각을 해냈다 한들 표현하지 못하면 쓸모가 없다. 자신의 의견을 잘 드러내는 능력이 면접 과정에서 드러나게 된다. 발표/토론면접은 각각 일방소통과 협업소통이라는 점에서 차이가 있다.

평가의 대상과 목적이 같다면 발표/토론면접 현장에서 쓰이는 평가항목들은 그 명칭이 다르더라도 결국 세 가지 관점에서 평가가 진행되어야 한다. 참고로, 현장에서 쓰이는 다양한 평가항목의 명칭들과 평가해야 할 역량을 정리하면 다음 표와 같다.

발표/토론면접의 평가지표 이해

평가 항목	평가 기준 행동지표	평가 범위	※평가 항목의 다른 명칭
분석력 -상황 문제점 명확한 이해 -주요 요소와 관계성 파악	•주요 요소를 특정하고 주변 상황을 파악하여 주어진 상황을 이해한다. •제시되는 문제점들과 문제의 수준을 구체적인 숫자나 근거를 들어 설명한다. **※과제를 정확히 이해하여 현상, 문제점, 주변 상황을 정확하게 파악한다.**	판단하고	자료 이해력/ 정보 처리 능력/ 분석·판단력
논리력 -문제점과 원인 추론 -해결의 방향성을 제시	•핵심적이 문제점과 그 원인을 제시한다. •구체적인 대상을 지정하고 과제의 목표를 제시한다. **※대안의 근거가 되는 사실이나 논리를 명확하게 제시한다.**	추론한다	

기획력
-실현가능한
타당한 대안
수립
	•제시된 문제를 해결할 수 있는 구체적인 대안을
	  제시한다.
	•기존의 틀을 벗어난 새로운 아이디어를 제시한다.
	**※계획수립 과정에서 문제에 대한 합리적 접근으로
	  목적을 달성할 수 있는 타당한 대안을 제시/선택
	  하는가?**
		계획
		해서
			문제
			해결력/
			추진력/
			실행력

문제 해결력 -난관/제약 극복 -목표 추진 및 실행	•실행 과정 상의 문제점을 인식하고 이를 극복한다. •상대의 협력과 지원을 끌어낸다. **※실행상의 제약 요건을 극복하고 목적을 달성하는가?**	실행 한다	

소통(발표)
-준비한 내용을
효과적으로
전달
	•설득력을 갖추고 이해하기 쉽고 안정감있게 발표
	•논리적인 구성(문제-원인-해결 방안-기대 효과,
	  서론-본론-결론)을 갖추었다
	**※발표 내용이 이해하기 쉽고 짜임새 있어 설득·수
	  긍할 만한가?**
		전달
		한다
			발표력/
			표현력

소통(토론) -효과적으로 상호의견을 교환	•[소통] 상대방의 의견을 경청하고 명료하게 자신의 의견을 제시한다. •[팀웍] 적극적인 참여와 논의를 끌어낸다. **※토론을 통해 문제 해결에 접근하는가?**	토론 한다	팀웍 협의

인바스켓

생활환경공기업과 금융공기업 등 신입공채에서 인바스켓을 도입하고 있는 회사가 생겨나고 있다. 인바스켓 면접의 장점은 빠른 상황파악과 판단 그리고 문제 해결 능력을 볼 수 있는 강력한 도구라는 것이다.

인바스켓에 쓰이는 과제자료는 7장부터 25장 정도의 분량으로 구성된다. 자료를 읽고 자신의 의견을 정리하는 시간도 최소 1시간 정도 부여한다. 과장급 이상의 선발을 대상으로 한다면 16장~25장의 과제자료를 제공하는 것이 일반적이지만 신입의 경우라면 7장 정도가 적당할 것이다. 자료는 과제를 부여하면서부터 시작된다. 실무상황과 같이 이메일과 메신저를 통해 과업을 부여받는다. 자료에는 현재의 업무상황을 이해할 수 있는 각종 현황자료들이 제공되어 있다. 그리고 속한 조직의 비전, 미션, 조직의 구성과 각자의 역할과 장단점과 같이 설정된 역할을 이해하는 자료도 있다. 제공되는 자료는 친절하지 않다. 파편화되어 있다. 눈여겨 보아야 하는 중요한 요소들이 이곳 저곳에 흩어져 있기 때문에 전체의 맥락을 놓치지 않으면서 종합적으로 파악해야만 한다. 또한 어떠한 대안도 완벽할 수 없도록 제약요건이 걸려 있다. 정답이 없는 문제에서 최선의 대안을 수립하는 능력을 보기 위한 장치들이다.

과제를 받은 응시자는 자료를 통해 상황을 파악한다. 문서를 통한 이해력이 발휘되는 순간이다. 제시되는 자료를 통해 문제가 되는 상황과 관련된 이해관계자를 정확하게 파악하고 문제를 해결하는 데 활용할 수 있는 자원들도 체크해야 한다. 이렇게 자료가 다 파악되면 해결방안을 구상한다. 주어진 자원을 최대한 활용할 수 있는 방안을 구상하여 문제상황을 해결해야 한다. 각각의 이해관계자들의 입장에 따라 설득과 이해의 논리도 갖추어야 한다. 그리고 이렇게 정리된 문제상황과 대안을 발표할 준비를 한다. 인바스켓은 문서로 제출받는 경우도 있고 평가자 앞에서 발표하고 질문에 답해야 하는 경우도 있다.

인바스켓은 이러한 과정을 통해 응시자의 문제 해결 역량을 면밀하게 파악할 수 있다는 강점이 있다. 과제 개발의 비용 부담이 크고 훈련된 전문적인 평가자를 비싸게 섭외해야 하는 부담은 있지만 수준 높은 평가를 보장한다.

신입 채용에 인바스켓을 활용하는 회사들이 있다. 하지만 아직까지 성공적이었다는 후문은 듣지 못했다. 왜 잘 안 될까? 내가 예상하는 문제점은 과제가 너무 어려웠다는 것이다. 승진자 평가를 위해 개발하던 그대로 신입에게 제공했다면 그야말로 신입 지원자에게 너무 가혹했다. 인바스켓은 실무상황과 같은 수준의 가상상황을 통해 두세 가지 문제를 동시에 해결해야 한다. 상당한 실무 경험이 없다면 당연히 생소하고 어려울 수밖에 없다. 신입이나 주니어에게 인바스켓을 적용하려면 과제의 수준을 매우 일반적인 상황으로 낮추어야 한다. 사람인은 인바스켓의 도입을 준비하면서 7장 수준의 인바스켓 과제들을 미리 개발해 보았다. 신입에게 적정한 수준인지 사전에 점검해 보는 노력을 거치고 나서야 어떻게 개발해야 되는지 알 수 있었다.

거듭 말하지만, 생성형AI의 등장으로 서류전형이 퇴색되었다. 게다가 AI시대에 필요한 역량으로 문제 해결 능력이 더욱 주목받고 있다. 해법은 면접과정에서 찾을 수밖에 없다. AI시대에 문제 해결의 관점에서 관심을 가져야 할 평가기법이 바로 인바스켓이다. 제

대로 준비된 인바스켓 평가를 통해 역량 있는 인재를 찾아야 할 때
가 오고 있다.

롤플레이 면접

롤플레이 면접은 응시자를 가상의 상황으로 끌어들여 임기응변과
대처능력을 평가하는 면접 방식이다. 나도 롤플레이 방식으로 평가
를 받아본 적이 있다. 1분이 채 지나기도 전에 내가 평가받고 있다
는 사실을 잊게 된다. 평소의 실력이 그대로 여과없이 드러날 수밖
에 없었다.

롤플레이 역시 상황을 파악할 수 있는 과제자료를 제공한다. 과
제에는 지원자의 역할과 처해 있는 상황 그리고 활용할 수 있는 정
보자료들이 제공된다. 그리고 평가자인 면접관에게도 별도의 자료
가 제공된다. 상대 역할에 필요한 정보들이다.

예를 들어, 지원자가 홍보팀의 언론 대응을 담당하는 역할을 부
여 받았다고 치자. 지원자는 우리 회사에서 발생한 문제상황에 대
한 내부 정보를 제공받는다. 외부에 뉴스로 공개되어야 하는 회사
의 주장과 입장 그리고 절대로 알려지면 안 될 사정들이 제공된다.
평가자에게는 기자의 입장에서 파악된 정보가 제공된다. 지원자와
같은 정보도 있지만 지원자가 모르는 외부의 자료들과 상황정보도
있다. 심지어 내부 고발자의 증언이 있을 수도 있다. 자, 이제 롤플
레이 면접을 시작한다. 면접관은 기자로 변신하여 지원자가 준비

한 논리를 공격한다. 다른 자료 정보를 제시하면서 논리적인 공격을 가할 것이다. 지원자는 민첩하게 발휘되는 논리력으로 설득하고 임기응변으로 상황을 모면해야 한다. 롤플레이 면접의 평가과정을 통해 언론을 담당하는 홍보팀 직원으로서의 역량을 그대로 관찰하고 평가할 수 있다.

사람인에는 채용포털의 채용공고 배너를 영업하는 채용광고 컨설턴트들이 있다. 쉽게 말해 콜영업이지만 지원자 모집과정에 대한 대안을 제시하고 설득력을 발휘해야 하는 중요한 직무이다. 이분들을 채용할 때 롤플레이를 도입한 경험이 있다. 면접관은 오랜 현장경험을 갖춘 베테랑들이 맡았다. 마치 고객사의 채용담당자인 것처럼 다양한 상황의 질문과 요구를 통해 대처능력을 효과적으로 파악할 수 있었다.

롤플레이 면접 방식은 과제개발에 필요한 비용 이외에도 실행되기 힘든 이유가 하나 더 있다. 평가자인 면접관이 역할연기를 할 수 있어야 한다는 것이다. 하지만 실무현장에서 발휘되어야 하는 대처능력을 확인하기에는 더없이 훌륭한 평가기법이다. 직무의 특성이 롤플레이 면접 방식에 적합하다면 도입을 검토해 볼 필요가 있다.

복합유형면접

중소기업의 경우 면접전형을 직무＋인성면접으로 한 번에 끝내는 경우가 많다. 하지만 앞서 언급한 바와 같이 분석력이나 대처능력을 질문으로 끌어내는 것은 쉽지 않다. 대규모 채용의 경우에는 인성면접〉발표면접〉토론면접과 같이 순서를 정해 차례차례 진행하는 방식이 일반적이다. 따로따로 진행하고 결과를 합산하여 합격자를 선정한다. 이 경우에는 발표면접에서 뛰어났던 지원자를 다른 면접에선 보지 못할 수도 있다. 같은 역량인데도 평가결과가 달라지는 것을 객관적이라고 말하기는 힘들다.

이러한 단점을 보완하는 방법이 복합유형면접이다.

4명의 발표면접을 진행하고 다시 한꺼번에 입장시켜 토론을 진행시킨다. 같은 과제자료를 통해 혼자 일하는 능력을 평가하고 또 이어서 같이 일하는 능력을 보는 것이다.

복합유형의 사례 중 특별한 사례를 소개한다. 지원자들은 두 개의 조로 구성된다. 각각의 조별로 토론을 통해 발표자료를 준비한다. 한 개의 조가 발표를 하면 다른조는 발표내용에 대해 질문한다. 그다음 발표하는 조와 질문하는 조가 역할을 바꾼다. 발표와 질문이 마무리되면 면접관이 토론과정과 발표내용에 대한 질문을 통해 관찰되지 않았던 부분을 확인한다. 두 개의 조가 90분간 면접을 진행한다.

이러한 면접과정을 통해 문제해결, 협업소통, 대처능력 등을 한꺼번에 면밀하게 파악할 수 있는 매우 선진화된 면접 방식이다. 대신 면접관들은 어렵고 힘들다. 90분간 다양한 평가지표를 고도의 집중력을 발휘하여 관찰하고 또 질문도 해야 한다. 발표와 토론에 대한 명확한 평가 기준을 이해해야 할 뿐만 아니라 관찰하고 평가했던 실전 경험도 꽤나 풍부해야 제대로 평가할 수 있다. 자칫하면 그냥 전반적인 느낌만 남게 되는 느낌평가가 될 수도 있다.

복합면접 방식의 도입을 고려하고 있다면 면접과제나 평가운영 방법뿐만 아니라 면접관들을 제대로 훈련시키는 방안도 진지하게 고려해야 한다.

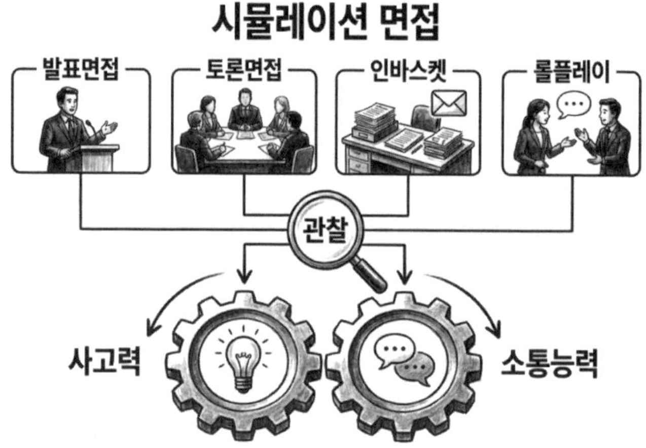

이 그림은 Gemini Pro를 이용해 제작되었습니다.

1. **경험을 묻는 이유**
   - 미래의지, 계획, 가치관, 생각 등의 대답은 믿을 수가 없다. 어떻게 행동하는지를 관찰하여 평가해야 한다.
   - 일하면서 겪게 될 상황과 유사한 상황에서 어떻게 대응했는지 살펴보면 우리 회사에서 어떻게 일하게 될지 가늠할 수 있다.

2. **구조화된 면접의 유형**
   - 질의응답식 면접과 시뮬레이션형 면접 방식이 있다.
   - 질의응답식은 과거를 묻는 BEI면접과 상황을 제시하고 계획을 묻는 SI면접이 있다.
   - 시뮬레이션형 면접은 발표면접과 토론면접이 대표적이다.
   - 발표/토론면접은 직무에 대한 전문성, 논리적 사고력, 소통능력을 관찰을 통해 손쉽게 파악하여 평가할 수 있다.
   - 관찰하여 평가할 기준을 평가지표(행동지표)로 명확하게 제시하여야 제대로 평가할 수 있다.
   - 인바스켓 면접 방식은 AI시대 주목받는 문제 해결 능력의 평가에 강점을 갖고 있다.
   - 롤플레이 면접은 임기응변과 대처능력을 볼 수 있는 면접 방식이다.
   - 발표+토론과 같이 면접유형을 복합적으로 운영하면 다양한 상황에서 발휘되는 역량을 면밀하게 평가할 수 있다.

1. 평가할 역량에 맞추어 면접 방식을 선정하자

2. 명확한 평가지표를 정리하여 관찰하고 평가할 기준을 제시해야 한다.

3   면접평가표

채용담당자들은 면접평가를 개선하기 위해 무엇을 하고 있을까? 가장 먼저 떠오르는 것이 면접평가표와 면접질문지를 만드는 것이다. 실무적인 도움이 되기 위해 면접평가표는 어떻게 구성해야 하는지, 또 면접질문은 어떻게 작성해야 하는지 알아보자.

면접평가표

면접평가표가 어떻게 구성되어야 하는지 풀어가기에 앞서 서식 플랫폼에서 손쉽게 얻을 수 있는 평가표를 각색하여 다음 쪽의 서식과 같은 예시로 제시하며 이해하기 쉽게 이야기를 풀어가 보려 한다.

다음쪽의 예시를 살펴보면 많은 아쉬움들이 한눈에 들어온다. 면접을 위한 평가표인데 제대로된 평가를 할 수가 없다. 보태고 바꾸어야 할 것들이 많다.

어떤 부분들이 문제일까.

<면접평가표> 예시

① 인적사항

응시번호		성명		지원분야	
최종학력		전공		졸업년도	
신입/경력		주요경력			

② 평가기록

구분	평가 항목	평가 점수	평가 이유
용모	표정, 인상	1. 2. 3 .4. 5	
	청결하며 단정	1. 2. 3 .4. 5	
	건강상태	1. 2. 3 .4. 5	
	명료한 음성	1. 2. 3 .4. 5	
태도	침착성	1. 2. 3 .4. 5	
	열정	1. 2. 3 .4. 5	
	책임감	1. 2. 3 .4. 5	
	대인관계	1. 2. 3 .4. 5	
전문지식	지원동기	1. 2. 3 .4. 5	
	회사에 대한 이해	1. 2. 3 .4. 5	
	시장상황에 대한 이해	1. 2. 3 .4. 5	
	응시직무에 대한 이해	1. 2. 3 .4. 5	
	전공지식	1. 2. 3 .4. 5	
	직무 관련 경험	1. 2. 3 .4. 5	
기타	미래비전	1. 2. 3 .4. 5	
	성격	1. 2. 3 .4. 5	
	기타 조직적합성	1. 2. 3 .4. 5	

③ 종합평가

총점	채용 여부	평가 이유
	채용, 보류, 탈락	

위와 같이 평가의견을 제출합니다. 면접관: 소속 ____________ 성명_______(인)

첫째, 채용요건을 알 수 없다.

이번 채용에서 우리 회사가 어떤 사람을 찾으려 하는지 정리된 내용이 없다. 면접관들이 알아서 상상하라는 말인가.

어떠한 전문성과 인성을 갖추고 있는 사람을 찾고 있는지 알 수 있어야 한다. 직무에 필요한 기본적인 직무지식이 무엇이 있는지, 경험했어야 할 직무상황은 무엇이 있는지 정리되어 있어야 한다. 지원자의 전문성이 발휘되었어야 할 성과사례도 알아야 한다. 직무에 대한 전문성에서 무엇을 점검할지 알아야 면접관이 확인할 것 아닌가.

인성분야도 마찬가지이다. 그냥 막연하게 좋은 사람을 찾으라 할 수는 없다. 그냥 좋은 사람이 아니라 맡게 될 일에 맞는 사람의 조건이 필요하다. 우리 조직과 잘 어울리려면 어떠한 사람이어야 하는지도 알아야 한다. 성과 위주의 일이라면 성과지향성이 필요할 것이다. 지속적으로 전문성을 강화해야 하는 컨설팅과 같은 일이라면 자기개발 노력을 확인해야 한다. 또 성격적으로 우리에게 좋은 요소와 피해야 할 요소들도 있다. 필요하다면 인성검사의 결과를 확인하도록 해야 한다. 앞서 채용 계획을 이야기할 때 필요한 사람에 대해 설명했던 내용을 되새겨보길 바란다.

둘째, 평가항목이 너무 많다.

면접을 얼마나 오랫동안 볼 계획인지 모르겠다. 구글에 지원했던 외국계 IT회사 인사팀장 출신의 지인으로부터 들은 이야기를 소개한다. 당시 구글은 인재 한 명을 채용하기 위해 7번씩 면접을 진행하는 것으로 유명했다. 면접 한 번 진행에 1시간 반이 소요되었다. 매번 다른 면접관들이 면접에 참여했는데 당시 면접관들은 각자가 단 하나의 평가항목을 대상으로 심도 있는 인터뷰를 진행했다고 한다.

하나의 평가항목을 질문하고 사례를 통해 평가하려 해도 꽤 많은 시간이 필요하다. 회사가 필요로 하는 주요분야에서 어떻게 일할 수 있을지 묻고 확인하려 한다면 단순히 "이런 거 할 줄 알아요?"와 같은 낮은 수준의 질문으로는 불가능하다. 해당하는 성과 사례를 물어야 한다. 그것도 자세히 물어야 한다. 왜 그 일을 하려 했는지. 그렇게 판단한 근거는 무엇인지 물어서 상황을 판단하는 능력을 확인해야 한다. 그리고 어떻게 하려고 했는지 계획을 묻고 실행과정에서 어려움을 어떻게 극복했는지 물어야 한다. 직무 사례 하나를 확인하려 해도 구글처럼 시간과 노력을 들여야 한다.

면접평가표의 평가항목은 아무리 많아도 5가지를 넘어서는 안 된다. 한 사람이 제대로 집중해서 면접을 진행하려면 사실 5가지도 많다. 4가지가 넘어가면 면접을 두 번으로 나누어서 각각 다른 면접관에게 역할을 따로 부여하는 것이 맞다. 그래야 평가가 이루어진다.

세 번째 문제점은 범용평가표라는 점이다.

평가표만 보아서는 어떤 직무의 인재를 채용하는지 알 수가 없다. 이 책을 통해 꾸준히 주장했던 내용을 기억해 주기 바란다. 채용의 시작은 어떤 사람을 찾는 것인지 명확하게 하는 것이다. 어떤 지식을 갖추고 있어야 하는지, 어떤 경험이 꼭 필요한지, 어떤 태도와 자세로 일해야 하는지, 우리 조직에 잘 맞으려면 어떤 사람이어야 하는지 평가표에 드러나야 한다.

일반적인 면접평가표 하나로 어떤 채용에나 사용하려고 한다면 결국 어디서나 좋아하는 '인상 좋은 사람'만 찾을 수 있다. 우리는 '그 일을 잘할 사람'이 필요하다. '우리와 시너지를 낼 수 있는 사람'을 찾아야 한다. 평가항목은 채용할 때마다 달라야 한다. 채용하는 직무마다 달라야 한다. 면접평가표는 그때의 상황에 최선의 선택을 할 수 있는 가이드가 되어야 한다.

네 번째 문제점은 행동지표가 없다는 것이다.

평가항목만 있고 질문하고 평가할 수 있는 구체적인 기준이 없다. 앞서 역량과 행동지표를 이야기하면서 행동지표가 왜 필요한지 설명했었다. 행동지표가 있어야 제대로 된 질문을 할 수 있다.

위의 면접평가표에 '열정'이라는 평가항목이 있다. 열정이란 무엇일까? 과연 A팀장과 B팀장의 생각이 같을까? 각각 다른 생각과 정의를 가지고 있는 면접관들이 각자의 방식으로 묻게 될 것이다. 지원자들은 또 어떨까? 지원자들 역시 면접관들이 설명해 주는 열정을 자기 나름으로 이해하고 의도와 다른 엉뚱한 대답을 할 수 있다. 결과적으로 우리는 지원자의 열정을 제대로 평가할 수 없게 된다.

우리 회사가 원하는 열정이 무엇인지 확실하게 정의해야 한다. 열정이 무엇인지 정확하게 알아야 면접관도 정확하게 묻고 평가할 수 있다. 예를 들어 열정을 이렇게 정의했다 치자. **'열정이란 기존의 방법으로 해결할 수 없을 때 포기하지 않고 새로운 방법을 모색하여 결국에는 해내는 것'**이라고 하는 명확한 행동지표로 정리한다. 이러한 행동지표가 있어야 **"난관으로 성과를 낼 수 없을 때 포기하지 않고 새로운 방법을 모색한 경험이 있는가?"**라고 묻고 포기하지 않았던 상황과 끊임없는 노력의 행동을 통해 열정을 평가할 수 있게 된다. 절대로 추상적이고 보기 좋은 단어만으로 평가표를 구성하면 안 된다. 면접의 목적인 평가가 이루어지지 않는다.

다섯 번째 문제점은 가중치가 없다는 것이다.

어떻게 모든 평가항목이 동일하게 중요할 수가 있을까. 외부고객이나 민원을 상대하지 않는다면 용모는 그렇게 중요하지 않을 수 있다. 일 잘하는 것이 중요하다면 필요한 지식이나 경험을 보유하고 있는 것이 더 중요할 수 있다. 중요한 것에도 차이가 있다. 앞서 must have와 우선순위를 통해 '꼭 필요한 것'과 '있으면 좋을 것'에 대해 구분해야 한다고 설명하였다. 꼭 필요한 것이 부족한데도 불구하고 중요하지도 않은 부분이 좋아서 채용된다면 도대체 면접은 왜 했던 것일까? 이해할 수 없는 배치이다.

면접평가표 만들기

앞서 제시한 문제점들을 이해한다면 면접평가표를 만들 때 꼭 필요한 구성요소들을 알게 된다.

첫째, 우리 회사가 이번에 영입하고자 하는 인재의 필요조건이다. 전문성과 인성의 관점에서 무엇이 필요한지 명확하게 정리되어 있어야 한다. must have와 우선순위도 필요하다. 면접관에게 평가와 판단의 기준을 제시해야 한다.

둘째, 평가항목은 4가지 정도가 적당하다. 평가항목이 많아질 수밖에 없다면 각 항목별로 평가위원들을 지정하고 여러 명의 평가위원들을 배치하고 면접시간도 넉넉하게 배정해야 한다. 한 번에 오랜 시간 같은 면접관으로 면접을 진행하는 것보다는 직무면접과 인성면접을 구분하는 것이 좋다. 평가의 영역이 확실히 구분되기 때문에 면접 과정의 집중도도 높아진다. 또 면접관을 구성하기에도 좋다. 직무면접은 해당 직무를 잘 아는 부서장이나 베테랑을 선임하여 배정할 수 있고, 인성면접은 전문가를 따로 육성해 준비시킬 수 있다. 면접관 교육도 역할별로 진행하는 것이 훨씬 더 수월하고 효과도 높다.

셋째, 평가지표가 명시되어야 한다. 제대로 된 정확한 질문과 평가가 가능하려면 관찰해야 할 대상이 확실해야 한다. 그래야 앞서 말한 열정의 경우처럼 제대로 묻고 평가할 수 있다.

직무면접의 경우라면 필요한 직무지식이 무엇인지 표시되어 있어야 한다. 살펴볼 직무경험과 경험에서 드러났어야 하는 역량도 구체적으로 표현되어 있어야 놓치지 않고 물어볼 수 있다.

인성면접은 특히나 명확한 '행동지표'가 필요하다. 인성면접의 평가항목들은 그야말로 도덕교과서에 나오는 좋은 의미의 단어들로 표시되기 쉽다. 문제는 면접관들마다 해석과 적용 사례를 다르게 생각한다는 것. 지원자도 다르게 생각한다는 것이다. 채널이 맞지 않으니 제대로 된 관찰과 평가가 불가능하게 된다. 명확한 행동지표로 표시되어야 하는 이유이다.

넷째, 평가표는 채용 때마다 달라야 한다. 인재의 필요조건이 다르다면 평가표의 구성도 달라져야 한다. 면접평가표를 하나만 만들어 놓고 두루두루 쓰려고 한다면 일찌감치 좋은 인재의 채용은 포기한 것이라고 인정하는 셈이다. 원하는 인재상에 맞게 평가표를 구성해야 한다. 이번에 채용할 인재가 어떤 사람인가에 따라 배점의 가중치도 달라져야만 한다.

가중치를 다르게 하라고 했더니 항목당 배점으로 조정한다. 책임감 10점, 도전정신 20점으로 도전정신에 두 배의 배점을 부여했다. 그런데 문제는 면접관이 각각의 후보자에게 책임감은 9점과 10

점을 채점했고 도전정신에는 19점과 20점을 채점했다. 결과적으로 두 개의 항목은 두 배의 가중치를 갖는 게 아니라 각각 1점 차이밖에 안 되는 것이다. 가중치를 다르게 하려면 배점만 다르게 해서는 안 된다. 진정한 가중치는 총점이 아닌 '등급 간 점수 격차'에서 나온다. 중요도가 높은 항목일수록 등급별 점수 차이를 크게 벌려야 변별력이 확보된다. 책임감은 등급별 1점씩 차이가 나고 도전정신은 등급별로 2점씩 차이가 나도록 해야 가중치가 반영된다.

이러한 평가표 작성조건을 반영한 예시를 제시한다.

<면접평가표> 예시 수정안

채용직무	부서	피플그로스팀	담당업무	교육과정 기획, 교육운영

① 채용 계획서 요약

채용직무	부서	내용
전문성	필요지식	1. 코칭리더십에 대한 이해 2. 핵심인재 관리와 육성에 대한 이해 3. 계층별 필요역량에 대한 이해
	필요경험	1. 리더십 향상과정 기획 (성과코칭) 2. 핵심인재 육성계획 수립 3. 전사 교육계획 수립
	기대성과	1. 성과 코칭 교육과 사후관리를 통한 조직성과 개선 사례 2. 핵심인재 육성을 통한 리더양성 우수 사례
	기타	교육 효과를 높인 우수 운영사례 보유자
인성	직무적합성	1. 역량과 교육방법에 대한 지속적인 학습 자세 2. 적극적인 참여를 끌어내는 소통능력 3. 교육 니즈를 파악할 수 있는 관찰력
	조직적합성	1. 팀과 함께 고민하고 해결하는 적극적 참여 2. 팀의 일에 자발적으로 헌신하는 소속감 3. 예산의 효율적인 사용을 고려하는 절약정신

*직무기술서첨부

② 직무면접

필요역량	평가지표	평가점수	평가근거
코칭리더십	**코칭리더십**에 대한 **지식** 보유 (성과코칭 방법론 설명)	2. 4. 6. 8. 10	
	성과코칭 성공사례 보유 (조직성과 개선 성과사례)	3. 6. 9. 12. 15	
핵심인재 육성	**핵심인재 육성관련 지식** (선정기준, 육성방법들 설명)	2. 4. 6. 8. 10	
	핵심인재 관리를 통한 **우수 리더 육성 성공사례** 보유	3. 6. 9. 12. 15	
기초지식 · 경험	**계층별 필요역량** 이해 (대리/부장 역량 비교 설명)	1. 2. 3. 4. 5	
	교육운영 효율화 우수사례 (교육 효과, 비용 절감 등)	1. 2. 3. 4. 5	

③ 인성면접

항목	평가지표	평가점수	평가근거
직무 적합성	역량과 교육방법에 대한 지속적인 학습하고 있다.	3. 6. 9. 12. 15	
	적극적인 참여를 이끌어 내는 소통능력을 발휘한다.	2. 4. 6. 8. 10	
	직원들과 평소교류를 통해 교육니즈를 파악한다.	2. 3. 4. 5	
조직 적합성	팀의 과제를 함께 고민하고 해결하려 적극 참여한다	3. 6. 9. 12. 15	
	자신의 역할이 아니더라도 팀의 일에 자발적으로 헌신한다	2. 4. 6. 8. 10	
	교육예산을 효율적으로 사용할 수 있도록 노력한다.	1. 2. 3. 4. 5	

제시한 예시를 통해서 알 수 있듯 앞으로의 면접평가표는 세 가지를 기억하여 제작해야 한다.

첫째, 어떤 사람을 채용하려 하는지 명확하게 제시한다.

둘째, 무엇을 묻고 평가할 것인지 평기기준을 제시한다.

셋째, 한 번에 너무 많은 평가항목을 제시하지 않는다.

복잡직무 면접평가표 제작

앞에 제시된 면접평가표는 채용실무자들의 동의를 얻기 힘들 수 있다. 대규모 조직이 아닌 이상 입사 후 맡아야 할 직무가 예시보다 훨씬 폭넓고 복잡하기 때문이다. 업무분장내역이 한 페이지씩 나온다. 인사가 총무도 하고 구매도 하는 경우가 흔하다. 해야 할 일과 알아야 할 것들이 훨씬 더 다양하다. 어떻게 예시처럼 간단하게 작성할 수 있느냐 반문할 수 있다. 맞는 말이다.

예시는 기본형이라 말할 수 있다. 확인할 대상이 많다면 평가표에도 많은 양을 담을 수밖에 없다. 그럼에도 불구하고 모든 것을 확인할 수는 없다. 가장 중요한 것을 먼저 확인해야 한다. 어렵지 않게 배우고 해낼 수 있는 것은 제외하고 꼭 알고 있어야 하는 것과 꼭 해봤어야 하는 것을 물어야 한다. 이것은 면접의 기본이고 평가표 제작의 기본이다. 시간은 한정되어 있고 평가해야 할 것들의 우선순위가 있다. 평가할 대상을 명확하게 정리하는 것이 중요하다.

참고로, 발표면접이나 토론면접에 쓰이는 평가표는 일반적인 질의응답형태의 면접과는 달라야 한다. 관찰의 대상이 다르기 때문이다. 앞의 구조화된 면접에 평가표의 예시를 제시하였으니 참고하기 바란다.

이 그림은 Gemini Pro를 이용해 제작되었습니다.

면접평가표 작성

- 채용요건을 제시해야 한다. 지식, 경험, 성과 사례 등 평가 시 주목할 포인트 명시
- 평가 항목이 너무 많으면 아무것도 제대로 볼 수 없다. 4가지 정도가 좋다.
- 모든 직무에 한 가지 평가표를 적용할 수는 없다. 시기별 직무별 필요 역량이 다르듯이 평가표도 달라야 한다.
- 평가 기준이 구체적인 행동지표로 제시되어야 한다.
- 평가 항목별 가중치는 평점격차로 확실하게 배점되어야 한다.

TO DO

1. 직무별 또는 직군별 평가표를 작성하자.
2. 채용할 사람의 조건과 평가의 기준을 평가표에 명확하게 제시해야 한다.

4

훈련이 잘된 면접관이라면 면접평가표만 주어지면 알아서 질문도 하고 평가도 한다. 하지만 현장의 면접관들은 대부분 충분히 훈련받지 못했다. 훈련을 받았더라도 일에 치이는 동안 잊어버렸고 면접이 다 끝날 때쯤이나 생각이 난다. 훈련이 잘된 면접관이라 해도 가이드가 있다면 면접을 진행할 때 분명 도움이 될 것이다. 채용담당자는 면접관이 제대로 된 질문을 통해 평가를 할 수 있도록 질문지를 제공해 주어야 한다.

질문지는 어떻게 만들어야 할까?

먼저 예시의 평가표에서 질문을 만들어 보자.

직무면접 질문

항목	평가지표	면접질문
코칭 리더십	**코칭리더십**에 대한 **지식** (성과코칭 방법론 설명)	성과코칭 방법론에 대해 간략하게 설명해 주세요.
	성과코칭 성공사례 보유 (조직성과 개선 성과사례)	성과코칭으로 조직의 성과가 개선된 사례가 있으신가요? 코칭의 어떤 부분이 성과를 개선하는 데 도움이 되었다고 생각하시나요?
핵심 인재 육성	**핵심인재 육성관련 지식** (선정기준, 육성방법들 설명)	핵심인재를 선정하는 기준에 대해 말씀해 주세요. 핵심인재를 육성하는 좋은 방법을 하나만 제시해 주세요.
	핵심인재 관리를 통한 **우수 리더 육성 성공사례** 보유	핵심인재관리를 통해서 우수한 리더를 육성한 성공사례가 있으신가요? 어떻게 관리하셨나요?

| 기초
지식
&
경험 | **계층별 필요역량** 이해
(대리/부장 역량비교 설명) | 대리와 부장의 필요역량을 비교해서 설명해
주세요.
계층별 역량을 구분하는 기준은 무엇일까요? |
| | **교육운영 효율화 우수사례**
(교육 효과, 비용절감 등) | 교육율 비용효과 측면에서 효과적으로 운영했던
사례를 설명해 주세요.
비용을 아끼면서도 교육 효과를 만들 수 있었던
비결이 있었나요? |

인성면접 질문

항목	평가지표	면접질문
직무 적합성	역량과 교육방법에 대해 지속적으로 학습하고 있다.	직무전문성 향상을 위해 어떤 노력을 하고 계신가요? 왜 그런 노력이 필요하다고 생각하셨나요?
	적극적인 참여를 끌어내는 소통능력을 발휘한다.	부정적인 상대를 소통을 통해 적극적으로 참여시킨 경험이 있으신가요? 어떻게 설득하셨나요?
	직원들과 평소 교류를 통해 교육 니즈를 파악한다.	동료들과 평소 관계 속에서 교육으로 도와줄 필요가 있는 부분을 발견한 적이 있으신가요?
조직 적합성 육성	팀의 과제를 함께 고민하고 해결하려 적극 참여한다	팀의 과제를 해결하기 위해 자발적으로 참여하여 의견을 제시한 적이 있으신가요?
	자신의 역할이 아니더라도 팀의 일에 자발적으로 헌신한다.	자신의 역할은 아니지만 도움이 필요한 상황을 발견하고 자발적으로 헌신한 경험이 있으신가요?
	교육예산을 효율적으로 사용할 수 있도록 노력한다.	교육예산을 효율적으로 사용하기 위한 방안을 수립한 적이 있으신가요? 효율적인 예산 사용 방안은 무엇인가요?

평가지표가 확실하면 질문을 만들기는 쉽다. 물어볼 것이 확실하면 질문을 하는 것은 훨씬 쉬워진다.

직무면접 질문을 만드는 요령 두 가지만 제시하겠다. 첫째, 알아야 할 것을 설명하라고 한다. 설명할 수 있어야 제대로 아는 것이다. 핵심을 이해하고 논리적으로 설명할 수 있는지 관찰하여 평가한다. 둘째, 평가지표의 성과경험을 묻는다. 경험이 있는 것이 중요한 것이 아니다. 성과를 만들어낸 과정이 중요하다. 판단의 근거와 성과를 만들어낸 특별한 행동을 들여다보고 추진역량을 확인한다.

인성면접 질문을 만드는 핵심은 행동사례를 물어야 한다는 것이다. 의지나 계획은 믿을 수 없다. 어떻게 행동했는지 사례를 확인할 수 있도록 질문을 준비한다. 질문은 도입질문과 꼬리질문으로 구성해야 한다. 도입질문은 경험의 유무를 묻는다. 경험사례를 특정하도록 유도하는 것이다. 그다음 '왜'와 '어떻게'를 물어야 한다. 판단근거가 논리적으로 명확해야 한다. 왜 그렇게 생각했는지를 통해 논리성을 확인한다. 다음 어떻게를 물어 추진과정을 확인한다. 그냥 어떻게 했느냐 물으면 답변이 의미 없이 장황해질 수 있다. 특별히 잘한 부분을 묻는 것이 좋다.

좋은 면접질문의 조건

면접질문을 만들 때 생성형AI를 활용할 수도 있다. 어느 정도 좋은 질문을 만들어 준다. 그렇다고 AI가 만들어준 질문을 무턱대고 그냥 막 쓸 수는 없다. 좋은 질문인지 확인하는 기준이 필요하다.

첫째, **면접질문은 20초를 넘으면 안 된다**. 질문이 길다면 줄여야 한다. 줄일 수 없다면 두 개의 질문으로 나누어 보자. 질문은 간결하고 명확해야 한다. 묻는 것이 확실해야 답변도 정확해진다.

둘째, **한 번에 하나씩만 물어야 한다**. 한 번에 세 가지 질문을 하는 면접관이 있었다. 세 번째 질문이 끝나면 지원자가 몇 번째 질문부터 답할까? 당연히 세 번째 질문부터 답한다. 지금 생각난 것을 말해야 한다. 지원자는 급하다. 세 번째 질문에 답한 지원자가 과연 두 번째 질문이 생각날까? 답변을 하다가 잊어버린다. 한 번에 하나씩만 물어야 한다. "가장 힘들었던 일이 있었다면 그것은 무엇이었는지. 왜 힘들었는지. 어떻게 극복했는지 말씀해 주세요." 이렇게 묻는 것도 세 가지 질문을 한꺼번에 던지는 것이다. 하나씩만 간단하게 묻고 정확한 답변을 듣자.

셋째, **평가하려는 역량을 평가할 수 있어야 한다**. 이 질문이 평가하려는 영역에 정확하게 맞는지 생각해 보아야 한다. 도전정신을 묻는 질문에 '새로운 환경에 적응해 본 적'을 묻는 경우가 많다. 새로운 환경에 적응하는 것은 적응력이다. 도전정신은 어려운 일이지만 시도해 보는 것이다. 제내로 묻지 않고서 제대로 된 답변을 기대할 수는 없다.

넷째, **다양한 답변을 들을 수 있어야 한다**. 면접관은 신뢰성을 묻는 질문을 해야 한다. "당신은 믿을 수 있습니까?" 뭐라 답할까? 당연히 "Yes"라 대답할 것이다. 답변이 뻔한 질문은 시간낭비다. "지방 근무 할 수 있습니까?" "출장이 잦은 편인데 괜찮나요?" 이런 질문들은 아무 의미 없다. 들을 답변이 뻔하기 때문이다. "어떻게 했습니까?"와 같이 다양한 답변을 기대할 수 있는 질문이라야 한다. 그래야 답변을 듣고 관찰되는 행동을 통해 역량의 수준을 평가할 수 있다.

면접질문을 만드는 요령

① 행동지표를 활용한다.

면접 질문을 만드는 가장 좋은 방법은 행동지표를 활용하는 것이다. 행동지표가 있다면 물음표만 달면 된다. 행동지표가 '강점을 발휘한 경험이 있다'라고 정의되어 있다면 "강점을 발휘한 경험이 있으신가요? 언제요? 어떻게요?"를 차례로 물으면 된다.

행동지표는 우리 회사에서 해당 역량이 우수한 인재가 어떻게 하는지 관찰하여 정리한다. 관찰할 대상이 마땅하지 않다면 전문기관에 의뢰하거나 역량사전 등을 활용할 수 있다.

② 역량의 정의를 활용한다.

행동지표가 없는 경우 해당 역량을 인정하는 조건을 기준으로 질문을 만들 수 있다.

도전정신을 예로 들어보자. 도전정신을 인정하는 기준은 무엇일까? 어떤일을 했을 때 도전했다고 인정할 수 있을까?

사람인이 진행하는 면접교육에서 도전정신에 대한 질문을 만드는 실습을 진행한다. 교육생들이 만드는 질문을 보면 '새로운 일에 도전…'과 같은 것들이 있다. 새로운 일을 시도하는 것이 도전일까? 한 번도 해본 적 없는 골목청소를 했다. 처음 했으니 새로운 일이다. 도전인가? 도전으로 인정할 수 없다. 그냥 하면 되는 쉬운 일이다. 새롭다고 모두 다 도전은 아니다. '남들이 안 해본' 일도 도전이 아니다. '누구나 말리는' 일도 도전은 아니다. 모두가 말려도 옥상에서 뛰어내린다면 과연 도전이라 할 수 있나. 도전은 어렵지만 시도하는 것이다. 남들이 이미 했던 일이어도 도전자에게 벅찬 일이라면 상관 없다.

어려운 일을 시도했다면 도전일까? 이유나 목적이 있어야 한다. 이유도 없이 그냥 해보았다면 그것은 그냥 해본 것이다. 호기심으로 자존심으로 해본 일은 도전이라 할 수 없다. 무언가 긍정적인 가치를 얻기 위해 시도해야 도전이다. 체력이 부족해서 일을 해낼 수 없는 사람이 체력단련을 위해 마라톤에 도전한다면 도전이다. 아침에 TV로 마라톤을 보고 그냥 나도 한번 해본다면 그냥 해본 것일 뿐이다.

도전을 인정하는 조건은 또 있다. 준비하고 노력하는 과정이 있어야 한다. 준비과정이 없다면 그것은 무모한 것이다. 아무 일에나

닥치는 대로 덤벼드는 직원이 있다면 그 회사는 곤혹스런 상황에 처하게 될 것이다. 이룰 수 있을 만큼의 노력이 필요하다.

노력도 대충 이삼일 하다가 그만두면 도전했다 할 수 없다. 마라톤에 도전했다면 완주는 못 했더라도 하프라도, 10km라도 뛰었어야 인정할 수 있다.

도전을 인정해 주는 조건 4가지가 정리되었다. 어려운 일 + 이유나 목적 + 노력하는 과정 + 어느 정도의 결과가 있어야 한다. 이렇게 역량이 정의되면 질문을 만들 수 있다. "어려운 목표에 도전하신 경험이 있나요? 도전하게된 이유는? 어떻게 준비하셨나요? 결과는?" 이렇게 조건 4가지를 구분해서 물으면 된다. 절대로 한 번에 엮어서 묻지 말기를 바란다. "어려운 목표에 이유나 목적을 가지고 준비하고 노력하는 과정을 통해서 어느 정도의 결과를 달성한 사례가 있으신가요?" 이렇게 한 번에 물으면 지원자는 '도전'이란 한 단어만 기억하고 답할 것이다. 이유/준비/결과를 나누어 물어야 한다.

③ 상황에 따른 질문

이렇게 역량으로 정의되지 않는 평가항목도 있을 수 있다. 그럴 경우 '어떤 사람이 잘할까?'를 생각하고 "당신은 그런 사람인가요?" 하고 묻는다. 그렇게 행동했던 사례를 들으며 얼마나 그런 사람이 될 수 있는지 가늠해 보면 된다.

예를 들어 보자. 22개의 지방지사가 있는 회사가 있다. 예전에는 발령만 내면 지방 어디든 군말 없이 부임하여 알아서 적응했었는데 요즘은 발령 내기 전부터 반발하기도 하고, 지방으로 보내놓으면 얼마 지나지도 않았는데 못 견디겠다고 하소연을 해대는 통에 인사팀이 매우 힘들다. 그래서 이 회사가 원하는 조직적합성은 연고 없는 곳에서 잘 적응하는 것이다. '연고 없는 곳에서 잘 적응하는 것'은 어떻게 질문해야 할까?

면접교육에서 실습을 해보면 참 다양한 답변들이 있다. "지방에 살아본 적 있나요?" 이런 질문은 지방 출신 지원자에겐 연고 없는 곳이 아니다. "우리 회사에 22개 지방지사가 있는데 가기 싫은 곳이 있나요?" "어디로 보내주면 좋겠어요?" 이런 질문들도 연고 없는 곳에 적응하는 것과 직접적으로 상관이 없을 수 있다. "낯선 곳에 살아본 적 있나요?" 이런 질문들도 마찬가지다. 해외에서 한 달 살기와 같은 여행이었다면 힘들지만 즐거웠던 추억이 된다.

연고 없는 곳에 적응하는 것을 묻는 잘못된 질문들

질문 예시	잘못된 부분
지방에 살아본 적 있나요?	지방 출신에겐 연고 있는 고향이다.
지방지사 중에 가기 싫은 곳은? 가고 싶은 곳은?	연고 있는 곳을 선택한다.
낯선 곳에 살아본 경험	여행으로 한 달 살기는 적응이 아니라 추억이다.
연고 없는 지방지사로 발령 내면 어떻게 하실 건가요?	당연히 간다고 할 것이다. 일단 합격하고 볼 일이고 지방 발령은 지금의 고민이 아니다.

그렇다면 어떻게 물어야 할까?

앞에서 질문을 만드는 요령을 밝혔다. 이런 상황에 잘할 수 있는 사람이 어떤 사람인지 생각해서 "당신은 그런 사람입니까?" "어떻게 그런 사람일 수 있었습니까?"라고 묻는 방법이다. 연고 없는 지방에 잘 적응할 것인가를 물으려 한다면 먼저 어떤 사람이 연고 없는 곳에 잘 적응할 수 있는지 생각해 보아야 한다. 아무래도 연고 없는 곳에서 잘 적응해서 살아본 경험자가 적응을 잘할 것이다. 그렇다면 이렇게 묻는 게 순서가 된다.

"연고 없는 곳에 살아본 적 있나요?" "있습니다." "가장 어려웠던 점은 무엇이었나요?" "어떻게 극복했나요?" 만약 연고 없는 곳에 살아본 적이 없다면 그때는 어떤 부분이 어려울 것 같은지 어떻게 극복할 계획인지 물어본다. 연고 없는 곳에 살아본 경험을 통하여 적응력을 확인할 수 있다. 경험이 없다면 준비된 상황을 통해 적응력을 기대하고 평가할 수 있을 것이다.

꼬리질문

꼬리질문을 하는 가장 좋은 방법은 의문사를 사용하는 것이다. 도입질문은 경험사례를 특정짓는 것으로 충분하다. 꼬리질문을 통해 어떻게 사고하는지, 어떻게 행동하는지 확인해야 한다. 어떻게 사고하는지 사고방식을 묻는 의문사가 '왜?'이다. 왜 그렇게 생각했는지, 근거가 무엇인지, 어떤 논리적 판단이 있었는지 묻는 것이다. 그리고 구체적인 행동을 묻는 의문사가 '어떻게?'이다. 그래서 어떻게 추진했는가를 묻는 것이다. 일을 진행하는 과정에서 어떤 어려움을 극복했는지, 어떻게 일을 잘 해냈는지 과정을 들어보는 것이다. 일을 진행하는 과정을 관찰해서 일하는 방식을 확인한다. 일을 해내는 능력을 평가한다.

꼬리 질문을 어렵게 생각하지 않았으면 좋겠다.

나는 인사분야에서만 31년을 넘게 일했다. 인사밖에 모르는 내가 공장의 회계팀장 면접에 홀로 참석한 적이 있다. 회사에 문제가 생겨 경영지원본부장이 급하게 자리를 비운 탓에 나는 잘 모르는 분야에서 팀장급 전문가를 평가해야 하는 어려운 상황이었다.

구분	질문과 답변
면접관	공장의 회계에서 가장 중요하고 또 어려운 일은 무엇인가요?
지원자	원가회계라고 생각합니다.
면접관	아, 원가회계가 중요하고도 어렵군요. 그런데 왜 어려운가요?
지원자	자재가 들어와서 상품이 되는데 자재의 구입가와 상품의 가격은 정해져 있습니다. 문제는 공정 중에 있는 재공품을 얼마로 책정해야 하는가 하는 부분입니다. 공정 단계별로 적정한 단가를 책정하는 것이 복잡하고 어렵습니다.
면접관	그렇다면 우리 회사의 경우에는 어떻게 해야 하나요?
지원자	이렇게 저렇게 기준을 세우고…
면접관	기준을 제시해 주셨는데 왜 그렇게 기준을 정해야 한다고 생각하세요?
지원자	(후략)

나는 '왜'와 '어떻게'로 묻고 또 물었다. 답변이 논리적이고 설명을 잘 해주어 채용했다. 한 달 뒤 다시 그 공장에 방문했을 때 새로 입사한 바로 그 회계팀장이 주변의 직원들에게 "인사팀장 중에 이렇게 회계를 깊이 있게 아는 분은 처음이다"라면서 나를 치켜세워 주었다. 솔직히 나는 회계를 잘 몰랐다. 지금도 여전히 그렇다. 그럼에도 요령있는 꼬리질문으로 회계팀장의 전문성을 평가할 수 있었다.

'왜'와 '어떻게'라는 의문사의 힘이 생각보다 대단하다.

'질문은 면접관의 전문성이 아니라 답변을 끌어내는 논리적 구조에서 시작한다'는 것을 회계팀장 면접사례를 통해서 강조하고 싶다.

꼬리질문에서 주의할 것 한 가지만 덧붙여 보자면, 질문의 의도를 놓치지 말자는 것이다. 협력사례를 묻고 꼬리질문에 "그래서 성과는 어땠나요?"를 묻는 경우를 많이 본다. 면접관이 성과에 대해 관심이 대단한 것은 존중하지만 질문의 의도는 '협력'이었다. 협력에 대한 꼬리질문이라면 "협력할 때 어려웠던 부분은 무엇이었나요?" "왜 그런 어려움이 있었을까요?" "그래서 어떻게 극복하셨나요?"를 묻는 것이 꼬리질문이다. 협력의 행동을 구체적으로 살펴보는 것이 목적이다. 협력의 행동을 입체적으로 관찰해서 평가할 수 있도록 질문 의도에 맞는 꼬리질문을 이어가야 한다.

면접질문지는 도입질문과 꼬리질문으로 구성한다. 질문지를 잘 만드는 것만으로는 부족하다. 면접관들이 질문지의 의도를 잘 이해하고 제대로 된 질문으로 활용할 수 있도록 준비시키는 교육과정이 필요하다. 다음 장에서 면접관 교육에 대해 이어가겠다.

1. **직무면접 질문 요령**
   - 아는 것을 설명하라고 한다. 설명할 수 있어야 제대로 아는 것이다.
   - 평가지표의 성과경험을 묻는다. 성과를 만들어낸 과정을 관찰한다.

2. **인성면접 질문 요령**
   - 행동사례를 묻는다.
   - 도입질문과 꼬리질문을 준비한다. 꼬리질문은 왜, 어떻게와 같은 의문사를 사용해 구체적으로 묻는다.

3. **좋은 면접질문의 조건**
   - 간결하고 명확하다(20초를 넘기지 않는다).
   - 한 번에 하나씩 묻는다.
   - 평가할 역량을 확인할 수 있어야 한다.
   - 다양한 답변을 들을 수 있어야 한다.

4. **면접질문을 만드는 요령**
   - 행동지표에 물음표를 단다.
   - 역량의 정의를 활용한다.
   - 해당 상황에서 잘할 사람인지, 어떻게 그런 사람일 수 있는지 묻는다.

5. 꼬리질문 요령

- 의문사를 사용한다.

- 왜, 어떻게와 같은 의문사를 통해 판단의 근거와 추진과정을 확인
  할 수 있다.

- 질문의 의도를 놓치지 말아야 한다.

TO DO

1. 훈련이 부족한 면접관을 위해 면접 질문을 준비하자.

2. 도입질문과 꼬리질문을 준비하고 면접관들이 제대로 이해할 수
   있도록 충분히 교육해야 한다.

5 면접관 교육

인사 후배들로부터 면접질문지와 면접평가표를 요청받을 때가 있다. 괜찮아 보이는 질문지와 평가표를 골라 보내주곤 한다. 보내면서 묻는다. 질문지를 주면 면접관들이 쓰기는 하느냐고. 열이면 열 대답 대신 한숨부터 쉰다. 아무리 열심을 다한 준비라도 쓰이지 않으면 의미가 없다.

면접관들이 애써 만들어 준 질문지를 쓰지 않는 이유가 뭘까? 질문지가 만들어진 이유나 목적을 모르기 때문이다. 무엇을 확인하고 평가해야 하는지 알지 못하는 것이다. 이유도 모르는 질문들이라 눈에 들어오지도 않는다.

면접관들은 평가에 임할 준비가 되어 있어야 한다. 평가할 항목이 무엇인지 제대로 이해해야 한다. 질문은 어떻게 해야 하는지, 또 답변은 무엇을 기준으로 평가해야 하는지 제대로 알아야 한다. 기존의 특강식 면접관 교육으로는 면접관들을 변화시킬 수 없다. 제대로 된 면접관 교육을 통해 제대로 된 면접을 수행할 수 있는 면접관들로 준비시켜야 한다.

면접관 교육의 성공과 실패

면접관 교육을 요청받는 사례가 점점 늘어나고 있다. 홍보도 영업도 하지 않음에도 교육 요청이 자꾸만 늘어나는 것은 사람인의 면접관 교육과정이 좋은 평판을 타고 알려진 덕분이다. 그런데 교육이라기보다는 강의요청이 대부분이다. 한두 시간 강의를 통해 전해 줄 수 있는 내용은 사람인이라고 별반 다를 수 없다. 강의 형태로 한두 시간 교육을 진행하게 된다면 담을 수 있는 내용이 뻔하다. 채용과 면접의 트렌드를 먼저 소개해 주고 지원자들을 존중하고 배려해 주라는 주의사항이 주된 내용이 될 것이다. 추가로 고객사의 면접 운영 기준을 설명해 주는 경우도 있다.

면접관들이 한두 시간 강의를 듣고 배울 수 있는 것은 '조심하자' 정도가 전부다. 면접관들에게 정말 필요한 내용은 무엇을 어떻게 평가해야 하는가이다. 평가를 위해 질문은 어떻게 해야 하는지 평가점수는 어떻게 주어야 하는지 배우고 익혀야 한다. 배우기만 해서는 실전에 쓰지 못한다. 실제로 해보는 경험을 통해 체득하는 것이 중요하다.

면접관 교육은 주의사항을 강조하는 것에 그치면 안 된다. 면접관 교육을 하는 목적이 면접을 잘 하도록 만드는 것이기 때문이다. 그렇다면 면접에서 어려워하는 부분을 해결해 주어야 한다. 사람인이 조사한 바에 따르면 면접관들은 질문을 하는 것과 답변을 들고 평가하는 것이 어렵다고 한다. 제대로 된 면접관 교육이 되려면 질문하고 평가할 수 있게 해주어야 한다. 흥미진진하게 사례를 들려주는 것 정도로는 안 된다. 재미가 목적이 아니라 실제로 면접관이 제대로 질문을 할 수 있고 정확하게 평가할 수 있어야 한다.

면접이 어려운 이유(사람인: 인사담당자 184명 설문조사)

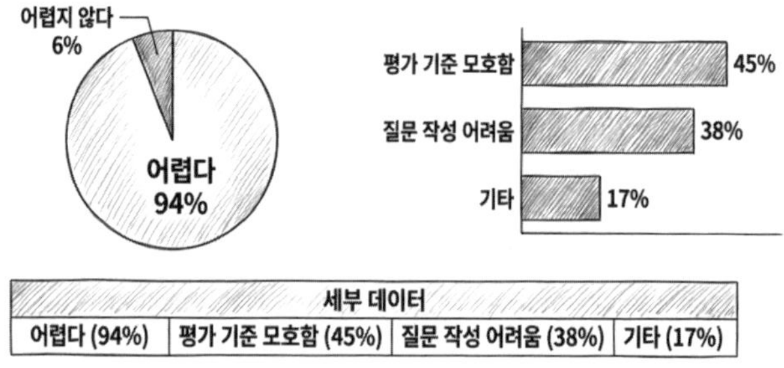

이 그림은 Gemini Pro를 이용해 제작되었습니다.

좋은 면접관 교육을 찾아서 60만 원 이상의 비싼 교육비를 내고 유명하고 잘한다는 다양한 면접교육 프로그램에 참가하였다. 면접관 교육을 진행할 파트너사를 찾으려는 목적이었다. 결과적으로 내가 직접 만들어야 했다. 어떤 교육프로그램도 '질문하고' '평가하는' 요령을 가르쳐 주지도 않고 익힐 수 있는 경험을 제공하지 않았다. 2021년 결국 교육과정과 교재들을 모두 직접 만들었다.

사람인은 시중에 없는 특별한 면접관 교육을 제공한다. 완전히 새로운 과정으로 구성했다. 강의 내용에 트렌드나 사례와 같은 재미 위주의 프로그램을 제외시키고 구조화된 면접과 행동지표라는 핵심을 간략한 강의로 편성했다. 대신 면접관들이 가장 어려워하는 '질문하기'와 '평가하기'를 집중 훈련한다. 실습 진행도 강사 혼자 끌고가지 않는다. 각 조별로 훈련된 전문가를 배치하여 실습 과정에서 밀도있는 피드백을 제공한다. 이를 위해 200회 이상 면접 경험을 가진 전문적인 면접관들 중 강의 능력이 탁월한 FT^{facilitator}들을 선발하여 30시간 이상 워크샵을 거치며 보조강사로 육성했다.

그동안 교육과정에 참여한 교육생들이 보인 반응도 놀라웠다. 완전히 새로운 세계를 만났다고 했다. 예전의 면접을 반성한다는 교육생도 많았다. 교육을 진행하는 입장에서 교육생들이 행동지표를 고민해서 질문을 만들어 보고, 행동지표를 기준으로 평가해 보면서 면접평가의 기본을 깨닫고 변화해 가는 모습을 보면 고마움과 보람을 느낀다. 마지막으로 발표, 토론, 인성면접을 하며 8번 이상 모의면접을 경험한다. 피드백을 통해 자신을 돌아보면서 처음에 당황하던 모습이 점차 준비된 면접관으로 달라져 갈 내는 정말 가슴이 뿌듯해지기도 한다.

인사실장 시절 인사를 총괄하면서 교육팀에 교육활동의 목표를 제시한 바 있다. 교육의 목표는 '**행동변화**'이다. 교육을 통해 교육생의 인식이 달라지고 그 결과로 행동이 변화되어야 한다. 행동변화까지 이를 수 없다면 그저 좋은 경험에 그치고 만다. 면접관 교육의 성패도 마찬가지이다. 면접관들이 달라져야 좋은 교육이다. 성공한 교육이다. "재미있게 좋은 이야기를 들었다. 깨달은 바가 많다." 이런 좋은 후일담으로 교육이 성공했다고 할 수 없다.

성공하는 면접관 교육의 구성

면접관들의 행동이 달라질 수 있으려면 면접관 교육은 어떻게 구성되어야 할까?

교육의 방법은 강의와 실습이다. 교육에는 7 : 2 : 1의 법칙이 있다. 강의의 교육 효과는 10%, 코칭은 20%, 직접적인 경험이 70%이다. 실습이 중요하다. 강의를 잘하면 이해한 것 같고 잘 배운 것 같다. 하지만 실전에서는 이야기가 달라진다. 배운대로 질문하는 것이 쉽지 않다. 평가의 기준이나 원칙은 배웠는데 막상 면접 현장에서는 '전반적인 느낌'으로 평가하는 오류를 반복하게 된다.

면접관 교육 요청을 받아보면 대부분 간단한 강의와 모의면접으로 진행해 달라고 한다. 강의에서 질문요령이나 평가 기준을 설명해 주었다고 해도 모의면접에서 배운 것이 바로 발휘될 수는 없다. 실제로 사용할 질문을 만들어 보아야 한다. 그냥 한번 써보는 것으로는 부족하다. 경험많은 전문가의 피드백이 필요하다. "어떤 대답을 기대하세요?" "질문을 오해할 수 있지 않을까요?" "더 간략하고 명확하게 질문할 수 있지 않을까요?"와 같은 질문으로 생각을 자극하고 다시 보완하는 과정을 통해 질문을 만드는 요령을 직접 경험해 보아야 한다.

평가의 경우에는 더욱 그렇다. 막상 평가를 해보면 평가 기준이 눈에 안 들어온다. 대부분의 교육생이 처음 평가실습에서는 예전의 버릇을 전혀 버리지 못한다. 다시 한번 평가 기준을 확인시켜 주고 어떻게 평가해야 하는지 보여주는 과정을 여러 번 반복해야 비로소 평가를 하는 눈이 떠진다.

실습이 중요하다고 해도 무작정 실습만 시켜서는 안 된다. 할 수 있게 해주는 준비과정이 필요하다. 그래서 기억해야 할 또 하나의 키워드는 바로 **빌드업**이다.

교육과정은 목표 달성을 위해 역량을 단계적으로 끌어올리는 과정이 필요하다.

면접관 교육 공개교육과정을 개발하라고 팀장에게 지시를 했다. 얼마 후 교육프로그램을 가져왔다. 교육과정을 기획하는 사람들은 욕심이 생기기 마련이다. 욕심을 달성하기 위해 무리한 과정을 설계해 왔다. 채용공고와 직무기술서를 제공해 주고 바로 면접질문을 만드는 실습을 진행하겠다 한다. 계획서를 가져온 팀장에게 물었다, "교육생들이 역량과 행동지표를 과연 찾아낼 수 있을까?" "필요역량을 선정하지도 못할 텐데 질문은 어떻게 만들 수 있다고 장담하지?" 마땅히 거쳐야만 하는 단계를 뛰어넘으면 교육이 어렵기만 하고 아무것도 배울 수가 없다. 교육목표를 단순화하고 질문 만들기 연습에 집중하도록 했다. 그 대신 역량을 찾아보고 행동지표로 표현하는 실습을 한 시간 정도 배정했다.

교육생이 모른다는 것을 인정해야 한다. 모르니까 배우러 온 것이다. 모르는 사람이 한 걸음씩 한 걸음씩 따라갈 수 있도록 충분히 쉽게 과정을 설계해야 한다. 7:2:1의 법칙과 빌드업을 기억하면서 교육과정에 포함해야 될 요소들을 하나씩 짚어보자.

① 강의

면접관 교육과정은 강의로 시작한다. 아이스브레이킹ice breaking이 필요하다. 교육에 참여할 마음이 들 수 있도록 흥미있는 강의가 필요하다. 좋은 강의는 내용도 중요하지만 재미도 있어야 한다. 나는 개인적으로 재미없는 강의는 예의도 아니라고 생각한다.

채용 트렌드나 우수사례 같은 누구나 어디서나 들을 수 있는 이야기는 빼고 핵심으로 접근할 수 있도록 강의를 통해 이끌어야 한다.

핵심은 평가해야 할 역량이 무엇인지 알아야 한다는 것과 역량을 평가할 기준인 행동지표에 대해 이해하는 것이다. 필요한 모든 것을 다 가진 사람은 없다. 우선순위가 있다. 우리는 이번 채용에서 꼭 확인해야 할 역량을 선정해야 한다. 각각의 전형단계에서 그것들을 나누어 확인한다. 면접에서 묻고 평가해야 할 역량도 따로 있다. 그것을 먼저 이해시키자.

그다음, 행동지표를 이해해야 한다. 단순히 알고 있는 것은 중요하지 않다. 어떻게 할 것인지 계획하는 미래의 의지는 믿을 수가 없다. 지원자는 면접관이 듣기 좋은 답변을 골라할 것이다. 면접관은 지원자가 어떠한 방식으로 사고하는지, 또 어떻게 행동해 왔는지를 확인해서 평가해야 한다. 그 기준이 바로 행동지표이다. 행동지표를 제대로 이해하지 않는다면 면접관은 각자의 느낌대로, 철학대로 질문하고 평가할 것이다. '회사가 원하는 인재는 이렇게 판단하고 행동하는 사람이다'라고 정의한 것이 행동지표다. 행동지표를 기준으로 질문하고 평가해야 한다는 것을 명확하게 인식하게 해야 한다.

면접관이 꼭 알아야 할 기본적인 내용도 빼먹지 말아야 한다.

첫째, **면접관에게 필요한 자세와 태도**이다. 채용 갑질 논란이 오래도록 뉴스를 장식하고 지나갔다. 지원자에 대한 배려와 존중도 중요하다. TVN에서 방영하는 〈어쩌다 어른〉에 출연한 김경일 교수의 강의 내용을 보면 '압박면접은 감정의 동요가 없는 소시오패스를 불러들이는 일'이라고 경고한다. 압박은 인내심을 테스트하는 것이 아니라, 역량 발휘의 기회를 박탈하는 것이다. 역량을 드러낼 수 있도록 긴장감을 풀어주는 것이 먼저다. 긴장감을 풀어주지 않는다면 우리는 그야말로 '말빨 좋고 깡 좋은 사람'만 회사로 불러들이는 실수를 하게 된다.

긴장감을 풀어주어야 하는 이유는 역량을 끄집어내서 평가해야 하기 때문이다. 면접장에서 지원자는 긴장한다. 사람은 긴장하면 머릿속이 하얗게 지워진다. DNA에 새겨져 있다고 한다. 돌창과 돌칼을 들고 사냥에 나선 원시인이 숲속에서 맹수를 만났다. 그 순간 원시인에 눈에는 맹수만 보인다. 숲의 바람도 향기도 아무것도 느낄 수 없다. 위협하는 존재에 집중해야 살 수 있다. 사람의 뇌 구조가 그렇게 생겼다고 한다.

면접장에서 지원자도 마찬가지다. 면접관이 긴장을 주면 면접관 입만 보인다. 아무것도 생각나지 않는다. 면접을 마치고 나온 면접관이 말한다. "오늘은 바보들만 왔나 봐. 왜 이렇게 인재가 없나." 어쩌면 그 면접관은 지나친 압박으로 모든 지원자를 바보로 만들어 버렸는지 모른다. 그래서는 좋은 인재를 찾을 수 없다.

요즘 면접관과 옛날 면접관을 비교하며 면접관의 자세를 설명하면 다음과 같다.

옛날 면접관	요즘 면접관
1. 압박면접으로 거짓말 때려잡기 　– 압박을 이겨내는 소시오패스만 남는다. 2. 당신의 모든 것을 알고 싶다. 　– 채용절차법: 개인정보 물으면 위법이다. 3. 인생의 철학면접 　– 보편타당하지 못한 개인적인 선입견이다.	1. So gentle, so sweet 　– 친절하게 존중받고 있다는 느낌으로 2. Structured 　– 평가할 역량을 중심으로 3. Smooth & Soft 　– 유연하고도 노련하게 진행

지원자 모두에게 공평하게, **긴장감을 풀어주는 젠틀하고 스윗한 자세가 중요**하다. 답변하는 지원자와 간간이 눈을 맞추고 끄덕이

며 경청하는 자세를 보여주는 것이 좋다. 답변이 끝날 때 마다 "네" "아, 그렇군요"와 같은 추임새를 더해주면 분위기를 편안하게 이끌 수 있다. 표정도 좀 부드럽게 간간이 미소를 짓자. 우리나라 사람들 정말 잘 웃지 못한다. 안 웃으면 화난 것처럼 보인다. 면접관인 자신들만 모르고 남들은 다 안다. 무섭다는 거. 그리고 되도록 메모를 한다. 집중해서 듣고 있다고 믿어진다. 그리고 메모를 하는 자세는 앞으로 살짝 수그리게 되어 적극적인 경청의 자세에 해당하기도 한다. 허리를 뒤로 젖히고 팔짱끼는 것과는 반대이다. 팔짱을 끼는 것은 상대에게 닫혀있다는 의미로 읽힌다. 조심해야 한다.

둘째, **주의사항**이다. 채용 갑질이 되지 않도록 면접관이 주의할 사항들을 조목조목 예시를 들어주며 알려주어야 한다. 예시가 없다면 제대로 이해하지 못할 수 있다. 면접관이 주의해야 할 것들 중에 잘 소개되지 않는 부분만 간략히 정리해 보면,

① 답변 순서를 공평하게 배분한다.

② 지적하거나 비웃지 않는다. 지원자의 자신감을 떨어뜨려 바보로 만들 수 있다.

③ 틀렸다고 가르쳐 주려 하지 않는다. 교육시간이 아닌 냉정한 평가의 시간이다.

④ 질문은 짧고 명확하게 한다. 질문이 길어지면 무엇을 묻는지 알 수 없게 된다.

⑤ 한 번에 하나씩 묻는다. 지원자는 하나씩만 답할 수 있다. 두

번째는 잊게 된다.

⑥ 핸드폰을 보지 않는다.

면접장에 입장한 지원자는 앞으로의 인생이 걸려 있다. 인생의 가치만큼 면접관은 지원자를 존중해 주어야 한다. 면접관이 꼭 기억해야 할 두 글자를 짚어보자면 '존중'이라 할 수 있다.

셋째, 준비 및 진행요령이다.

먼저 **준비해야 할 것**부터 정리하자.

① 평가항목, 평점기준, 가점/감점/탈락 요소 확인

평가의 기준을 확인하는 것이 가장 먼저 해야 할 일이다. 평가기준이 되는 평가의 항목과 행동지표를 확인하고, 평점을 부여하는 가점/감점/탈락요소들을 파악한다. 해당 직무의 내용과 원하는 인재상을 미리 파악해 두어야 제대로 평가할 수 있다.

② 면접질문

지원자 한 명에 대한 면접이라면 입사지원서류와 평가표를 보고 질문을 준비해야 한다. 그리고 어떤 사람을 선발할 것인지 명확한 기준을 정리해야 한다. 많은 지원자를 만나야 하는 면접이라면 준비할 것이 좀 더 늘어난다. 공통된 질문과 개별질문을 준비한다. 공공기관 공채라면 개별질문은 제한될 수 있다. 민간기업이라면 입사지원서류에 기술된 내용 중 확인해야 할 상세내역을 메모하여 질문을 준비한다. 면접조 구성인원과 면접시간을 확인하고 평가항목별로 질문할 시간을 배정해 둔다.

③ 간단한 인사말

간단한 인사말씀과 필요할 경우 긴장을 풀어줄 몇 가지 이야기 소재를 준비한다. 자신에 대한 소개가 있으면 좋다. 이름보다 중요한 것은 어떤 일을 하는 사람인가이다. '마케팅팀장'과 같은 직책을 알려주면 더 좋다. 회사나 직무에 대한 소개를 준비한다. 지원자의 질문이 있을 수도 있다. 질문이 없더라도 지원한 직무를 상세히 설명해 주면 지원자에 대한 배려일 뿐만 아니라 입사의지를 높여줄 수도 있다.

면접자세

면접시간과 장소를 체크하고 복장을 단정하게 한다. 핸드폰을 무음으로 바꾸고 주머니에 넣는다. 면접에 집중할 수 있도록 주변을 정리하고 회의실 밖의 풍경이 방해가 안 되도록 가릴 것은 가려둔다.

진행요령

a. 면접관 역할 배분

여러 명의 면접관이 참여할 경우 면접위원장을 선임하여야 한다. 모든 면접관이 인사말을 하는 것은 시간낭비가 되니 위원장이 처음과 끝 인사를 담당한다.

인사말이 끝나면 첫 번째 질문을 누가 할 것인지 정한다. 질문

의 순서를 정해야 한다. 순서를 정하지 않으면 면접관들의 눈치게
임이 시작된다. 순서를 정해 자연스럽게 질문이 이어질 수 있도록
한다. 자신의 질문이 끝난 면접관은 "이상입니다" "여기까지 하겠
습니다"라고 하며 질문이 끝났다는 것을 표시해 주어야 한다.

순서와 함께 정해야 할 것은 평가항목의 배정이다. 모든 면접관
이 하나의 평가항목만을 물어보면 안 된다. 나머지는 묻지도 않고
어떻게 평가하겠는가.

면접을 시작하기 전에 면접위원장을 선임하고 면접관들의 질문
순서와 평가항목을 배정해야 한다.

b. 인사말

면접위원장이 간단한 인사말을 하면서 분위기를 풀어주는 것이 좋
다. 면접에 대한 안내를 제공해 주는 것도 좋다. 아래의 위원장 인사
말을 참고하기 바란다.

<면접위원장 인사말 — 공공기관용>

① 우리 회사 면접에 참여해 주서서 감사합니다.

② 본 면접은 블라인드 면접으로 진행됩니다. 개인정보를 유추할

  수 있는 답변은 감점될 수 있으니 주의해 주시기 바랍니다.

③ 혹시 면접관 중에 아는 분이 계신가요?

④ 면접은 총 20분으로 진행됩니다. 시간관계상 답변을 중간에

끊고 추가질문을 드릴 수 있는데 괜찮으시죠?

⑤ 네, 그럼 면접을 시작하겠습니다.

마무리 끝인사도 필요하다. "네, 수고하셨습니다" 정도로 간단하게 정리하는 게 좋다. 꼭 영입해야 할 인재가 아니라면 평가의견을 드러내지 않아야 한다.

c. 면접운영

- 지원자의 답변이 길어지면 중간에 끊고 추가질문으로 이어간다.
- 답변을 못 하고 시간을 끌면 다른 지원자 다음으로 순서를 바꿔준다. 다른 지원자가 없다면 질문을 좀 더 쉽게 바꿔준다.
- 긴장한 지원자를 위해 "요즘 넷플릭스 뭐 보세요?"와 같은 편안한 대화를 제공했다면 반드시 긴장을 풀어주려는 '배려'였다고 생색을 내야 한다. 배려였다고 말해주지 않으면 면접후기에 지원자를 무시했다고 별점테러가 벌어질 수 있다.

d. 리버스 인터뷰와 마지막 어필기회

면접시간이 넉넉한 편인 민간기업 수시채용의 경우라면 마무리 시간에 지원자에게 질문을 받거나 최종어필 시간을 부여해 줄 수 있다. "마지막으로 하고 싶으신 말씀이 있으신가요?"와 같은 질문을 한다. 기왕이면 마지막 남길 말보다는 어필하고 싶은 장점이나 기존 답변에 보완할 부분을 묻는 것이 좀 더 그럴듯해 보인다.

요즘은 리버스 인터뷰라고 해서 지원자에게 회사나 일에 대해 질문할 기회를 부여하는 경우가 많다. 나는 이 리버스 인터뷰를 이용해서 회사를 어필하라고 권한다. "회사나 일에 대해 궁금하신 것이 있으신가요?"라고 묻고 나서 "저한테 왜 이 회사에서 일하냐고 묻는 경우들이 많더라구요"라고 하면서 회사와 동료에 대한 준비된 자랑을 어필하면 지원자의 입사의지를 높일 수 있으니 참고해 주기 바란다.

이 그림은 Gemini Pro를 이용해 제작되었습니다.

② 질문만들기 실습

질문을 만드는 요령은 앞의 질문지 만들기에서 설명한 바 있다. 여기서는 실습을 어떻게 시켜야 하는지에 대해 이야기해 보겠다. 질문을 만드는 실습을 하기 앞서 먼저 좋은 질문이 무엇인지를 생각해보는 경험을 제공한다. 다양한 평가항목과 이에 대한 질문을 제시해 주고 O/X로 평가해 보게 한다.

예를 들면 "당신의 신뢰성은 100점 만점에 몇 점이라고 생각하십니까?"와 같은 질문을 보여준다. 이런 질문은 X다. 사실 정답이 있는 질문이고 유튜브 동영상을 찾아보면 좋은 답변이 있다. 90점 정도가 적당하다. 100점은 자칫 '자만'으로 비쳐질 수 있다. 인간이 완벽할 수 없다는 점을 고려하면, 100점이라는 답변은 상식적인 수준에 미치지 못한다. 80점은 국민정서상 우수한 편은 아니다. 90점이 적당하게 우수하다. 그리고 "왜요?"라고 물을 때 "신뢰를 제대로 지키지 못했던 아쉬운 경험이 있었고 앞으로 더 노력할 부분이라 생각한다"라고 답하면 베스트 답변이다. 이러한 모범답안은 유튜브나 인터넷에 수도 없이 많다. 지원자들이 먼저 공부하고 외워온 정답을 듣게 될 것이다. 이렇게 정답이 있는 질문은 태도를 묻는 질문이 되지 못한다. 결국 상식질문에 불과하게 된다.

질문을 평가해 보았다면 이제는 자신이 직접 질문을 만들어 볼 때다. 질문을 만드는 요령을 간단한 실습과 함께 교육한다. 면접질문지를 만드는 요령은 앞서 설명했던 것을 기억하자. 행동지표가 준비되었다면 행동지표를 질문으로 바꾼다. 역량을 인정하는 조건을 정리하여 질문하거나, 상황을 설정하는 방법도 있다.

질문을 만드는 요령을 설명해 주고 우리 회사 면접에서 평가할 역량과 평가지표인 행동지표를 제시해 준다. 스스로 작성해 보게 한다. 앞에서도 언급했지만 실습 자체만으로는 부족하다 작성한 질문을 점검해 주고 보완할 수 있도록 피드백을 제시해 주어야 실질적인 교육 효과를 얻을 수 있다. 피드백 과정에서 교육생이 궁금한 것을 바로 묻고 전문가로부터 실용적인 답을 바로 들을 수 있도록 해주어야 한다. 즉각적이고 밀접한 피드백이 만들어 주는 교육 효과는 상상 그 이상이다.

스스로 질문을 만들어 보고 피드백을 받으면서 여러 가지 질문을 만들다 보면 질문을 만드는 요령을 익힐 수가 있다. 그리고 또 하나 교육생이 터득해야 할 것은 질문을 점검하는 요령이다.

다시 한 번 반복해서 설명하자면,

① 평가항목에 해당하는 질문인가?

② 지원자의 예상되는 답변은? 당연한 답변이 예상된다면 질문으로 쓸 수 없다.

③ 면접관이 기대하는 답변은? 너무 좋은 모범답안이라면 유튜브나 취업상담사들이 이미 가르쳐줬을 수 있다. 질문으로서 효용이 없다.

④ 다양한 답변이 떠오르고 답변을 통해 지원자의 수준을 평가할 수 있

어야 한다.

면접질문을 점검하는 요령을 통해 스스로 면접질문을 점검하게 하는 것도 의미가 있다. 더 좋은 경험을 주고 싶다면 교육생들끼리 상호 질문도 하고 서로 피드백해 주는 시간을 주는 것도 좋다. 물론 실습의 마무리는 전문가가 수준 높은 가이드와 피드백을 제공해 주는 것으로 해야 한다. 그래야 제대로 된 요령을 완성할 수가 있다.

③ 평가하기 실습

면접은 평가를 함으로써 완성된다. 면접은 평가를 하기 위한 과정이다. 평가를 하지 못했다면 면접은 그냥 정감어린 대화에 불과하다. 왜 평가를 못 했을까? 첫 번째는 평가해야 할 대상을 보지 못한 것이다. 보여지고 들려지는 것들을 알아채지 못한 것은 무엇을 보아야 하는지 몰랐다는 말과 같다. 평가의 기준을 명확하게 인식하지 못한 것이 첫 번째 이유이다. 두 번째 이유는 보긴 보았어도 점수를 얼마나 주어야 할지 수준을 가늠하지 못한 것이다. 그러니 두 가지를 교육해야 한다. 평가의 기준을 볼 수 있게 하는 것과 관찰된 내용을 점수 매기는 법, 이 두 가지를 교육하고 경험하게 해야 한다.

평가 기준을 보게 하는 훈련

거듭 강조하지만 평가의 기준은 행동지표이다. 구체적으로 무엇을 보고 판단할 것인지 정해져 있어야 한다. 실무능력을 평가할 때도 마찬가지이다. 그냥 대충 잘 알고 있는 것 같다 정도로 평가해서는 안 된다. 구체적으로 얼마만큼 알고 있고 실제로 해낼 수 있는지 평가해야 한다. 그렇게 하려면 할 줄 아는 것의 내용과 수준이 명확해야 한다. 평가표를 만들 때 구체적인 업무의 내용과 필요지식 등을 정리했던 이유가 이것이다.

면접관 교육과정을 진행해 보면 평가실습을 처음 경험하는 면접관들은 행동지표를 보지 못한다. 분명 행동지표에 대한 것들은 면접질문을 만들면서도 경험했고, 평가실습 전에도 수차례 강조해서 교육하지만 소용이 없다. 교육생들의 사고력이 문제가 아니다. 처음이라 그런 것이다. 낯설고 생소하다. 그러니 평가점수도 제각각이고 평가의 근거도 다양하다. "논리적으로 말을 잘하는 거 같아요." "답변에 신뢰가 가요." 이런 평가의견들은 해당 평가항목에 대한 의견이 못 된다. 그야말로 지원자의 '말빨'에 넘어간 것이다.

이렇게 제대로 된 평가가 처음인 면접관들은 어떻게 훈련해야 할까? 누구나 쉽게 터득할 수 있는 왕도는 없다. 많이 경험해 보는 것이 유일한 방법이다. 혼자 내버려두고 경험만 많이 해서는 달라지지 않는다. 지난 10년간 면접에 참여했던 김 팀장님은 왜 아직도 그대로 이시겠는가. 올바른 가이드를 제시하고 오류를 바로잡아 주는 피드백이 없었기 때문이다. '하던대로'가 오래도록 쌓인다 한들 달라질 수는 없다. '제대로'가 쌓여야 실력이 된다. 제대로를 많이 경험시켜 주어야 한다.

평가실습은 두 가지를 모두 경험해야 한다. 질문과 답변을 듣고 평가하는 질의응답형 면접 방식과 일을 시키고 관찰하여 평가하는 시뮬레이션 면접 방식 두 가지 면접 방식을 모두 경험해 보는 것이 좋다. 우리 회사는 질의응답만 한다고 해도 시뮬레이션을 경험하는 것은 도움이 된다. 관건은 행동지표를 기준으로 관찰하는 것이기 때문이다.

되도록 같은 평가항목과 평가 기준으로 반복해 실습하는 것이 좋다. 익숙해지도록 해야 한다.

평가항목별로 나누어 보게 하는 훈련

실습을 진행할 때 나는 먼저 전반적으로 어떻게 평가하느냐고 묻는다. 좋다/나쁘다로 답을 들을 수 있다. 일반적으로 면접관들의 평가는 전반적으로 평가하는 것에 그친다. 회사는 우리 회사가 원하는 인재의 모습들, 그중에서도 가장 중요한 것들을 추려서 평가항목으로 정리하였다. 면접관은 각각의 평가항목들을 꼼꼼히 검증해야 한다. 전반적인 평가가 아니라 평가항목별로 의견이 있어야 한다.

평가실습은 평가항목별로 하나씩 나누어 보는 연습으로 구성되어야 한다. 총괄적인 평가가 아닌 평가항목별 점수를 표기하게 하고 그 이유를 물어본다. 평가점수의 근거는 평가표에 기재된 평가지표 즉, 행동지표를 기준으로 하고 있어야 한다. "이런 답변을 통해 해당 행동지표의 우수한 수준이 드러났다"와 같이 설명될 수 있어야 한다는 말이다.

면접관 자격인증교육을 진행한 다년간의 경험에 비추어 볼 때, 5~6번 정도의 평가실습을 경험하고 나면 면접관들이 달라지는 것을 확인할 수 있었다. 평가항목별로 각각의 점수를 매기고 평가의 근거가 메모되기 시작한다. 평가의 이유를 그럴듯하게 설명하는 교육생들이 점점 늘어난다.

빈틈없이 메모하기

단순히 평가의견을 말로 묻고 답하는 것은 충분하지 않다. 면접은 아무리 짧아도 10분 정도 된다. 민간기업은 30분 이상 공을 들인다. 면접시간이 끝나고 평가를 할 때 면접관이 면접과정 전체를 기억할 수는 없다. 시작할 때의 몇 장면과 끝나기 전 몇 분의 기억으로 채점한 면접이 객관적이기는 힘들다.

면접관은 객관적인 평가를 위해 기록을 해야 한다. 평가지표에 해당하는 답변을 들었을 때 답변의 핵심 키워드와 플러스 요인인지 마이너스 요인인지 '+/-'로 표시해 둔다면 빠르게 기억을 회상하고 전체적인 면접과정에 대한 평가를 할 수 있다. 나 역시도 면접에 임하면 평가 근거를 항상 메모한다. 메모를 할 때 평가지의 각 평가지표 옆에 지원자의 답변내용을 키워드와 +/- 로 표시한다.

지원자가 많은 상황이라면 외모적인 특징을 메모하는 것도 도움이 된다. 30명의 지원자 중에서 7명을 선택해야 하는 상황이라면 전체 지원자를 떠올려야 한다. 이때 각 지원자들의 자리와 외모를 메모해 두면 기억을 떠올리는 꼬리표가 되어준다.

빈틈없이 메모하라고 교육하면 꼭 쉴틈 없이 메모하는 분들이 있다. 면접은 받아쓰기 시간이 아니다. 답변을 모두 다 받아적는 것이 아니라 평가에 반영할 내용만 메모하면 된다. 그리고 메모하지 않을 때는 답변하는 지원자와 간간이 눈을 맞추고 가볍게 미소지어 주거나 고개를 끄덕이며 잘 듣고 있다고 표현해 주어야 한다.

메모하기 가장 어려운 면접은 토론면접이다. 한꺼번에 대여섯 명의 지원자들이 앞다퉈 말을 하기 시작하면 정신이 없다. 지원자들이 많이 참석하는 면접의 경우 메모를 잘하는 방법은 자리가 배치된 형태대로 표를 만들어 각자의 발언을 메모하는 것이다. 평가표의 메모할 공간이 부족할 수 있다. 빈용지나 노트를 따로 준비하여 평가메모를 기록하는 요령을 키워두면 어떤 면접에서든 유용할 것이다.

④ 모의면접 실습

면접교육의 마지막 단계는 모의면접을 해보는 것이다. 교육받아서 알 것만 같고 할 수 있을 것만 같아도 막상 해보면 생각대로 되지 않는다. 그래서 실제로 해봐야 한다. 실전같은 모의상황을 경험하면서 자신의 부족한 부분을 점검하고 보완한다. 또 경험이 쌓이면서 자신감과 여유를 기질 수 있게 된다.

처음 면접관으로 자리에 앉으면 사실 지원자보다 더 긴장하게 된다. 면접관이 지나치게 긴장하면 어떻게 될까? 제대로 묻지도 보지도 못한다. 본 것이 없으면 평가도 못한다. 평가를 못 했다면 면접은 의미없다. 면접관이 여유와 자신감을 기질 수 있도록 충분한 경험을 제공해 주어야 하는 이유이자 모의면접이 필요한 이유이다.

흔히 보게되는 모의면접이 있다. 교육생들끼리 지원자역할도 하고 면접관 역할도 한다. 서로서로 피드백도 해준다. 이런 장면을 보면 안타깝다. 교육생들끼리 면접관과 지원자 역할을 나누어 연습하는 방식에는 명확한 한계가 있다. 우선은 지원자가 너무 익숙해서 연습이 안 된다. 답변도 현장하고는 동떨어져 있다. 면접관 중에는 장난치려는 사람도 나오기 마련이다. 적어도 모의면접이 실전과 비슷한 경험을 주려면 등장인물부터 달라져야 한다. 실제 면접장에서 만날 법한 실습생이 필요하다. 신입면접을 대비한다면 회사에 근무하는 인턴이나 신입사원을 투입할 수도 있다. 아니면 대학교 3·4학년 알바를 모집해도 좋다.

또 하나, 피드백이 좋아야 한다. 상호피드백은 서로 비슷한 수준이고 또 불편한 말은 못 하게 되니 날카로운 피드백을 기대하기 힘들다. 좀 아프더라도 제대로 지적해 주고 부족한 부분을 보완하도록 가르쳐 줄 수 있어야 한다. 그러니 현장경험이 많은 전문면접관이나 강사가 지켜보고 피드백하도록 해야 한다.

그리고 또 하나 모의면접에 참여 신청을 받아 교육생 중 일부만 실습에 임하고 나머지 교육생은 그냥 관찰만 하는 경우가 있다. 이 역시 좋은 방법은 아니다. 현장의 경험을 쌓을 수 있도록 하는 것이 모의면접의 목적이라면 모든 교육생이 경험에 참여해야 한다. 그리고 기왕이면 여러 번 경험하도록 해야 한다. 사람인의 면접관 자격인증교육은 실습만 하루종일 여덟 번을 경험하도록 하고 있다. 이 정도 경험하면 면접관들이 달라지는 것을 확인할 수 있다. 대부분 여섯 번쯤 경험하면 확실히 다른 모습들이 나온다. 스스로도 놀란다. 그 덕분에 교육에 참석한 교육생들의 감동어린 후기를 얻을 수 있었다.

질문 만들기 실습

평가하기 실습

이 그림은 Gemini Pro를 이용해 제작되었습니다.

⑤ 자격관리와 보수교육

자격증과 자격체계

한 공공기관의 면접관 교육을 진행했을 때 이야기다. 자격인증교육 과정과 동일하게 운영하되 자격시험은 치르지 않겠다 하였다. 외부에 전문면접관으로 활동할 계획이 없으니 자격증은 필요 없다는 것이었다. 막상 교육을 시작하면서 교육과정을 소개하고 나니 자격증을 받고 싶다는 교육생들이 있었다. 고객사에 알려주고 신청을 받아보니 교육에 끝까지 참석하는 모든 교육생이 시험을 치르고 자격증에 도전하였다. 자격증에 대한 선망이 있을뿐더러 자격증 자체가 참여의지를 높여준 것이었다.

위의 사례로 알 수 있듯이 교육과정의 결과로 자격증을 받을 수 있다면 교육참여에 대한 의지를 높여준다. 거의 예외가 없다. 또한 자격을 부여하는 것은 채용담당부서의 관리 차원에서도 좋은 명분이 된다. 첫째, 자격을 갖춘 면접관을 양성한다는 공식적인 의지와 실천을 정당화할 수 있고, 둘째, 준비된 면접관들을 확보할 수 있다. 면접관들도 자격증 없이 지목당하는 것보다 훨씬 더 큰 자부심과 사명감을 가지고 면접에 임할 수 있게 된다.

자부심과 사명감을 가질 수 있게 하려면 자격증 부여의 기준을 까다롭게 지켜야 할 필요가 있다. 사람인의 경우 전문면접관 2급 자격의 인정 기준은 100점 만점에 80점 이상의 시험점수를 얻어야 한다. 시험에 탈락하면 고객사가 아무리 요청해도 절대 자격증을 내주지 않는다. 앞서 자격을 취득한 전문면접관들에 대한 의리와 신뢰의 문제다. 탈락한 교육생은 다음 교육에 무상으로 참여할 수 있도록 하여 재시험 기회를 제공한다. 국내 최고 대기업의 교육에서도 꿋꿋하게 원칙을 지켰고, 탈락한 부장은 다음 달 사람인에서 진행하는 교육에 참여하여 시험을 치른 끝에 자격을 얻을 수 있었다.

회사 내의 채용에만 참석하는 면접관이라 할지라도 한두 시간 강의장에서 자리를 채우고 앉아있었다는 것만으로 가볍게 수료증, 자격증을 수여한다면 자격에 대한 의미를 스스로 지워버리는 실수가 될 것이다.

자격증은 등급체계를 갖추게 할 수도 있다. 회사 내의 자격증이라면 필요에 따라 분야별로 나누어 다양하게 만들 수도 있다. 사람인 역시 면접관자격만 4가지를 운영한다. 사내면접관용 자격증과 외부활동용 자격증 그리고 구직자교육용 자격증 등 네 가지 종류를 갖추고 있고, 각각 등급을 나누고 있다.

일반적인 신입면접과 고위간부직의 면접은 달라야 한다. 당연히 배우는 것과 실습으로 경험하는 내용도 달라야 한다. 이렇게 다른 부분들을 등급을 나누거나 종류를 구분하여 자격체계를 갖추게 된다. 자격체계가 있다면 한 번의 교육으로 끝나지 않을 이유가 된다. 계속 노력하고 도전할 목표가 주어지게 된다. 회사에서도 인정해 주고 대우해 줄 명분이 된다. 인정과 보상은 좋은 면접관을 확보하기 위해 당연히 회사가 고려해야 할 부분이 된다. 면접관 자격과 경험을 팀장 이상 직책으로 가는 승진조건으로 설정하는 경우도 있다.

보수교육

회사 내부의 면접관들이 좋은 교육을 제공하고 훈련을 경험했음에도 불구하고 여전히 면접을 어려워한다. 아무리 좋은 교육이라도 평소에 자주 경험하지 않는다면 잊어버릴 수밖에 없다. 대부분 회사내의 면접관들은 팀장 이상의 직책자들이다. 매일 본업에 열심이고 항상 바쁘다. 이렇게 바쁘게 살다가 일 년에 한두 번 면접관으로 불려간다. 면접이 끝날 때까지 역시나 예전에 하던 대로 느낌평가를 하고 만다. 면접을 다 마치고 난 이후에야 비로소 배운 것이 되살아나면서 "아, 그렇게 했어야 하는 건데…"라고 후회한다. 후회도 반성도 잠시 다시 본업으로 뛰어들며 또 잊는다. 이런 망각이 반복될 수밖에 없는 것이 현실이다.

남부지역의 한 금융공기업이 있다. 사람인의 면접관 교육과정을 오랫동안 꾸준히 운영해 오면서 사내에 전문면접관 자격을 보유한 훈련된 면접관들을 확보하였다. 하지만 막상 면접일정이 잡히면 면접관들이 어려워하는 것을 알게 된다. 지난 교육을 통해 면접을 잘 준비해야 한다는 것은 깨달았는데, 그동안 방법과 요령을 잊

었던 것이다. 해당 공기업은 면접관들이 선정되면 다시 5시간 정도
의 리마인드 교육을 실시한다.

강의는 간략하게 핵심만 소개한다. 리마인드가 목적이다. 다시
질문을 만들고 새로운 자료로 평가를 해본다. 마지막에 사내의 인
턴들을 투입하여 모의면접을 진행한다. 오래전 교육내용을 다시
경험하며 자격을 취득했을 때의 실력을 회복시켜 준다. 참 좋은 사
례이다. 리마인드 과정에 두세 번 입과한 부장님은 이제 더 이상 교
육에 참석하지 않아도 될 것 같다고 말씀드렸다. 내가 보기에도 충
분하다. 부장님 본인은 계속 교육을 통해 리마인드하겠다 하신다.
반복해도 좋은 교육이라 하니 참으로 고마웠다.

면접관 교육과도 같은 스킬 교육은 반복이 중요하다. 군사훈련,
소방훈련, 구조훈련 같은 훈련들은 왜 매번 똑같은 매뉴얼을 반복
하며 행동하도록 할까? 즉시 반응할 수 있도록 스킬을 몸에 익혀야
하기 때문이다. 생각하고 기억을 떠올릴 시간이 없다. 즉각적인 대
응이 필요하기 때문이다. 더군다나 면접은 혼자하는 스킬도 아니
다. 상호작용 스킬이다. 지원자의 반응에 따라 면접관도 대응해야
한다. 상호작용 스킬은 훨씬 더 어렵다. 면접의 기술을 제대로 발휘
하려면 경험을 거듭하여 스킬을 체득해야 한다.

리마인드교육은 핵심 경험을 다시 제공하는 것이 중요하다. 자
신을 점검하고 자세와 태도 그리고 스킬을 다시 최고의 상태로 되
돌려주자. 앞에 소개한 금융공기업의 사례가 참고가 되기 바란다.

이 그림은 Gemini Pro를 이용해 제작되었습니다.

1. **면접관 교육 구성**
   - 7 : 2 : 1의 법칙을 기억하라. 직접경험이 교육 효과가 가장 크다.
   - 교육은 빌드업이 중요하다. 지식과 사전실습 없이 실전실습은 무리수다.

2. **강의**
   - 핵심이해: 평가할 역량과 평가 기준인 행동지표를 이해해야 한다.
   - 자세, 태도: 긴장감을 풀어주는 젠틀하고 스윗한 태도가 필요하다.
   - 주의사항: 공평하고 공정하게, 지원자를 존중해 주어야 한다.
   - 진행요령: 면접관의 역할과 순서 배분, 위원장 선임이 필요하다.
   - 마무리: 지원자에게 질문 또는 마지막 어필 기회를 줄 수 있다. 질문에 앞서 회사에 대해 어필하면 입사 의지를 높일 수 있다.

3. **질문만들기 실습**
   - 일반적인 흔한 질문들을 평가해 보며 개선할 부분을 알게 한다.
   - 직접 질문을 만들어 보게 하고 세세하게 피드백해 주는 실습을 반복한다.
   - 질문을 점검하는 요령을 터득하게 한나.

4. **면접평가 실습**
   - 평가지표를 기준으로 보는 반복적인 훈련이 필요하다.
   - 평가지표를 근거로 평가등급을 매기는 훈련을 해야 한다.

- 평가항목별로 나누어 보는 훈련도 필요하다. 전반적으로 좋다는 것은 평가의견이 아니라 느낌일 뿐이다.
- "답변을 통해 해당 행동지표에 대해 이렇게 평가되었다"라고 말할 수 있어야 한다.
- 객관적인 평가를 위해 관찰된 내용을 메모하여야 한다. 30분의 면접이 끝났을 때 전체의 면접과정을 그대로 기억할 수 없기 때문이다.

5. **모의면접**
   - 질문과 평가 실습을 거친 후 마지막 단계로 진행한다.(빌드업)
   - 실전같은 모의상황을 경험하면서 점검하고 보완한다.
   - 전문가의 밀착 피드백으로 지적과 지도를 제공해 주어야 한다.
   - 모든 교육생이 모의면접 실습에 참여하여 충분한 경험을 쌓도록 해야 한다.

6. **자격증과 보수교육**
   - 자격증은 면접관에게 자부심을 부여하고 면접관풀에 대한 인정과 활용에 도움이 된다.
   - 보수교육을 통해 잊었던 면접요령을 다시 리마인드시켜 주어야 한다.

1. 핵심 강의와 반복 실습을 통해 배우고 익히도록 구성해야 한다.

2. 전문가의 피드백으로 점검과 코칭을 통해 실전 실력을 키울 수 있도록 한다.

3. 자격증으로 자부심을 부여하고 보수교육을 통해 리마인드시켜 주어야 한다.

제 7 장

온보딩:
on boarding

환대

채용의 마무리는 온보딩이다. 합격자를 선발하여 통지했다고 해서 채용이 마무리된 것은 아니다. 우리가 찾아낸 훌륭한 인재가 우리 회사에 입사를 하고 정착해서 기대하던 역량을 발휘해 주어야 한다.

이제부터는 그야말로 '환대'이다. 플랜비디자인의 최익성 대표는 채용에 대한 책을 쓰겠다는 나에게 '채용은 환대'라는 철학적인 메시지를 전해주셨다. 그렇다. 채용은 결국 환대의 과정이다. 단순히 사람을 뽑는 과정이 아니라 한 사람의 인생을 우리 회사로 모셔오는 과정이다. 모셔오기에 성공하면 회사의 미래가 달라진다. 현재의 문제가 해결되고 미래의 계획이 구체화될 수 있다. 그러니까 채용은 환대가 맞다.

모든 전형을 마치고 이제 회사로 모셔올 인재가 선발되었다. 이제부터는 환대를 준비해야 한다. "최종 합격하셨습니다. 축하드립니다." 합격을 통보하였다면 입사하는 그날까지 우리 동료가 되었다는 것을 잊지 않도록 해야 한다. 입사 확정자가 이탈하지 않고 안정적으로 합류하도록 돕는 이러한 노력을 리텐션retention이라고 한다.

1990년대 중반 잘나가던 S그룹이 공채를 통해 신입사원을 선발하였다. 부모님들께 꽃다발을 보내드리면서 '훌륭한 인재를 키워주셔서 감사합니다'라는 메시지를 전했다. 당시 언론에 보도가 되면서 많은 부러움과 선망의 대상이 되었다. 합격한 신입사원들을 불러서 호텔에서 멋지게 이벤트를 해주는 기업도 있었다. 합격한 인재들에게 자부심을 불러일으켰다.

2019년 이후 그룹공채는 사라졌다. 공채를 진행할 때처럼 거창한 이벤트는 옛날 이야기가 되었다. 하지만 이벤트를 진행했던 이유와 목적은 그대로 남아 있다. 우리가 선택한 인재가 다른 곳을 보지 않도록 잘 잡아두어야 한다. 내가 채용을 담당하던 시절 합격자에게 일일이 전화를 걸어 최대한 친절하고도 감사한 자세로 축하 소식을 전했다. 그리고 회사에 행사가 있거나 좋은 소식이 있거나 또는 긍정적인 보도자료가 있을 때 합격자에게 소식을 공유해 주었다. 이직해서 넘어오는 합격자에게는 일주일에 한 번 정도 전화를 걸어 안부와 함께 '하던 일은 잘 마무리가 되고 있는지, 입사일정에 차질은 없는지' 물어보았다. 그리고 명함이나 일할 자리 준비에 필요한 것은 없는지 확인하며 우리의 동료로서 내가 환대를 준비하고 있다고 마음을 전하려 노력했었다. 환대의 마음을 표현하려면 입사 전, 입사 당일, 초기 정착에 대한 배려가 필요하다.

입사 전 환대의 표시

요즘 ATS(채용관리시스템)에는 선물하기 기능이 제공되기도 한다. 한여름이면 아이스아메리카노 쿠폰도 보낼 수 있다. 점심시간에 간단한 디저트 쿠폰을 보낼 수도 있다. 비싼 선물이 아닌 관심과 기다림을 전하는 것이다. 인재의 입장에서 보면 자신에게 관심과 기다림을 표시해 주는 회사에게 호감과 기대를 키우게 될 것이다.

입사 당일 맞이하기

새로 일하게 될 자리에 자신을 위한 준비가 되어 있다고 느끼게 해주자. 요즘은 웰컴키트를 준비하는 회사들이 많다. 내가 재직하는 회사도 사내에서 신을 슬리퍼와 사내 카페 이용을 위한 텀블러, 일하는 중에 휘뚜루마뚜루 걸칠 수 있는 후드티를 작은 여행용 가방에 넣어서 입사자에게 드린다. 자리에 가면 자신을 위한 모니터와 노트북, 명함과 필기구, 다이어리 등등 기본적인 세팅이 되어 있다.

입사 첫날 회사생활에 필요한 기본적인 안내도 제공해 준다. 임원과 티타임도 갖는다. 임원은 조직의 비전을 공유하며 입사자가 역량을 발휘할 수 있는 환경을 만들겠다고 약속한다. 점심식사도 준비되어 있다. 함께 일할 부서에서도 정해진 루틴들이 있다. 세세하게 소개하자면 끝도 없다. 입사 당일에 채용담당자가 할 일은 '오늘 새로 입사한 이 회사에서 함께할 만하다'고 느끼게 만드는 것이다.

조기 정착을 위한 배려

가장 흔하게 떠올릴 수 있는 것이 멘토링이다. 멘토링을 도입하기는 쉽다. 제대로 운영하는 것이 어렵다. 멘토들의 부족한 역량과 바쁜 시간이 걸림돌이 되기도 한다. 적어도 세 번 이상의 공식적인 만남의 기회와 전하고 들어야 할 이야기 주제들이 준비되어 있어야 한다.

회사마다 조기 정착이 어려운 이유가 있다. 사람마다 겪는 어려움도 모두 다르다. 하지만 어려움을 토로하는 방식은 비슷하다. 회사 동료들이 가장 가깝다. 채용담당자는 적응 초기에 동료들을 통해 모니터링을 하고 불평이 쌓이기 전에 해결하기 위한 노력을 해야 한다. 미안하지만 기가 막힌 베스트케이스는 없다. 좋은 사례가 있으니 따라하라 할 수도 없다. 다만 적어도 한 달은 밀도 있는 모니터링을 하고 석 달은 지켜보라고 부탁하고 싶다.

대신 책 한 권을 소개한다. 플랜비디자인에서 출판한 〈온보딩〉이라는 책이 있다. 온보딩에 관한 고민과 실행에 대한 이야기들을 입사와 적응의 단계를 세세히 나누어 설명하고 있으니 도움이 될 것이다.

관심과 배려를 표현하는 것, 그것이 '환대'이다.

1. **온보딩**
   - 채용은 합격자 통보로 끝나는 것이 아니다.
   - 우리의 동료로 모셔오고 잘 정착해서 기대하던 역량을 발휘해 주어야 한다.

2. **입사 전 환대의 표시**
   - 동료로서 인식되도록 관심을 표현해 주어야 한다.
   - 명함이나 일할 자리 준비에 필요한 부분을 확인하며 환대의 마음을 표현한다.

3. **입사 당일 맞이하기**
   - 회사생활에 필요한 안내와 환영의 메시지를 준비한다.
   - 웰컴키트 등 선물과 회사생활에 필요한 것들을 미리 준비해 준다.

4. **조기 정착을 위한 배려**
   - 적응이 어려운 이유는 사람마다 다르다. 동료들을 통해서 적어도 한 달은 밀착관리 해야 한다.
   - 멘토링도 좋은 방법이 된다. 다만, 전해야 할 이야기와 대화의 소재를 미리 준비히는 것이 필요하다.

TO DO

1. 채용은 모셔온 인재가 잘 적응하여 기대했던 역할을 발휘할 때 비로소 마무리된다.

2. 모셔온 인재를 '환대'할 준비를 입사 전, 입사 당일, 입사 후 시기
별로 마련해야 한다.

제**8**장 > 다시,
채용을
말한다

채용에 대해 많은 이야기들을 정리했다.

머리말에서 채용은 소중한 인재를 모시는 '환대'의 과정이 되어야 한다고 밝힌 바 있다. 하지만 아무나 환대할 일은 아니다. 모셔야 할 소중한 인재에게 우리가 진행하는 채용의 과정이 진심이 느껴지는 '환대'의 과정이어야 한다.

책의 내용을 마무리하면서 다시금 채용에 대해 말하자면, 무엇보다도 먼저 어떤 사람을 채용할 것인가를 명확하게 정리해야 한다는 것을 강조하고 싶다. 어떠한 인성을 갖추고 있어야 하는지 또 어떤 실무 능력을 보유하고 있어야 하는지, 채용할 포지션에 따라 각각 필요한 것들이 다른 만큼 채용의 요건이 명확해야 한다. 인성은 일과 동료를 대하는 자세와 태도를 실무능력은 필요한 지식과 정보와 경험을 기술하는 것이 먼저다. 꼭 필요한가를 기준으로 우선순위를 정해야 한다.

어떤 사람이 필요한가를 정확하게 정리하였다면 채용은 개선될 수밖에 없다. 필요한 사람을 선별하지 못했다면 과정을 되짚어 보게 될 것이다. 다양한 조언과 사례들을 구해보고 시도하게 될 것이다. 더 효과적인 개선을 위해 도움을 줄 수 있는 컨설딩진문회시도 있다. 컨설팅을 받게 된다면 '책상머리 기획자'가 아닌 채용의 현장을 뛰고 있는 컨설팅사를 찾기 바란다. 현장을 모르면서 해외 우수 사례나 학술적 이론을 근거로 제시하는 컨설팅이 과연 우리 회사의 채용 현장에 적합할 수 있을지 다시 한번 고려해 보아야 한다.

어떤 컨설팅 전문회사도 필요한 사람에 대한 정의가 없는 채용에 제대로 답해줄 수는 없다. 목표가 불분명한 상태에서 컨설팅사가 내놓을 수 있는 결과물은 화려한 수식어로 치장된 보고서에 그칠 위험이 크다. 거창한 이론이나 우수사례들을 가져와 회사의 비전과 채용문제에 맞춰서 그럴듯한 논리로 설득하는 것밖에 할 수 있는 방법이 없다는 말이다. 어떤 사람을 찾는지 목표를 명확하게 알아야 후보자들을 불러모을 수 있는 고용브랜드 설계에서부터 채용공고, 서류전형, 인·적성, 면접전형을 설계하고 필요한 도구와 솔루션들을 개발할 수 있다. 실제 채용을 운영하는 살아있는 경험이 있다면 현장에서 작동하는 좀 더 효과적인 방법론을 제시할 수 있을 것이다.

다시 반복해서 말할 수밖에 없는 이유는 채용의 핵심이자 본질이기 때문이다.

첫째, 어떤 사람을 채용할 것인지 채용요건을 명확하고 구체적으로 정리한다.

둘째, 그런 사람을 선별할 수 있는 방법을 찾는다.

이 두 가지를 꼭 기억해 주기 바란다. 나머지 상세내용은 책에 담긴 내용을 필요할 때 참고하고, 또 새로운 방법들을 인터넷과 AI 세상을 통해 보완하면서 우리 회사에 필요한 좋은 인재를 유치할 수 있는 성공하는 채용을 만들어 가기를 바란다.

회사의 미래를 만들어 가는 채용담당자들의 성공을 기대하며 응원한다.

이 그림은 Gemini Pro를 이용해 제작되었습니다.

오늘부터 채용 담당자

초판 1쇄 발행 2026년 3월 2일

지은이 이상돈
편집 공홍
표지 디자인 스튜디오 사지
내지 디자인 공홍

마케팅 총괄 이유림
마케팅 임주성 안보라
경영지원 이지원

펴낸곳 플랜비디자인 | **펴낸이** 최익성
출판등록 제2016-000001호
주소 경기도 화성시 동탄첨단산업1로 27 동탄IX타워 A동 3210호

전화 031-8050-0508 | **팩스** 02-2179-8994
이메일 planb.main@gmail.com | **인스타** planb_designcompany

ISBN 979-11-6832-239-4 (03320)

- 이 책 내용의 일부 또는 전부를 재사용하려면 반드시 저작권자와 플랜비디자인
  양측의 동의를 받아야 합니다.
- 책값은 뒤표지에 있습니다.

ORGANIZATION
DEVELOPMENT
06